陈书媛 ——著

妈妈不打不骂

养男孩300个细节

新华出版社

图书在版编目（CIP）数据

好妈妈不打不骂培养男孩 300 个细节 / 陈书媛著.
北京：新华出版社，2019.9
ISBN 978-7-5166-4833-9

Ⅰ . ①好… Ⅱ . ①陈… Ⅲ . ①男性－家庭教育 Ⅳ . ① G78

中国版本图书馆 CIP 数据核字 (2019) 第 181754 号

好妈妈不打不骂培养男孩 300 个细节

作　　者：陈书媛

责任编辑：孙大萍　　　　　　　　封面设计：U+Na 工作室

出版发行：新华出版社
地　　址：北京石景山区京原路 8 号　　邮　　编：100040
网　　址：http: //www.xinhuapub.com
经　　销：新华书店、新华出版社天猫旗舰店、京东旗舰店及各大网店
购书热线：010-63077122　　　　中国新闻书店购书热线：010-63072012

照　　排：博文设计制作室
印　　刷：永清县晔盛亚胶印有限公司

成品尺寸：170 mm × 230mm　1/16
印　　张：18　　　　　　　　　　字　　数：301 千字
版　　次：2019 年 9 月第一版　　　印　　次：2019 年 9 月第一次印刷

书　　号：ISBN 978-7-5166-4833-9
定　　价：45.00 元

前　言

养育儿子的心酸之处，非有儿子者不能懂。一方面，他们从能爬会跑开始，就很能惹祸、胡闹，还特别擅长用倔强的小脾气、气鼓鼓的小拳头表达不满，像是妈妈天生的小冤家；另一方面，儿子们又像是最温柔的守护者，用小小的身躯为你阻挡风雨。你有时会被他气得牙痒痒，怨恨自己为什么要忍受十月怀胎的辛苦，给自己找苦吃；有时又会庆幸自己养育了这个小小男子汉。

儿子的成长过程和女儿一样漫长，但每个转折似乎都很突兀：婴幼儿时期，他依赖你，仰慕你；再长大一点后，他怀疑你，反抗你；上了小学后，他关心你，照顾你；进入青春期，他排斥你，挑战你；成年之后，他迫不及待地走入社会，进入滚滚人流之中，看似已经走远，却默默地学会了牵挂你，心疼你。

任何一个顶天立地的男子汉的人生历程里，都少不了母亲的细心呵护。她们虽身为女性，却展示出了别样的刚强与坚韧。当母性的柔和光辉与母爱的坚定温和结合在一起时，受到其庇佑的小小男子汉也同时领悟了坚强与热爱的真谛。教育孩子的实质在于教育自己，而自我教育则是父母影响孩子最有力的方法。常有人说，为人父母是一场考试，一次修炼，这正是因为，作为母亲，你不仅要给予孩子爱，还要教会孩子如何去爱；你既要牵着他的手，不断引导他，还要在适当的时刻放开你的手，给男孩更多自由、自立的机会……

如果养育男孩时太过妥协与放任，恐怕只会让孩子做事半途而废。如果男孩一遇到困难，就诉苦、抱怨，以后又哪有底气守护自己的家庭？要让男孩坚强不逞强，温柔却不懦弱，是很讲究教育的艺术的。因此，娇惯、宠溺的方法自然不能用。那这是不是代表着，男孩只能靠严厉的斥责、打骂，才能教育得好呢？训得儿子一脸眼泪、满心不服的时候，你真的感到欣慰了吗？体罚儿子的时候，你真的认为他以后不会再犯错了吗？

教育出优秀的男孩就像养殖名贵的花草，既要让它沐浴雨露，在阳光中挺立，又要让它咽得下苦涩的肥料，熬得住寂静的黑夜。"棍棒底下出孝子"早已是过时的育儿观念，靠暴力教育儿子的妈妈，一定是个笨妈妈。本书教您不打不骂，让亲子关系在愉快的时光里升华；高高兴兴，让儿子长成一个优秀、有担当的男性。

目　录

第一章　男孩也有颗柔软心

第二章 不娇气的小王子

第三章 与儿子共同成长

第四章 男孩的成龙之路

第五章 不必苛求孩子做硬汉

第一章

男孩也有颗柔软心

父母最容易犯的错误就是自以为是，话说得太多。因此，做男孩的父母，必须要先学会倾听，或者可以说是要少说多听。当男孩告诉你一件事以后，不要急着下结论，不要刺激他，要学会循循善诱地让他说清楚事情的起因。只有赢得了孩子的信任，达到了良好沟通的效果，孩子才能听得进父母的话。孩子愿意把事情告诉你，你的教育就有希望了。

了解男孩的典型心理

"养不教，父之过。"每个家长在对孩子的教育中都肩负着不可推卸的责任，这是一种共识。当我们听说某个孩子做出某件或优秀或出格的事情时，第一反应总会是"这孩子的父母可真是不一般/不负责任"。但是儿子们教育起来的难度往往更高一些，因为他们相比于女儿，对父母的依赖心更弱，叛逆心却更强。这种性别差异使相当一部分父母惯于将希望寄托在"外人"身上，比如亲戚，比如老师。

有些家长干脆认为，男孩子都天生脾气倔强，是"小硬汉"的表现，是不可逆的品质，认为教育孩子，培养孩子的智力、知识，良好品德、个性心理，都应该由外人或孩子自身负责。有些男孩在学校打架惹事，父母会无奈地表示："这孩子从小就淘气...打过骂过好几次了，我们也没办法。"而他们的儿子就在旁边皱着眉，低着头，心里对父母的隔阂又加深了一分。莫非这些父母都认为儿子只是一只有着人类外表的低级宠物吗？如此的相处模式，让儿子怎么和自己亲近？

还有的父母会对师长们说："孩子不听话尽管训他，该配合的我们都配合。"看似表示理解，实则是把教育实权和责任都推给别人，自己则像个无所事事又想偷懒的员工，只顾着和孩子、学校一起三方踢皮球，试图靠推卸责任找出孩子不听话的幕后黑手。但他们没有意识到，任何孩子的行为都是依据父母的反应试探着做出来的。有时，孩子显得更听亲戚、老师这类"外人"的话，原因不外乎以下几点：

第一，相对而言比较陌生的人更容易让孩子产生神秘感、敬畏感，因此，更崇拜力量感的男孩会将这类不熟悉的长辈在心中小小"神化"，觉得他们说的所有话都是真理。妈妈们肯定有过这种体验：在孩子很小的时候，他觉得父母都是无所不能的神人；但在上了小学之后，却会突然把老师当成至高无上的权威人士，经常拿"我们老师说"这类说法反驳、质疑家长。其实，这个现象是很正常的。孩子已经习惯了在家庭中与父母的相处模式，但在学校，老师展示出的知识面和技能都是与父母不同的；班级中的众多同龄人会使孩子存在一种竞争意识，更渴望获得老师的肯定与赞扬。这种心理其实并没有否定父母言论的有效性，任何孩子都会渴望他们所能获取的一切认同。所以，父母不可以也不应该在孩子面前表现出"你的一切由老师说了算"的架势，这会让孩子有种"我不再被重视"的错觉。

第二，男孩在情感沟通方面更偏向于认同自我思考出的逻辑，而不是对家人倾诉。常有人说"女儿是贴心小棉袄"，但没有这样讲儿子的，其本质原因即，男性由于不同的性别心理和思维差异，更不易表露感情。年幼时的男孩可能会在遇到困难时哭着向父母求助，但随着时间的流逝，他们会渐渐有意识地试图自己解决困难，或者干脆和自己的小伙伴商量着做事。在遇到困难时求助不如父母亲近的长辈，可以降低受到斥责的机率。

第三，男孩比女孩更喜欢刺激、新鲜的人、事、物，一个家庭以外的成员对他们来说，代表的就是新奇与探险。换个角度来说，如果有一个陌生人对你不了解的领域作了一番演说，你很可能把他当成专业素养极高的专家，甚至将他的言论视为真知灼见，四处引用；但如果对方讲的是你很熟悉的知识领域，你不但能轻松了解对方专业程度，还可能会察觉到对方有所疏漏的地方，对这个陌生人心生崇敬的机率就低得多了。因此，男孩眼中不够熟悉的长辈，就是一个新世界的代表，他们相对而言的温和顺从是建立在自身好奇心上的。

男孩也并不是天生淘气，只是他们认知世界的方式与女孩有所不同。养过宠物猫的人都会知道，猫咪有一个奇怪的习惯：用爪子拨弄或推平面上的东西，看着它们坠落地面，摔出裂痕或粉身碎骨。即使主人厉声呵斥，宠物猫也不会改掉这个破坏物品的习惯。这样的行为有没有一点像家庭中好动的小男孩？他们未必是为了发泄情绪，似乎随手就能做出很多让人头痛的破坏行为。

实际上，这些行为是宠物猫探索世界的一种方式，它们只是单纯想看看这个物品摔一下会怎样。很多小男孩也会为此逻辑做出令人哭笑不得的行为：绕过平坦的路，专往石头上跳；把散发着香味的洗手液挤到嘴里；用水彩或妈妈的化妆品在墙上自由创作。有儿子的家庭肯定意识得到：养育男孩一般要更费精力。他们在能跑的时候就迫不及待地到处乱逛；只要是能到达的高度，总想往低层跳一跳；所有没见过的物品都想啃一口、捏一下。甚至连他们的娱乐方式都更令人费神：女孩们喜欢干干净净的小洋娃娃，男孩却喜欢水枪、打火机、弹弓等一切更可能会使人受伤的物品。

在幼儿时期，女孩表现自己的依赖与喜欢是欢喜的微笑、软乎乎的小手和拥抱；男孩则会在与喜爱的人重逢、抚摸宠物时伸手拍打。如果你认识一个成年男性，那多半会在他的手上、腿上看到一些小伤疤，而它的来源也肯定由"这是我小时候玩×××弄伤的"而来。

打骂、斥责并不会让男孩减弱探索心。当父母严厉地训斥甚至体罚男孩过后，他们的唯一教训并不会是"下次不能再玩打火机了"，而是"下次玩打火机不能再让大人发现了"。也许正因如此，古希腊的哲学家柏拉图就曾经说过："在世界上所有的动物之中，男孩是最难驾驭的生物。"

造成这种现象的根本原因是，男孩的生理决定了他们天生就拥有更多的睾丸素，即雄性荷尔蒙。虽说这种雄性荷尔蒙女孩也会有，但正常情况下，男孩的身体会分泌得更多一些。那么睾丸素有什么作用呢？生理上看，它可以促进雄性特征的发育，而在心理上，睾丸素会使人的情感更为激烈，甚至表现为攻击性。

当男孩还是胎儿时，他体内的睾丸素就开始形成了。在Y染色体和睾丸素的作用下，胎儿的男性特征开始发育。男孩刚出生时，体内的睾丸素水平相当于12岁男孩体内睾丸素的含量，而他的男性特征也随着身体一起快速发育起来。到他5岁大时，受体内睾丸素的影响，他会喜欢上打斗、冒险行为。

在男孩11～13岁时，他体内的睾丸素含量再次出现高峰期，也就是青春期发育。此时的男孩普遍会身高猛增，出现其他男性特征，如变声、长出胡须、喉结，等等。一直到40多岁以后，男性的睾丸素含量才开始下降。由此可见，睾丸素影响了男孩整个生命的历程。而我们也可以根据男孩的睾丸素水平在各个生长发育期的变化，对男孩采取不同的教育方式。

怎么理解你的小男孩

　　培养出一个彬彬有礼的小绅士固然很好，但爱动、爱闹是男孩的天性，他们喜欢去做各种看似有风险的事情。如果是性格外向的小男孩，你强迫他乖乖坐着可能比登天还难。换个方面想，即使是小绅士也需要广阔的空间和运动锻炼身体，发泄多余的精力。因此，大可不必在孩子毛手毛脚地到处惹祸时大发脾气，他的行动逻辑很简单，可能是因为无聊，可能是因为想帮忙做家务结果弄巧成拙，还有可能是因为他认为这样做能引起妈妈的关注。

　　有些孩子显得任性，其实也是有深层原因的。

　　小阳的妈妈是个上班族母亲，她经常一边接着电话一边接孩子放学，匆匆打理家务后又打开电脑忙忙碌碌。小阳很想和妈妈聊聊天，说说在学校的新鲜事，但他妈妈紧皱的眉头和永远紧盯手机的目光让他退却了。难得有一天，小阳的妈妈所在公司临时取消了活动，她获得了与儿子共度亲子时光的机会。但是一向懂事的小阳却在这一天显得格外蛮横。

　　小阳的妈妈为他煮好了黏稠的玉米粥，她记得儿子最喜欢加白糖后的玉米粥。可是这个阴着脸的小伙子看了看玉米粥，马上说："这个我都吃腻了！不要这东西！"要是在平时，小阳的妈妈早就训斥挑食的小阳了，但她只以为是自己疏于照顾儿子，不知道他改变了口味，就顺着他问："那你告诉妈妈，想吃什么？"小阳懒洋洋地摇摇头："我也不知道，但反正我不吃这个。"

　　小阳的妈妈很无奈："好吧，那我再给你煎个鸡蛋？还是再加点炼乳，放点葡萄干，让粥更甜一点好吗？"

　　小阳又皱起眉毛："煎鸡蛋真难吃，而且我们班老师说总吃糖对牙齿不好！妈妈你一点都不关心我会不会长蛀牙是吗？"

　　小阳的妈妈试图给小阳上一课，让他懂得珍惜生活："小阳，你想想非洲那些快要饿死的孩子吧！他们每天都生活在饥渴中，为什么妈妈给你做饭你还不知足呢？"小阳仍然不为所动，回答道："那正好，你赶紧去非洲给他们当妈妈吧。"

小阳的妈妈这时已经被激怒了，但她觉得儿子的表现很反常，就耐心地与他沟通："宝贝，妈妈今天难得有时间陪你，告诉妈妈你想吃什么，好吗？我只想和你好好吃顿饭。"她一边说，一边怜爱地摸了摸小阳的脑袋。刚才还口气蛮横的小家伙马上就态度软了下来，眼圈也红了。他默默地拿起勺子吃干净玉米粥，还沉默着洗了碗。过了一会儿，在母子一同去电影院的路上，小阳告诉妈妈："你一直不理我，可我很想你。"小阳的妈妈这才意识到，早饭期间儿子对她的所谓"刁难"，就是他试探感情的一种方式。

有句话可能说来有些性别刻板印象的嫌疑，但男性确实不太擅长表达感情。许多小男孩在对异性表达好感时，采用的是"欺负"的方式。要不就揪辫子，要不就弄脏对方裙子，要不就从泥土里捉出一只弯弯曲曲的蚯蚓给对方看。这并不是说，男孩都普遍有暴力倾向，喜欢用粗暴的方式表达，而是他们在笨拙地主动增加和对方互动的机会——即使这种互动在我们看来是负面的。长期没有得到父母关注而突然变成混世小魔王的小男孩，其实也是这个心思：我觉得你对我没有以前那么好——我也要对你不好，看看你什么反应。如果家长显得不耐烦，他们只会觉得：你果然没以前那么喜欢我了。而从家长的角度，可能只是单纯觉得：这段时间疏于管教，孩子变得品德不好了。看看，如果不了解小男孩的心思，父母和孩子之间只会渐行渐远，这是多么可怕的后果！

在理解了孩子的心思之后，约束他们的行为也会变得更加简单有效了，甚至达到更好的效果：帮助孩子思考、学习、成长。

有一天，小阳家所在的小区由于水管检修的原因而停水了。小阳的妈妈在恢复供水的第二天发现，小阳的卧室里满是接满了水的大大小小的瓶子，地上水渍，潮乎乎的水气惹得墙纸都散发出霉味。连洗菜盆都被儿子拿到阳台，里面也是满满的水。小阳的爸爸认为儿子又在玩水，很不满，但小阳却反驳爸爸："你根本不懂我的伟大计划！"小阳的妈妈耐心追问，这才知道，小阳感受到了停水带来的不便，所以才想自己储存一些水用。

她为儿子的细心和深谋远虑感到欣慰，就笑着对小阳说："这是个好主意，可是积水太多，家里不但不整洁，还容易滋生蚊虫。你的伟大计划还欠考虑啊！"

小阳看到妈妈没有训斥自己，就建议说："妈妈，我是认真的，为了以防万一，咱们找个地方存一些水吧，这样以后遇到紧急情况，我们就不会缺水用了。"

他的妈妈并没有将这个提议忽略，而是反问他："可以倒是可以，但应该用什么容器装呢？"

"用一个大盆啊！"小阳不以为然地迅速回答，随后又反应过来："不能用盆，会进灰的！那就在上面盖个东西！"

"这样能存放得住吗？"小阳的妈妈轻轻地问。

"能吧……哎呀，不能，因为老师说过水会蒸发！"小阳苦恼地说，"那就只能用好多大号可乐瓶了。"

"那你想把水放在哪里呢？"他的妈妈继续发问。

"放在家里不行吗？"

"放在家里？你想一共存放几瓶？"

"一瓶。妈妈，你是不是想说，一瓶水不够？"小阳急切地问。

"不是的，乖儿子，妈妈什么意思都没有，只是单纯问问。不过，你觉得一瓶水够吗？咱们在紧急和非紧急情况下存放的水是为了哪些用途呢？"

"人需要喝水，家里需要水洗澡、做饭、浇花、清洁厕所吧。如果把这些事情都算在内，那就是非紧急情况所需的全部水量。如果是紧急情况，那我们就只需要喝的水了。我觉得，有六个大可乐瓶就足够爸爸和咱们三个人用一天了。"

"好吧，六瓶水供一家三口用一天，那咱们按三天的用量，就是十八瓶水。这些水要放在哪里呢？平时放在家里，可是很占空间的。"

"不，还是算成二十瓶水吧，多出的水可以送给别人用。而且，"小阳认真地说，"如果把水放在学校体育室，就不会挤占家里的空间了，体育室很宽敞呢。"

"那你的意思是，如果家里需要用水，我们该出发去学校取水，是吗？如果你很渴，还有力气走那么远的路去学校吗？"

"哎呀！这样就来不及了！"小阳苦苦思索着，"那要不，把楼下的空地挖个坑，把水放在坑里面？瓶子会被压坏吗？"

"这个妈妈也不知道。可乐瓶能承受多大重量呢？咱们做个试验吧。"小阳的妈妈微笑着说。

这对母子立即准备好可乐瓶和计量器，把不同的物品分别压在空瓶和装满水的可乐瓶上，两个人兴致盎然地玩了一整个下午。"临时存水计划"不了了之了，但在做实验的过程中，小阳了解到，还有很多比塑料制品更适合存放在地下的容器材质。小阳的妈妈从不打击儿子看似异想天开的计划，这让小阳在同龄人中慢慢变成了个小小科学家。

成长中的孩子往往好奇心很强，尤其是男孩又有很强的冒险心理。有经验的父母都知道，在孩子接触明火、电源、刀具等危险物品时，单方面的警告无济于事，男孩们不但不会在意，甚至会激发他们更强的好奇心。男孩只会想尽办法在爸爸妈妈不注意的时候再次进行他的冒险试验，玩个痛快。与其单方面打击孩子的兴趣，不如带他了解这些物品的特性。当他对这些物品的属性有所了解时，就会懂得善加利用了。但我们这里所说的孩子指的是已经至少上小学的年龄阶段，不是婴儿或幼儿时期的孩子。

让男孩做自己的国王

男孩的国王情结包括两个方面：对力量的追求和好胜心。相比起女孩，小男孩的理想总会显得更硬汉一些。很多小男孩喜欢的玩具是赛车、英雄玩具模型、变形金刚、塑料飞机，都是有着速度和力量因素的物品。如果你去问四五岁的小男孩，他最喜欢的动画形象或者电影角色是谁，只要这个孩子之前有过接触，他喜爱的肯定会是孙悟空、超人、闪电侠等具备超能力，有显著体力优势的虚拟角色。

生活中常见的"熊孩子"，很多都抱有淡淡的英雄情结。小男孩们喜欢一边笨拙地模仿着网络剧中的武打动作，一边在嘴里生动地给自己配音，就连玩塑料玩具也要在心理上打出赤壁之战的气势。这种对强者的憧憬特质并不是男孩特有的心理，但在某个阶段可能会相当困扰他们的母亲：孩子把自己当成救世英雄、国王陛下了。这可能也是武侠小说更受男性读者欢迎的原因。

这里所说的国王并不是孩子被宠溺成小皇帝，而是小孩沉浸在自己编织的世界里，把现实生活中的其他人都当作自己臆想的角色，一切事情都按照自己的构想发展。如果你在儿子自娱自乐地编造武打场景时从他身边经过，或者只是一心在忙工作、忙家务，那么这个好动的小家伙多半会煞有介事地用小拳头在你背上砸一下，嘴里嘀咕着他起的"绝世神功"的名字。如果你能配合着装出疼痛的样子，他们会更兴奋。

如果只是家人间哄孩子的互动，这种场景倒是非常温馨的。可是，万一孩子误解了你的善意，以为其他人也愿意这么玩，或者真以为自己有权利、有资本去用武力压制他人，那就麻烦了。

　　七岁的小筑和他六岁的表妹团团感情非常好，兄妹两个经常在一起玩。有一天，在生病的团团借住到小筑家时，小筑的父母惊讶地发现，团团的背被小筑打出一片红印，委屈地哭了。常来家里做客的小朋友闹闹也捂着被玩具拍红的手臂，一脸不快。

　　"为什么欺负妹妹？为什么要打小朋友？"小筑的爸爸很生气。

　　"妹妹感冒了，我在给她运功治病！"小筑认真地说，"让我再打几下肚子，她马上就好了！我可以把我的神力传给她！"

　　"那你为什么要打闹闹呢？你们不是好朋友吗？"小筑的妈妈一边给闹闹处理伤口，一边疑惑地问。

　　"这叫'切磋'。我新学的动作，只是想和他一起玩玩嘛，他也可以打我呀！"小筑兴奋地说。

　　第二天，小筑的父母有事需要外出，又不放心留两个孩子在家里，只能临时找来姨妈照看。时间越来越紧迫，小筑的父母必须要出发了，但姨妈还有十分钟才能到家。小筑的妈妈把小筑叫来，叮嘱了他一番不要给陌生人开门的话，小筑心不在焉地点点头，手里摆弄着充气玩具金箍棒。

"妈妈再问你一遍，如果不是姨妈来，而是别人，比如说要找爸爸妈妈的叔叔阿姨，或者他说是来做客的邻居，你该怎么办？"

"不开门，不理他，马上打电话告诉爸爸妈妈。"小筑回答。

"这就对了。那么，如果在你拒绝开门之后，你听到门传来奇怪的声音，在猫眼看到这个陌生人想对门锁做些奇怪的动作，比如想把门弄坏走进来，你该怎么办呢？"

"什么！坏人想进来！"小筑瞬间打起了精神，"看我怎么打开门收拾他，先把他踢出去，再把他变成苍蝇！"听到这句话，小筑的父母立马打消了离家的念头。

无可否认的是，男孩都有很强的进攻性，这可以说是所有雄性生物的通病。他们的这种进攻行为，有时是因为好玩、有时则是因为觉得很"酷"。即使他们还不懂这个字的含义，甚至还不会读不会写，却也对能表现出这个特质的行为有所向往，可是不管是什么原因，孩子采用暴力的方式与外界沟通，都是不妥当的。当孩子出现这方面倾向时，家长应该及时让孩子明白，这种行为是不正确的，可能会伤害到自己或他人。家长千万不能松口表示孩子自己玩玩没关系，小男孩的脑回路比山路还曲折，他们甚至可能会想把手伸进火里修炼超能力。

家长可以和孩子一起讨论了解这些英雄人物惹人喜爱的地方，让他们注意到英雄最惹人敬佩的地方是他们的博爱、善良和无私，让他们对深层精神力量有更多的了解。把这些故事上升到价值观、道德观的高度，以培养孩子正确的价值观和道德观，从而让孩子用这些规范来约束自己的行为。如果男孩还是特别迷恋虚拟人物们生理上的优势，就可以引导他们好好吃饭、多多运动，当小男孩充沛的体力被正规、系统的锻炼所耗尽时，他们就没有兴趣和心情研究想当然的"功夫"了。

还有些小男孩对于影视剧中领导类型人物，即国王情结的憧憬倒不是超能力方面，而是权力欲望。小男孩喜欢发号施令，并且乐于看到这些指令被一一完成、自己的话越来越有分量。有些男孩当国王的苗头是从限制自己开始的，比如向他的妈妈表示"我以后每天只吃一块奶糖"。当然，这小小的决心不一定坚定，他甚至可能还会因此哭闹，在你拒绝他过量食用甜食时发脾气，问心无愧地违背誓言。不过，一旦他做到了这个约定哪怕只有一两次，你也能看到他很自豪很兴奋地对你不断强调、邀功："我说了我以后只吃一块奶糖，我今天就只吃了一块！"

这种成就感会让他们把目光转向其他人，变得像个爱操心的小管家："妈妈，你的手机充好电了吗？""爸爸，你昨天睡觉又打呼噜了，太吵了。"这种试图对所有事都有掌控权的表现，也是源于男性的生理特性。他们会本能地关注在任何环境里有权利做决策的人，无论竞争与否，他们喜欢确认掌权者和自己的差距。一山不能容二虎，小男孩们个个都希望自己是国王，良性竞争起源于此，孩子的成长也由此展开，所以家长一定要善加引导，教他们自律、独立，做自己的小国王。如果没有正确的教育，缺乏正确的引导，男孩不断进取的天性或者会消失，甚至会使孩子走向相反的方向。

有个小学学校出现了校园暴力事件，学习委员小轩和班长波奇联合了几个其他同学，把新来的转学生小李堵在放学路上，拳打脚踢。当愤怒的父母和忧心忡忡的老师询问这几个孩子的行为原因时，小轩不情不愿地表示："新同学的英语课口语成绩比我好，我很难受。为了在成绩上超过他，我上次考试作弊被发现，还被我爸妈骂了。都是因为小李！我好讨厌他。"班长波奇则坦白："原本我才是班里最高的，我不喜欢别人比我高。"

竞争是男人的天性，一位研究行为哲学的专家曾说：一场比赛结束后，你看到一个被打败的男人在真诚地向对手祝贺，其实在这背后，这个男人想的是下一次如何把他打败。千万不要以为，孩子的争强好胜心是绝对有益的。也别一味责怪学校："我家孩子只是好强了点，怎么在家就好好的，到了学校就成小霸王？是你们管理不好。"学校和家庭的显著区别是，对孩子来说，学校有更多的同龄人，却没有以自己为中心的家人。不服输的男孩们很容易就会在新环境里把竞争心理用"偏"了。

到了学龄阶段，家庭教育与学校教育就成了密不可分的"孪生兄弟"，家庭教育则起着调整的作用。所以，虽然学校在培养学生方面起着主导的作用，但还需家庭的全面配合，充分利用诸多教育因素，进行广泛的教育，才能使学校教育取得最佳的教育效果。重视对孩子竞争心理的培养，如意志、目标、态度、方式、原则等，就是对孩子最大的关心，对孩子的成长极为有利。

鼓励正当竞争不是靠家长口头告诉男孩，不许耍花招，不许搞小动作，这种简单的讲道理就能实现的。男孩获得胜利的喜悦要压过他对于一切未知后果的恐惧和对规则的忌讳，因此，引导孩子在自己的王国中做一名"贤君"，需要父母们用些心思。不要把孩子的行为举止当成可爱的孩子气，受到不正当竞争鼓励的孩子，是所有罪犯的行为心理最根本源头。考试作弊、拉帮结伙反映出的是对规定与标准的藐视，对品德的轻贱。长大以后，这样的男孩会做出更离谱、更可怕的事情来。

当你的儿子"想当小国王"的意图开始向外冒时，引导孩子，可以适当给他一些权力。

在小虎三番两次地闯进厨房监督妈妈做饭前有没有洗手后，他的妈妈后知后觉地意识到，这个虎头虎脑的小家伙长大了，他此刻是真的想要掌控些什么，而不是为了得到关注。为了让儿子躁动的小小雄心安定下来，也为了更安心地发挥厨艺，小虎的妈妈交给他一项任务：每天各找出爸爸、妈妈和自己做的好事和坏事。如果小虎的数量超过爸爸和妈妈，就可以得到月底决定去哪里旅游的权利。

小虎非常兴奋，他盼望着去海边很久了，但他更喜欢平日里指挥自己的爸爸、妈妈不得不拜服自己的感觉。为了尽快去海边玩，他先收拾了自己的房间，把桌面收拾得干干净净，又摆好了碗筷、替正在洗菜的爸爸倒了厨房的垃圾。在迫不及待地把这些事记录下来后，小虎的精神头更高了。

"爸爸，你喝汤时的声音好大，这样多不礼貌啊。""妈妈，你又在抱怨同事了。"小虎在饭桌上一本正经地批评着两个成年人，与此同时，他自己的行为习惯也变好了，再没有一边吃饭一边玩筷子，也没有到处掉饭粒。

"你说的有道理。"小虎的妈妈笑了笑。"对了，家里的水果快要吃完了，你觉得应该买点什么？"

"家里没人爱吃苹果，上次姥姥送来的苹果都要放坏了，所以，还是买点我们都喜欢吃的水果吧，比如荔枝和西瓜。我们美术课老师还说，西瓜可以切成水果花呢。"小虎眉飞色舞地说道。

负责纠正全家人的坏习惯，他自己的坏习惯肯定很容易改正。每个男孩都有当"头"的欲望，而且一旦他们当了"头"，就会全心全力地把工作做好。让孩子监督身边人的缺点，不仅是提醒自己，成年人的一言一行都会对孩子有所影响，也是督促孩子从小就谨言慎行，养成良好的行为习惯。

虽然有时孩子的意见未必合理，成年人也不一定采纳，但是你会发现，因为这几句话，儿子往往会高兴上一天，他对生活的积极性也会陡然升高。因为他不再是只能依附于父母的小孩子了，而是一个有权利有资格做决定的人。不要小看这种成就感给小国王带来的幸福感。

小英雄的心路历程

恐怕没有人会反对让自己的孩子成为小英雄。一个品格优秀、做事认真的男孩是一个家庭成功教育的代表。但很多家长又不愿意让孩子做事太高调，做人太无私，觉得这会让自家的小男孩变成一个操心、得罪人的莽夫。这样的孩子长大后，如何在社会上立足呢？人对正义感的追求是品德的基石，甚至可以说是法律的基石。那么，该怎样教育男孩，让他既品格端正，又能建立明确的界限感呢？

事实上，爱打抱不平是男孩一种本能的反应。每个男孩都有英雄情结，都或多或少地幻想过在无人敢发声的沉默中、在万众瞩目的灯光下，自己带着坚毅的眼神大步走来，拯救弱者，教训坏人，成为反转了整个局势的关键人物。在聚光灯下迎接掌声也好，在夜深人静的小路上默默离去，做个无名的孤胆侠客也罢，只要曾做过英雄，就是好的。这是男性共有的英雄情结，也是人类天性里同情弱小，希望正义永远战胜邪恶的永恒憧憬。

即使成年男性爱看的电影里，也是演不完的盖世英雄身怀绝技，挥剑斩断恶龙这种情节。因此，当男孩们看到他们眼中的坏人占据上风时，你说是他们逞能也好，是轻敌也罢，他们往往会情不自禁地攥紧拳头，摩拳擦掌地准备做点什么。而那些由于没做到什么改变，而心有不甘的男孩们，就会把目光转向英雄们存活的最大土壤：影视剧里。所以，男孩子都会喜欢一些超级英雄题材的影视剧、漫画。

男孩往往都渴望自己强大，渴望自己成为英雄，但在现实面前，他们马上又意识到自己在生理和心理上的弱小状态，他们希望得到安慰和激励，希望自己勇敢并被承认。当对于男孩的英雄情结，父母首先要理解他们，不嘲笑他们的弱小无力，更不能责怪他们"惹是生非"。其实，如果父母引导得当，男孩的这种英雄情结，不仅有利于他们品格的培养，更能使他们尽快成长为真正的男子汉。

男孩当英雄的动机其实都很简单：做个小英雄。至于其他受到表扬、受到崇拜，倒不是他们的第一动机。很多小男孩在幼儿园时期就会和他人产生争执，其中因他人而起的争执里，多半都是因为对"正义感"的实现不对等。有些孩子会"路见不平"，因为他人欺负同学而出手相助，还会把伤痕当成炫耀的资本。这是一种本能的希望获得关注的心理。

平平总爱看各种英雄电影。这天，妈妈把他从小学接回家后，发现他的手臂上有块受到撞击而来的淤血。妈妈惊慌地问他伤痕是怎么弄的，平平满脸自豪地讲："我们班的小胖下课时欺负女生，往她们脸上吐口水，还把橘子皮扔到老师身上，所以我决定教训他一顿。但是我们还没打起来，就都因为推对方磕到桌子角上了。不过，很多同学说我好勇敢！他们都叫我'三班的平大英雄'！"

听了孩子的叙述之后，妈妈没有责备他，而是边处理伤口边向平平的老师了解事实。在收到肯定的答复后，平平的妈妈拍了拍忐忑的平平："好儿子，你是个打抱不平的小英雄，我和爸爸支持你的做法。"

"可是我没有打赢！而且老师说，打架的孩子不是好孩子。"平平吃惊又有点不好意思地说。

"打架确实是不好的行为，但你事出有因，是为了惩罚行为不好的人，所以妈妈倒不觉得哪里不对。"平平的妈妈温柔地说，"可是，你这个解决方法不聪明。就先不说你没有打赢。就算你打赢了，小胖会从此再也不欺负人吗？你能保证吗？"

"不能，他以后会怎样做，我也不知道。"平平想了想，显得很苦恼。

"这就是老师不喜欢你们打架的原因了。虽然你这是英雄行为，但是，打架是个很不愉快的事，两个人都会生气，都会痛。而且，无论你打不打赢，对方都会在冲突中打赢你。难道你希望每天上学，都随时可能和同学打架吗？最关键的是，似乎这件事的起因是他欺负同学，可你动手打人，却不能改变这件事发生的机率。"

"那我该怎么做？"

"你明天和小胖在老师的参与下聊聊天，问问他为什么要欺负同学，告诉他同学们有多讨厌他的行为。如果小胖是个通情达理的人，他就不愿意受到大家讨厌，肯定会改正的。如果他不愿意改，你可以放心交给妈妈和老师解决。但打架什么都解决不了，你说对吗？"

平平很认同地使劲点了点头。

当孩子因为打抱不平与别人冲突时，做家长的不要先忙着批评，要先表扬与肯定这件事中孩子的闪光点。这种出发点要比孩子主动欺凌别人要好多了。成年人诉求正义的途径是法律，孩子就只能摸索着用自己的力量寻找，这是很自然的行为过程。如果肯定孩子的打抱不平是正确的，就相当于告诉对方你和他统一战线，拉近彼此的距离，还可以满足孩子的英雄心理。然后再帮孩子分析，除了打架之外，还有很多方法可以真正解决问题。

另外，在日常生活中，妈妈也可以让孩子做一些力所能及的事情，如让孩子帮忙提一些物品，收拾碗筷，照顾宠物，等等。这不仅能够满足孩子的英雄心理，而且很利于孩子男子汉气质的培养。

还有一些时候，男孩追求英雄气质是为了附和朋友，得到同龄人的认同。这种心理是可以理解的，并不是意志不坚定的表现。

小竹的家长从小就教育他，真正的英雄不是逞能的，而是用自己正义和英勇的行为表现出来的，而小竹也常用这个信念来约束自己。

放学了，小竹和好朋友伟伟一起回家。刚走出校门不久，就看到一帮同学在河边玩闹，吵嚷着谁敢跳进河里。

"这样吧，谁敢进这条河里游一圈，我们就拜他当大王！以后什么游戏都让这个老大先玩！"

"还要让老大决定春游时带什么零食！"

"真的假的？"伟伟心动了。

"不行，"小竹摇头说，"我妈妈说这不是游泳的地方，河里很危险，可能会淹死人的。"

"胆小鬼！"这群孩子大笑起来，"哪有那么容易淹死？"

"你这个样子，想必也是当不了大王的。整天和我说你也要当超人，可是超级英雄什么都不怕，大石头都能举起来，又怎么会怕水呢？"伟伟也开始嘲笑他，小竹不开心了。

"难道你敢吗？你不怕有水鬼？"小竹反问伟伟。

"我可没有整天吹嘘我有超能力，我也没想当大王。"伟伟不以为然，"倒是你，亏我平时还真的觉得你很厉害呢。"

小竹咬了咬牙，站到了河边的石头上。这时，开完家长会的成年人们从学校门口陆续走出，及时阻止了这场闹剧。但小竹的父母也很惊讶，平时内向又怕水的孩子，居然会因为朋友几句话，就站到河边上，还打算跳下去。

鼓励孩子当英雄，并不是让孩子头脑一热，做出傻事。家长们应给孩子及时灌输安全教育的相关知识，让孩子明白，英雄并不是靠自己的蛮力一味蛮干，而是要运用自己的英勇和智慧，巧妙地让需要帮助的人脱离困境。

其实，喜欢英雄就和一些成年人的追星行为一样，他们对偶像的喜爱归根到底是因为他们在对方身上投射了理想中的自己。很多追星行为的粉丝为了自己的偶像做出让人感觉疯狂的举动，其实是可以理解的。他们的热爱与狂野都来自于对自身的爱护。人所崇拜的偶像一定是自己某个方面的憧憬的集合体，对孩子而言也是一样。很多明智的父母抓住了孩子的这一心理，轻易地让孩子改正了缺点。如果他整天自比为某某侠客，不妨随他去，和他多讨论这个侠客的美好品质，让他以此为目标自律。父母将会收获大惊喜。

暴力并不是教育良方

宠物做错事，打骂一顿能收到良好成效；但男孩做错事后一顿打骂，你大概只能收获一张流着泪水的小脸蛋和不服气的眼神。很多孩子做错事，其根本原因在于父母不曾了解其动机。

丹丹是个虎头虎脑的小男生，但他的妈妈常常把他骂到哭得喘不过来气，每次都是因为同样的理由：丹丹偷东西。

丹丹的妈妈有时会接到小区外超市老板的电话。当她一头雾水地过去时，却发现相熟的老板尴尬地笑着，一脸无辜的儿子站在柜台前，柜台上则放着自己的钱包。老板告诉她，他发现她家孩子带着整个钱包出来购物，而且只买了各种零食，觉得不对劲，就打电话联系她本人了；丹丹解释说，他只是想买点东西吃。但丹丹的妈妈认为这是蹩脚的借口。

"想买东西，为什么不直接和我讲？"

"因为我要是跟你说了想吃零食，你不会同意呀！"丹丹非常自然地回答道。

"你这是偷东西，知不知道！妈妈的钱包不是你的，拿走别人的东西就是偷！从小就手脚不干净，我看你长大后会死在监狱里！"愤怒的丹丹妈冲孩子吼道。

回家之后，丹丹妈再次让丹丹写检讨，还打了他两巴掌，让他罚站。不服气的丹丹声嘶力竭地大吵大哭起来，他觉得自己的妈妈是个蛮横不讲理的可恶坏人。

一些父母常以打的方式教育孩子，结果，打不掉孩子的坏习惯，只能打走和孩子的亲情。失了孩子的学习热情，打掉了孩子的探索精神，给孩子的身心带来了极大的伤害。"孩子不打不成器"是非常粗暴、盲目的教育方式。孩子又不是个拳击袋，怎么可能打打就有回馈，有改变？

　　把斥责和体罚作为教育手段的父母，多半文化水平不高，心理素质更差。有些家长不是不知道打骂孩子没有意义，只是他们乐于通过发泄怒气达到"表面教育"的目的。惩罚孩子，只是利用体力和年龄的优势单方面让他屈服。但儿子总会长大，总有你打不动骂不服的时候，到了那时，你又该如何？射人先射马，擒贼先擒王，抓住问题的关键才是核心：想让孩子改掉坏毛病，只要让他心里明白道理就够了。这是唯一有效且有意义的方法。

　　其实，生活中孩子遭受各种体罚主要还不是孩子该不该受罚，而是有些父母认为这种方法简单方便，表面功夫到位，能满足自己作为教育者的角色需求。孩子哭了，不说话了，疼了，累了，蔫了，这家长一看，就觉得，嗯，挺好，这么快就老实了，我真是个聪明的好妈妈。这种愚蠢的家长，不仅是在敷衍自己，更是在敷衍孩子。

　　隐忍、内向的男孩子挨了打，受到伤害，会变得畏畏缩缩，什么也不敢去做，不敢探求、尝试；张扬、外向的男孩子则会被打出叛逆心，靠着暴力在朋友中获取存在感。一旦有了这种情感需求，一个男孩会找到什么样的朋友圈、走上什么样的道路自不必说。而为了逃避挨打，处于弱势的孩子会违心地说谎，隐瞒错误，而这种办法一旦得逞，孩子会继续虚伪下去，从而变成了生活中的"两面人"。再者，经常挨打的孩子会变得脾气急躁，内心残缺，不懂如何表达感情。很多结婚之后家暴的男人，都是成长于家暴环境的家庭中。他们自小被父母打骂着成长，听着"打你是为了你好"这类蠢话，长大了就把这种行为奉为真理，也如此对待自己的伴侣，以暴力处理自己的感情生活。试问有哪个妈妈愿意养出这种伤害家人的儿子呢？然而她们中的有些人却正在培养这样的孩子。

　　如果男孩考试发挥失常，你以为打骂就能让他悔改吗？可能有一小部分本身就自我要求高、学习兴趣大的男孩会。但即使如此，他也不会对你的这种激励法心生感激。剩下的男孩，会把他遭受到的暴力待遇迁怒于其他个体身上，也就是其思维中的"要不是因为×××，我也不会挨打了。"。比如，因为数学没考好而挨打，他会憎恨数学知识、数学教师，甚至憎恨学校。一旦有机会，对方可能会做出报复性的事情来。

　　并不是只有身体伤害会让人难受。语言暴力也是一种暴力，也是失败的教育方法。有些家长批评的言辞就像泼妇骂街："这个都不会，赶紧别念书了！""你的脑子呢？被狗吃了？""这个都不会，我看你以后只能上街要饭了。"孩子不懂事，孩子成绩不好，孩子在学校表现不好，孩子犯了错误，有的父母就会骂"笨蛋！你看人家谁谁考了多少分，你看你，都是人，都有脑袋，怎么差别这么大！""要是那考第一的孩子愿意认我当妈，我早把你轰走了，真不省心！""唉，怎么人家儿子那么聪明，我就摊上个傻子？"

在你每次唇枪舌剑地针对自己的儿子时，他的内心伤痕是你愤怒的十倍。作为他的父母。如果不能在他遇到困难时给以帮助，而是落井下石，那么教育这件事本身就失去意义了。你的儿子人生中必定会有各种各样的挫折，以后肯定会有人打击他、嘲讽他、贬低他。你要教的是如何帮他站起来，继续走下去，没有必要作为至亲再额外给他一刀。

很多自身条件极好的孩子会莫名其妙地自卑、自我贬低，在做出人生选择时自轻自贱。这些男孩子本该生气勃勃，却提早从内心开始枯萎了。如果你不希望自己的儿子成为其中一员，就不要说任何讥讽的话。即使是贤臣，在古代君王面前自作聪明地嘲讽人也是要冒风险的，而你的舌头下悬着的是一个男孩，一个男人的立身之本——他的自我认知。不要觉得自己只是图一时口头爽快，你要是经常对孩子冷嘲热讽，迟早他会相信你说的话，最次也会形成心理暗示。

不是说一点都说不得，而是说"对事不对人"。不要批评他本人，要批评他的行为，告诉他哪里不合适，为什么不合适。如果他愿意和你请教应该怎样做，或者是商量着要做什么，这种沟通就是有效的。不过，一件事总有变通之处，不一定父母的言论就绝对正确，所以不要犯经验主义，让孩子只会模仿你。

有的家庭对孩子过于严厉，把孩子看成自己的私有财产、从属物，任意摆布，随意呵斥，居高临下，以势压人。以"训斥"为主要教育手段的家长会使孩子疏远父母，对家长不敢讲真话，当面一套，背后一套，性格变得孤僻，自尊心受到伤害。在孩子的心目中，父母只有威严而没有威信，只有可畏，而无可亲可敬。家长教育孩子要以理服人，切莫以势压服。

经常被语言暴力伤害的人会怎样？他们会对自己要求分外苛刻，对他人的反应分外在意，形成"讨好型人格"，很难信任他人，更不愿意信任自己。家长对孩子要求严格，有错误、有缺点从不放过，发现了就及时批评。这种不姑息、不祖护、不放任的负责态度是对的，也体现了对孩子真正的爱。但是一味地批评，教育效果就不见得十分理想。就像一个试验那样：让一群鉴赏家们挑出一幅画里画得不好的地方，这些鉴赏家七嘴八舌的议论听得画家快要抑郁了；在鉴赏家们只去挑拣另一幅作品的优点时，画家渐渐恢复了信心。

男孩都是有上进心的，包括在家长眼中有缺点、毛病多的孩子。每个人都希望得到他人的表扬、肯定，连成年人都是如此。如果自命清高的隐士的诗篇得不到所谓世俗之人的传颂，世间的隐士也就没那么多了。无论多么看似玩世不恭的小霸王、小少爷，当他们得到家长肯定的时候，都会在心灵上得到满足，在心理上产生快感，在思想上得到激励。这样积极的内心体验就会逐步丰富和加深，从而更增强自信心、自尊心和上进心，产生再做好事或继续进步的愿望。

如果一个男孩总是受批评，遭到数落，总是产生不愉快的体验，就像一棵树只顾着被冰雹敲击、被狂风肆虐，他们就会蔫着头，从此一蹶不振。一个人即使再有天赋，再有前途，只要他觉得自己一无是处，就注定情绪消沉，逐步丧失自信心、自尊心和上进心，甚至会产生对立情绪，拒绝接受教育。特别是那些有毛病和缺点的孩子，他们平时本来就很少听到肯定、表扬和赞扬了，如果再听到无数的批评和数落，又该怎么看待自己？望子成龙的心态每个家长都有，也可以理解，但被你打击成了病龙的话，就难以登天了。如果对待孩子总是批评、数落，把他的精神支柱都搞垮了，改变现状要从何谈起？所以，家长要改变不良的教育方式，对孩子不要抱有成见和偏见。

每个孩子都有自己的特点，家长应根据自己孩子的实际情况对症下药，去诱导孩子，绝不是简单来场暴风骤雨就了事的。这样的批评容易伤害孩子的自尊心和自信心，而培养孩子的自尊心和自信心是年轻父母的重要责任。

打击和羞辱没有年龄的界限。人无论活到多大年纪，被攻击的第一反应肯定是不服气。不管多大年龄的人，都不愿意受到别人的训斥和羞辱，这和心胸、阅历没关系，批评本身确实是件让人不快的事。从父母的角度来说，教育孩子不是培养仇人，不用做得那么极端。更不要教育孩子"心胸宽广"，你劈头盖脸骂完他一顿，又让他看开，无论是谁都会觉得憋屈。男孩的强烈自尊心会让他们感到这是一种耻辱。他们非常在乎别人对他们的看法，特别是他们的朋友。即使该说，也应私下善意地给他指出，当众揭短只能引起反感。

要与孩子真诚相待，生活中难免遇到一些麻烦，当孩子的行为明显有错误，甚至十分严重时，作为父母可能会生气，也许感到受了伤害，此时最好的办法是找孩子谈谈，真诚地交谈，迅速使他们走出误区。

这种谈也是有技巧的，不要一句话给对方定性，不要张嘴就"你这孩子就是×××"，首先，孩子是你生的，也是你教的，你这话就是在打自己的脸；其次，如果你真心觉得儿子就是没救了，还费这口舌干嘛？很多孩子的心理障碍，都是起因于家长一些不正确的说法让孩子从小养成自卑心理、敌视心理。心理学研究表明，对孩子进行不适当的比较会使孩子逐渐远离他的兄弟姐妹或伙伴。许多家长看到孩子一点点小问题，就反复说教，反而成了变相的强调、强化，结果孩子本来只有一点点的负面倾向，就成了永久的人生遗憾。

父母经常责备、打骂孩子，是导致孩子出现品性障碍的最主要原因。父母对孩子粗暴打骂或体罚，同过分溺爱与放任一样，都会明显增加儿童品性障碍的发生，容易使儿童形成自我否定意识产生抑郁、退缩、胆小等心理，使孩子不能很好地适应社会环境，从而发生行为问题。

严厉对待孩子，还有可能把亲子关系变成了猫与鼠的关系，这是极为不正常的。孩子在精神上受到压制，变得性格颓丧忧郁，处处感到自卑，缺乏独立活动的自信。父母应当既是严格审慎的长者，又是诚挚可亲近的朋友。除了具有"爸爸""妈妈"的威信之外，还应获得兼做他们最亲近的朋友的资格。

让孩子自己做决策

有些母亲把养育儿子当成了养宠物，把自己当成了自然界中外出捕食再亲自喂养幼子的母鸟。这并不是说这些妈妈的母爱本能在大自然中多么和谐，而是说她们真的以为自己的儿子就像只会张着嘴嗷嗷待哺的小家伙——其智商和一只小雏鸟差不多。

郭令的母亲对儿子照顾得无微不至。给他的牙刷挤上牙膏还不算，连他哪天穿什么衣服都有着明确要求。高令一个高中男生，连对服装的审美、爱好都没有，他总是穿母亲为他挑好的衣服，背地里被人嘲笑为"小傻子"。在同学聚会时，他的妈妈甚至会发来信息询问喝了哪些饮料，各喝了多少瓶。

高令本来对此不以为然，但进入青春期的他渐渐对此有些排斥了。一次，班级策划了春游活动，郭令的妈妈认为天气不好，容易感冒，让郭令拒绝。但他害怕显得不合群，不愿意顺从母亲的要求。郭令母亲的控制欲受到了挑战，她做了件让她的儿子感到非常丢脸的事——跑到学校找到他的班主任，当着全班同学的面询问春游的地点、当地气候以及饮食类别。

郭令彻底排斥母亲略显病态的控制欲，把他的妈妈从学校推走了。没想到，在春游当天，他的妈妈还是发来了长长的微信，上面备注了各类饮料的糖分含量，要求郭令"注意身体健康，谨慎地选择饮品"。这条信息被郭令的同学看到后，"小傻子"的外号升级成了"郭巨婴"，"生活不能自理人士"。郭令感到在同学们面前抬不起头来，在学校过得十分压抑。回到家之后，他也总是阴着脸，排斥和母亲的一切互动。他的母亲既委屈又困惑，觉得儿子完全不能理解自己的一片苦心。

教育孩子诚实、正直，勇于讲真话，勇于面对和处理生活中的各种矛盾，乐观健康地生活，这是每一个父母的愿望，当然也是郭令妈妈的愿望。但最后的结果却使郭令反感家人，母子情谊恶化，这样的后果恐怕是郭令的母亲不曾估计到的，但这却的确是她一手造成的。适当地给孩子一些权利，是使孩子健康成长的一个重要条件。比如给孩子时间上和零花钱上一定的自由，他们就没有必要在时间的出入上，在自己一些小小的金钱需求上向父母撒谎。给他们一定程度上的信任，比如把所有的事情和所有细节都控制在父母眼中（其实这也是办不到的），更能促进孩子健康、正直、诚实品质的形成。让孩子自己独立地判断自己的交往对象，能促使孩子认识能力的提高。

在打扮自己这方面，年轻一代往往和年长一代有观念上的出入，父母更没有必要强求一致。你喜欢怎么穿衣服，你自己穿就行了，你儿子没有义务陪你穿。一般来说，值得理解的长辈审美观只有"不该纹身""学生不该染发"这类原则性装扮准则。除此以外，孩子衣服上有什么图案，儿子经常来往的同学里谁穿得太花哨，都不重要。年轻人有自己的审美，就和当妈的年轻时，自己的长辈也不理解时下流行一样。除非对方是个小混混，否则，只要是一起上学的同伴，你的儿子就有权利自由地交朋友。有的父母望子成龙，惟恐有的事情自己照顾不到，替孩子处理不到，孩子会出差错，其实却适得其反，只能让孩子变得越来越无能。连古人都知道，一屋不扫，何以扫天下，你又何必自寻烦恼，把好好的大小伙子养成一个傻子呢？

还有些父母把孩子当成需要训练的小奶狗，像用饼干做如厕训练那样，在孩子面前吊个零食，还觉得自己是循循善诱。的确，有时候，适当地奖励可以激发起孩子的上进心，然而，如果奖励的方式不当，也会造成相反效果，甚至会使孩子失去主动自觉的精神。因此，奖励除了正面的鼓励外，一旦使用不当，也会产生负面的影响。

例如，父母为了促使孩子认真做功课，于是与孩子约法三章，只要这次考试平均分数达到多少分以上，就给他换新手机、买新的限量版服饰、鞋；如果达不到，就一年都别想换新。此时，你给男孩发出的信号就是：成绩换东西，什么分换什么货。孩子为了得到物质奖励，确实会努力用功，但是这时的用功，只是利之所趋的结果，并不是真正的主动自觉，一旦达到目的，就不再持续下去了。还有一种可能，就是他在这个过程中对物品失去兴趣了。那就自然没什么意愿努力了。但这样的结果只能说是家长活该，因为就是你的物质奖励法把代价和努力之间划了等号。

往好了说，孩子没有失去兴趣，得到奖励了，看似吃到努力的甜头了，那你设置的下次激励，是不是得给奖励加筹码了？如此反复循环永无止境，既伤钱包又伤感情。同时，孩子为了得到奖品或避免处罚，还有可能动歪心思，比如考试作弊或撒谎。这种奖励法最坏的影响，就是孩子的短视——他只愿意争取看得见的、被承诺好的东西。这对天性爱拼搏的男性来说，可是大忌。

很多人都知道，优秀的孩子常被戏称为"别人家的孩子"。但有一位典型的"别人家的孩子"，却活活把自己的一手好牌打烂了。名校毕业后，他不仅一事无成，反而成了啃老族，这是为什么呢？

这个原本的"模范儿子"名叫孙平，他在名校毕业后，只三天打鱼两天晒网地工作了几个月，就泡在家里闭门不出了。整天打着游戏的他丧失了拼搏的欲望，一被父母试探着催促找工作，就开始发脾气。归根到底，他的心理感受是：我不愿意做没把握的事。

在孙平小时候起，他就知道，考到双百可以获得游乐园一日游，考到全年级第十可以换一次出国游。只要是想要的新玩具，喜欢的新衣服，只要他想出一个可以与之交换的成绩筹码，父母都会无条件答应。他收获了好成绩，父母收获了自以为完满的教育心得，两方都很高兴。

其实，孙平的家境很普通。他的父母为了维持这奢侈的物质奖励链环，也是下了很大功夫的。虽然让儿子超额消费了很多，但他的妈妈觉得值："傻子才会不愿意拿钱换儿子的未来！"她错误地把物质奖励当成了儿子的自觉动力。

孙平渐渐发现，父母的财力难以支撑自己的欲望了。那他还努力个什么劲呢？想要的东西得不到，努力给谁看？这样的他，看不到高学历、好工作带来的美好未来，对前景也没有任何展望，毕竟没有人承诺他如果做到哪个份上就势必可以换来什么呀！如今的他只想灰心丧气地随便找个小机构混混日子，过一段在他看来永无出头之日的人生。

这种短视，才是人最大的弱点。空有一身本领，却没有雄心，再有资本的商人也做不成事业。只为得到奖品才努力的做事态度，让这个青年实际获得的只是满足物欲的喜悦，而不是凭自己力量完成事情的成就感，因此无法体会成功的真正滋味。这种懒惰也使得他对未来的好奇心消失殆尽！行尸走肉也不过如此了。

11岁的海滨是个聪明的"小滑头"。他不仅学习成绩好，而且主意也特别多，班上有个个体户的儿子成绩很差，经常完不成作业，有一天，他对海滨说："你帮我做数学题，我给你钱。"海滨不敢要同学的钱，回家把这事告诉了妈妈，妈妈说："傻瓜，为什么不要？"于是，海滨从第二天起，就开始帮同学做作业挣钱了，而且业务很快就从做数学题扩展到做语文、写作文，后来又发展到代做清洁。最后，海滨的钱从学校又挣到了家里。每做一件家务事，都向父母索要"服务费"：扫地一毛，洗碗五毛，代买东西则收20％的跑路费，而父母为了鼓励孩子多做家务事，竟同意按儿子的要求付钱。

海滨的父母"按劳付酬"给儿子，是因为他们觉得：以这种方式给儿子钱，可以培养儿子劳动创造财富的观点，儿子以这种方式要钱，总比没有理由地要钱强得多。不错，孩子以自己的劳动换回零用钱无可非议，海滨父母所想的也有道理。但他们忽略了重要的一点，那就是：在家庭中，在集体里，我们每一个人都有一定的责任和义务，这些责任和义务是不能用金钱来付酬的。做家务事，是孩子的本份；孝敬父母，是儿女的义务，如果孩子每做一件事都用金钱来付酬，那么，父母们做了那么多的家务事，又由谁付酬呢？所以，做父母的，决不可只看眼前，不要让金钱腐蚀了孩子的心灵。要从长计议，给孩子提供最佳的环境和条件，让他们真正懂得自食其力的含义是什么。

那么，当父母遇到孩子索要报酬这类问题时，该怎么办呢？小说《母亲的帐单》中那位可敬的母亲为大家做出了很好的榜样。

母亲有一个叫彼特的儿子，常帮她做家务。有一天，彼特得意地向母亲开列了索取报酬的账单，上面写着，母亲欠儿子彼特如下款项：

为取回生活用品20芬尼

为把信件送往邮局10芬尼

为在花园里帮助大人干活20芬尼

为他一直是个听话的孩子10芬尼

母亲看了彼特的账单后，什么也没说，她也给彼得开了一纸账单，上面写着：彼特欠他母亲如下款项：

为他在家里过的十年幸福生活0芬尼

为他十年中的吃喝0芬尼

为在他生病时的护理0芬尼

为他一直有个慈爱的母亲0芬尼

共计0芬尼

母亲这张特殊的账单，使彼特十分羞愧。他把小脸蛋深深地埋进母亲的怀里，并把已经索要的钱悄悄地塞进了母亲的口袋里。

记住：父母对孩子的态度与评价，将影响孩子的发展方向，影响到孩子将成为什么样的人，千万不能让孩子成为见利忘义，惟钱是图的人。

唠叨不休与餐桌训子

在家庭教育中有一种十分常见的现象：就是妈妈对孩子不断地叮嘱、不断地提醒、不断地督促。尽管妈妈苦口婆心，效果却很不理想。有一项社会调查表明，中、小学生对母亲不满意的第一项事情就是：妈妈太唠叨。父母怎样避免在教育孩子时太唠叨呢？

1、感情要独立，意志要坚定。比如说，规定孩子要做好功课再开饭，但有的父母虽这样做了，可心里又怕孩子肚子饿，就没事找事地说："你饿不饿？""快做快做，饭都凉了！"这些自相矛盾的话，既反映了父母感情的软弱，又显得唠叨。为此，不要信口开河，要说到做到。

2、从小和孩子讲悄悄话。家庭语言的轻声细语是母子关系和谐的一个因素。要叫孩子办什么事，少用命令督促口气，而用亲切的语言在他的耳边轻轻地告诉他。这既是一种命令，又是一种信任。

3、不要事事处处叮嘱。事无巨细，反复叮嘱，这样听者不耐烦，而说者又不放心，结果家庭气氛骤然紧张起来。

有些做父母的，得知自己的孩子学习不好，或在外打架惹祸，往往利用饭前训斥或打骂孩子，弄得孩子不是愁眉苦脸，就是抽泣嚎哭。这样对孩子是有害的。

首先，孩子边哭边吃，饭粒、碎屑和水很容易在抽泣时跑到气管里，给孩子造成不应有的痛苦。

其次，孩子在受训斥前，本来处在一种旺盛食欲条件下，但突然受到大人责备，由于强烈的外界刺激，使食欲可能消失，唾液分泌骤减，甚至停止。这时孩子吃的饭不能与唾液充分的混合，食团不润滑，尤其是吃坚硬粗糙的食品时，很容易划破食道，破坏胃肠壁粘膜层，引起严重炎症。

再次，饭前训斥、打骂孩子，使小孩子的食欲受到强烈抑制，在此情况下，如果大人威逼孩子继续吃饭，则食物到了肚里也不会充分的消化。这不仅降低其吸收率，而且未被消化的食物，会增加肠道食物的腐败，产生毒物，轻则引起食欲不振，重则致病。当小海的妈妈带着刚出生不久的小弟弟从医院回到家里时，小海发觉妈妈给予小宝宝很多的关注。糟糕的是，小海将此解释为，这意味着妈妈爱小宝宝胜过爱他。这并非事实；但小海的看法比事实更重要。他的行为将取决于他自我感觉中的推断"事实"，而不是成人眼中真正的事实。

小海的目标是想要重新获得他在妈妈心中的特殊地位，并且错误地认为达到这一目的的办法就是表现得像个小宝宝，以获得父母同样的情感反应。因此，他可能会变得情绪焦躁、喜欢大吵大闹，反常地不断撒娇，并且越来越爱哭。结果，他适得其反，他的妈妈对大儿子的行为感到很疑惑又很无奈，沮丧、厌烦的情绪下，她完全想不到儿子的心理，也就无法充满爱意和亲切地对待他。

厌学的根本原因是什么

孩子不爱学习，提起学习就头疼，严重的甚至逃学，这是家长们经常碰到的一个头疼问题。碰到这种情况，不少家长一味指责甚至打骂孩子的做法是不正确的。家长应该首先弄清楚孩子不肯学习或上学的原因，然后再根据不同情况施加不同的对策。

有一位母亲很痛苦地说，她的孩子什么都好，聪明、活泼、人见人爱，可就是不喜欢上学校。后来，经过反复观察，才知道这孩子不喜欢去学校的原因，不是因为他不喜欢读书，而是觉得学校没有家里自由。

听起来，这个理由的确让人有些发笑。学校是有纪律的，怎么可以没有一点约束呢？但从中我们看出，尽管孩子不爱上学的情况非常普遍，其原因也是十分多样的。首先，让我们看看刚刚上幼儿园或上小学的孩子，会碰到什么困难足以令他们不愿上学。新环境往往会令孩子产生不安，刚上幼儿园的孩子要适应的问题也实在太多了。

(1)没有群体生活纪律的概念：孩子一向在家中过的是家庭生活，生活圈子较窄，接触的不外乎兄弟姐妹、父母和亲友。所以一旦入园，要他们面对这么多小朋友，究竟要如何和小朋友交往呢？对他们来说，是非常陌生的事。

(2)生活方式的改变：孩子在家中要遵守的只是一些简单的家庭规则，而且由于家庭成员少，实施起来并不见得太繁复。但幼儿园内的规则却来得复杂，上洗手间要举手，吃茶点要待全班小朋友都准备好，才可以一起"开动"，一下子要习惯是颇困难的。

(3)幼儿园环境陌生：学校的设计、大小都与家中大不相同。一个课室有那么多的桌椅……对孩子来说，是一个很奇怪的地方。

(4)老师和孩子初相识，必须有一段时间才能建立关系，上课初期，彼此都在摸索阶段，需要互相适应。

对于一个刚上小学的孩子，别以为他已经过幼儿园阶段，就没有适应上的困难。其实，由幼儿园转到小学就是另一个新环境，仍然需要去面对。

(1)幼儿园的规矩和小学并不一样，在上课的形式方面，幼儿园又比小学活动性强。上了小学，孩子开始要学会安安静静地坐在书桌旁边读书，要应付更深的功课。

(2)孩子离开了幼儿园的小朋友和老师，会怀念他们，而对新学校的老师和学生会产生不满或抗拒感。

这里要说的是，我们的家长常常犯一个错误，就是借用学校、老师之名威吓小孩："你再撒野，把你送到老师处！"给孩子留下一个"老师是惩罚孩子的"观念。于是带着战战兢兢的心情上学，甚至拒绝上学。

要解决以上纯粹因适应新环境问题而产生的拒绝上学情况，父母最好在开学以前就让孩子做好心理准备，迎接新生活的开始。开学前，多让孩子知道一些有关学校的情况。在日常生活中灌输他一些资料："学校内有很多老师，会教你很多知识""学校内会有很多小朋友和你一起玩的"，令孩子先有一个概念。平日经过学校时，让孩子驻足观看，观察小朋友们在校内快乐的玩耍情况。

切勿以老师来恐吓孩子，相反，要告诉孩子学校是一个令人开心的地方，老师会帮助孩子解决问题。当孩子上学后，多和老师联络，了解孩子在校内的问题，做出配合。孩子厌恶读书，主要是觉得"读书是痛苦的"，为什么读书

29

被孩子视为痛苦？其主要原因在于父母把读书和考试扣上必然的关系，每天不停地催促孩子读书做功课，目的就是为了在考试时取得高分。读书为了考试，考试为了满足父母，孩子根本找不到读书的真义和乐趣。

加上父母的压力越大，孩子的反抗和厌恶越深。反过来说，如果父母每天强迫孩子游戏8小时而不予停止，不消几天，孩子一样视游戏为苦事。所以，要孩子不排斥书本，就要自小培养其阅读兴趣，把读书视为一件轻松愉快的事。

妈妈：看，孩子这次考试成绩又下降了。

爸爸：给孩子请个家教吧。

孩子：对，给我请个家教吧。很多同学都有家教。

孩子成绩下降确是让家长担心的事。为了扭转这种局面、现代大中城市的家长们便越来越把希望寄托在聘请家庭教师方面。充任家庭教师的大多是一些高等院校的大学生，也有少数是学校的教师。

家长们之所以这样做，是因为他们确信，孩子的成绩下降是由两个原因造成的，一是对课堂上教师讲的还没有理解掌握。二是孩子自己没有好好的用功。他们认为，聘请了家庭教师不仅可以帮助孩子巩固理解和消化课堂上的东西，而且可以起到督促孩子的作用。孩子要请家庭教师的动机与家长的不完全相同，一种出于学习上的依赖心理，另一种出于一种虚荣。

在考试竞争相当激烈的时代，家庭教师的出现不可避免。好的家庭教师在帮助孩子理解知识、掌握学习技能方面也确实能起一定作用。但把提高孩子学业成绩的希望都寄托在家庭教师身上则是片面的。首先，影响孩子学业成绩的因素是多样的，复杂的。孩子对知识本身的理解、消化不够只是其中的一个原因。孩子的学习态度、策略、意志、兴趣等一些非智力因素均能影响学业成绩。就智力因素和非智力因素两者比较来看，前者比较稳定，后者多富变化。孩子成绩的突然下降的直接和主要原因往往不在智力因素，而在非智力因素。非智力因素培养往往在于家庭和学校的环境，而不在于家庭教师的辅导。其次，请家教加重了孩子的学习负担，减轻了孩子的智力负担。学习负担加重的明显表现是学习时间的增加，孩子从早到晚每天要学习十几个小时，这于孩子的身心发育是绝对不利的，是类似于杀鸡取卵的做法。智力负担的减轻就表现在对家庭教师的依赖性上，读书、做题不愿动脑筋，有困难就问，不愿意独自思考。

碰到孩子学习成绩不好或下降这种事，家长最好不要忙于找个家教完事，而要首先分析原因，对症下药。若真是孩子学习基础不好，在课文或教材的理解方面跟不上，则可以考虑请个短期的家庭教师。要跟家教说明，孩子的哪方面不行，或同家教一起对孩子学业进行会谈。不能以灌输、辅助做题为主。若是孩子的非智力因素有问题，如学习态度不端正，学习兴趣降低，缺乏刻苦钻研的精神，家长则应与学校老师或班主任一起配合，帮助孩子提高自己的非智力因素水平。也有时候，孩子学业成绩的下降是由于生理上的一些病变，家长对此要密切注意。若碰到孩子嚷嚷别的同学都有家庭教师而他也要一个的情况，则应考虑采用拒绝满足孩子的要求的办法。因为这时的孩子并不想从家庭教师那里学习什么，只是把有无家庭教师作为自己的一种攀比的资本。

研究性别的心理学家认为，男女之间生来就存在着生理方面的差异，它在决定个性、行为特征以及身体发展方面起着很大的作用。造成男女性别差异的原因主要是遗传、环境和教育因素错综复杂的相互作用。遗传因素是性别差异的物质基础或自然前提，环境（主要是社会环境）相对遗传起着更重要的作用，而教育则起着主导作用。心理学家研究中发现的大量事实表明，孩子的性别角色的经验主要是从家庭中得到的，对其人格的形成具有非常重要的意义。

所谓家庭性别教育通常是指父母根据男女身心发展存在着性别差异的特点，按照一定社会对男女性别的不同行为规范要求，进行不同的抚养和教育，使孩子成长为符合社会需要的性别角色。一般说来，孩子还未出生，父母就按照社会流行的性别角色价值观，对孩子性别抱有期望。孩子降生后，就会因性别不同而给予不同的抚养方式。据有关调查表明，父母给孩子买玩具时就表现出男女有别。57％父母给女孩买娃娃之类玩具，有11％父母给男孩买这类玩具；59％父母给男孩买刀枪之类玩具，有18％父母给女孩买这类玩具。然而，笔者调查发现，目前有相当数量家长在家庭性别教育过程中存在着不少弊病。常见的有以下的三种弊病。

1、性别偏见——患此"病"的家长表现的"病症"主要有三类：一是"重男轻女"。这类家长仍然存有"三纲五常""男尊女卑"的封建观念和"生男续香火，生女嫁人家"的传统思想。有的家长生了女孩，却把这个女孩当男孩来抚养，充当"假小子"。二是"男优女劣"。认为男孩比女孩聪明，爱动脑筋，将来能干大事，比女孩有出息。三是喜欢女孩，不怎么喜欢男孩。有一项城市的调查表明，父母对女孩喜欢程度高于男孩，超出9.3个百分点，分析其原因，主要是男孩性格明显偏于独立型和外向型，好动好玩，顽皮不听话，经常闯祸，难管教；女孩则大都具有顺从型和内向型性格，安分文静，顺从又听话，处事谨慎，讨人喜欢；另一原因是，女孩会体贴父母，是贴身"棉毛衫"，男孩不拘小节，是外穿"滑雪衫"，"老来闺有靠，儿子靠不牢"。

2、阴盛阳衰——此"病症"主要是指家庭教育中母亲唱主角。据报载，如今大部分家庭中管教孩子的主角通常是母亲。学校开家长会，七成以上是母亲，经常与教师保持联系的大多是母亲；检查孩子作业，关心孩子学习的又是母亲居多；而作为"养不教，父之过"的父亲，却退居教子二线。有记者为证实这种情况，进行随机调查后，发现这是目前家庭教育中普遍存在的一个重大缺陷。

3、忽视性别差异——患此"病"的家长主要不了解男女孩子身心发展的性别差异特点，往往使家庭性别教育缺乏针对性，陷入盲目性。有的家长对处于青春期孩子的性别特点缺乏了解，而且父母分工不明，疏导不力，致使孩子产生心理异常；有的家长对男女智力差异知之甚少而产生误解，认识偏错，教育失误，影响孩子的学习成绩；有的家长对男女性格差异不甚了解而忽视性别教育，引导不当，造成"假女子""假小子"之类不健全的人格；有的家长对男女兴趣差异认识肤浅而发生误导，不利于孩子兴趣爱好和个性特长的发展。

家庭性别教育中存在的病症远不止上述三例，需要树立正确的性别教育观念。现代社会心理学研究表明，家长性别教育观念决定着父母对不同性别孩子的教养态度，影响着孩子性别角色社会化的方向，左右着孩子的自我性别观念、生活态度，规范着孩子的行为，影响着孩子的性别心理，塑造着孩子的个性。生理学研究发现，男女之间遗传基因的差异主要存在于第23对染色体（性染色体）中，而这对染色体中，由两条标号均为X的基因组成女性，而男性则是由一条X基因和一条Y基因组成的。人类学家认为，男女性别和谐与合理结构是人类自身发展的产物。随着我国计划生育基本国策的贯彻实施和现代化进程加快，人们思想观念也要跟上时代发展潮流，要树立"只生一个好，男女都一样"的生育观，认识到男女存在差异，但决无天生的智力差别，社会既需要男性角色，也需要女性角色，"天生男女都有用，教育男女均成才"。

什么是健康儿童的标准？恐怕许多父母会说：身体好，没有毛病，不傻不呆，能吃能睡就是健康呗。其实不然，这只是片面的健康概念，这种健康仅仅指生理上的健康。

长期以来，家长们的头脑中还一直没有心理健康的概念，因此，往往只是重视孩子的生理健康状况，而忽视孩子在成长过程中的心理健康状况。许多家长舍得花钱给孩子买最有营养的食品、最漂亮的衣服，却不愿意抽出一些时间与孩子交谈，了解孩子的心理需求。一些家长的教育方法也比较简单，有的甚至粗暴，各种各样的家庭因素和不良的教育方式致使孩子出现各种心理问题。

真正意义上的健康是指躯体没有疾病，又有健康的心理状态及良好的社会适应能力，这是儿童健康的最佳标准。按照世界卫生组织（WHO）对健康所下的定义是："健康乃是一种生理、心理和社会适应都臻完满（Wellbeing）的状态，而不是没有疾病和虚弱的状态。"这就是说，健康同时包括了生理和心理两个方面的健康，是二者的统一。一个人只有当生理心理和社会适应都处于完满状态时，才算是真正的健康。学龄前儿童的体格发育、心理行为、智力发育都处于一个迅速发展的时期，儿童身心健康发展得好坏，对其今后的成长和学习乃至成年以后都会产生深远的影响。

目前我国对学龄前儿童的保健工作多数仅局限在体格发育方面，而对儿童的心理行为、智力发育和营养缺乏指导。从新生入学的体检情况看，我国新入学的儿童的健康素质并不好。有人调查了6所幼儿园学龄前儿童的身心状况，发现体格发育在中值以下的占46.6%，有口腔牙齿疾病的占46.6%，有视力问题的占10.7%，有心理行为问题的占39.7%，智力偏低的占7%。

儿童的身心健康应该从母亲的妊娠开始，母亲应懂得儿童的体格发育和心理发育的特点，学会科学育儿，注意早期教育和智力开发等。美国的两位著名心理学家特尔曼和西尔斯曾经做过一个有趣的调查。他们对1528名超常儿童进行了5年的跟踪研究，结果发现：智力与成就有一定的关系，但不是完全相等的关系。特尔曼对800个被试的男性中，成就最大的20%与成就最小的20%做了全面的比较，发现他们最明显的差别就是他们的个性心理品质不同。成就最大的一组在进取心、自信心、耐心和细心方面，明显高于成就最小的一组。

但是现实生活中，许多家长往往忽视孩子的个性心理品质的培养。孩子在学习中、生活中一旦遇到困难，他们不是采取积极鼓励的态度去帮助孩子克服，而是立即上前帮忙代劳，孩子有了错误，不是帮助分析原因，纠正不足，教育孩子吸取教训，而是不分青红皂白地批评一顿或者打一顿，结果严重挫伤了孩子的勇于探索的积极性。一个被送进儿童心理门诊的孩子对医生说："我真想把我爸爸妈妈的衣服都扒光了，看看里面到底是什么样子！"令陪伴他的父母感到无地自容。北京大学医学部精神卫生研究所公布的一份报告说：有关专家抽取6座城市中的2000多名学龄儿童进行"行为问题及危险因素"调查，结果发现：在被调查儿童中有不健康行为的儿童达13.81%，其中强迫、违纪、分裂、攻击、抑郁、性问题等的患病率较高。在与儿童行为问题显著相关的"危险因素"中，家庭因素和教育方式不良居重要位置。

我国有关权威机构采用国际上公认的心理卫生和心理素质量表，采用测验与访谈相结合的方式对东北三省42所中学、60所小学3万多学生进行检测，发现大约有32%的中小学生有心理异常表现。

北京一位叫袁鑫的初中学生自杀未遂引起了社会上很大的反响。人们的讨论还没有结束，湖北省荆州市一名女高中生，因帮助同学考试作弊被赶出考场而羞愧地跳入长江自杀身亡。

人们对袁鑫自杀从各个角度在报纸上展开了大量的讨论，谈得最多的恐怕还是中学生的心理素质—心理承受力的问题。湖南省一位读者杨司佼认为，青少年自杀，"病"在儿女，"根"在父母。家长对孩子过多的照顾和过度的保护，使孩子无法得到磨练，没有经受挫折的心理准备和能力。表面上看，他们个性十足，但是内心里十分脆弱，像一个蛋壳，只要轻轻一碰，就成了碎片。

一般认为儿童少年的心理健康具体表现在五个方面：

一是智力发育正常。正常的智力是孩子参与正常活动和学习最基本的心理条件，心理健康的儿童必须具备健全的智力能力。

二是心理特点与年龄相符合。心理特点是指人在心理发展的各个阶段所表现出的特征，每个年龄阶段都具有其典型的特征表现。心理健康的儿童所反映出来的心理特点必然与其年龄相称。

三是行为协调、反应适度。这一点即指心理活动与个体的行为方式的和谐统一，对任何事情的反应积极、恰到好处，既不过分，也不冷漠。

四是人际关系适应。心理健康的儿童能够愉快地接纳他人，并与他人和睦相处，在父母、兄弟姐妹、老师和同学之间建立起良好的人际关系。

五是情绪良好。情绪一般可分为积极情绪和消极情绪两类。积极情绪包括爱、欢乐、幸福感、幽默感等，消极情绪包括恐惧、愤怒、内疚、焦虑等。积极的情绪可使人获得最大的快乐和工作效率，心理健康的孩子应以积极的情绪为主，情绪反应是愉快的。

培养良好行为习惯

　　书籍是一所可以终身享用的学校，人们可以在这所学校里学到广泛的知识，一个拥有良好阅读习惯的人，将会对其一生有着不尽的影响。可是在现实中，有不少父母忽视了对孩子阅读习惯的培养，甚至认为，只要把课本上、课堂上的东西学好就行了，实际上这种观念是极其片面的。

　　有些父母认为学习好，即是吃透课本知识，把孩子看教科书以外的书籍认为是不务正业，不专心学习，不求上进。所以只许孩子成天啃课本，课本以外的课外读物一律不让孩子看。特别是在一些农村家庭里，盖房子可以花上数万元，却舍不得花上几元钱给孩子买课外书。我曾到过一个很富裕的农村家庭，房子是价值20多万元的小楼，家具摆设也很讲究，可是家中别说没有课外读物，就连一本汉语词典也找不到。

　　单调的死啃书本的学习必然使学生觉得枯燥无味，使孩子陷入死读书、读死书的死胡同中。教育家斯卡特金说："没完没了的背书不是学习的母亲，而是学习的后娘。由此造成的死读书，与其说是一种怪论，不如说是摧残脑子和理性更确切、更实在。"教育家苏霍姆林斯基对此也有过专门的论述，他说："不经常阅读科学书籍和科普读物，就谈不上对知识的兴趣。如果学生一步也不跨出教科书的框框，那就无从说起他对知识有稳定的兴趣。"

　　学生在业余时间阅读一些健康的具有科学性、文学性、历史性的，符合他们思想和知识水平的课外书，不仅不会妨碍对正课的学习，而且对正课学习大有帮助。最直观地说，孩子大量阅读课外书，可以巩固学到的字、词，还能够学到大量的生字、生词，并运用这些字、词。书籍使他们扩大视野，增长见识。一般的少儿读物都是有一定的教育意义的书籍。读这些书可以使孩子受到教育、陶冶情操、完善自己，激励他们更好地去学习、探索。如果是读一些科普读物，如《十万个为什么》《走进大自然》《动物世界》等等，会对孩子的学习有直接的帮助和补充，也会对他们将来立志成才奠定基础。

特别是对于那些学习困难，理解能力差一点的学生来说，阅读是开启智慧之门的重要手段，但有些家长却不这么认为。记得苏霍姆林斯基专门谈到这个问题，他在一本书中说：有些人认为，要减轻这些学生的学习负担，只有把他们的脑力劳动的范围压缩到最低限度（有时候，老师对学习有困难的学生说：你只要读教科书就行了，不要去读其他的东西，以免分心），这种意见是完全错误的。

学生越感到学习有困难，他在脑力劳动中遇到的困难越多，他就越需要多阅读。教育家们提倡对学习困难的学生不要靠补课，也不要靠没完没了的"拉一把"，而是靠阅读、阅读、再阅读，借助阅读发展学生的智力。要记住，书籍也是一所学校。父母、教师应当引导孩子们在这所学校里学习，在书籍的世界里邀游。反对学生阅读课外书，就是扼杀学生对知识的探索和学习。

有一位母亲曾经问："你看到现在有做家务的孩子吗？""有，肯定有。"可这样回答她的时候，人们其实心里也很清楚，现在肯做家务的孩子真是太少了，家长鼓励孩子做家务的更少。

年纪长一点的人都知道，过去小孩帮助做家务劳动是理所当然的。特别是农村里的孩子，有了一定的体力以后，家里总是理所当然地分配给孩子家务，如打扫屋子、烧火、劈柴、打猪草等等。

现在的情况与此恰恰相反，家庭条件好了，生活机械化程度高了，家务相对少得多了。有的家庭还请了专职料理家务的保姆，哪里还需要孩子做家务。其实，我们千万不可小看了孩子做家务的好处，孩子帮助干家务学到的知识，胜于书桌前的学习。

美国一位儿童教育专家说，我们不能让孩子永远站在我们的后边，保持天真无知，而应去筛选生活，找出孩子在我们的指导下能承受的经历，使他有机会去体验生活自学成才，认识自己的能力。我们对自己和孩子不可能把每一件事情都安排好、把握住。如果拼命去做这个尝试，将会使自己烦恼无限。

小玲聪明可爱，可她长到10岁了，却不知道如何择菜，如何扫地，如何抹桌子，更不会洗衣刷碗。由于她不懂得干家务，后来还闹了不少笑话。

有一次，在学校里，轮到她值日扫地，她挥起扫帚，就像打高尔夫球一样，用扫帚在教室里挥舞。地没有扫干净，尘土却满屋子飞扬。还有一次，家里来了客人，她出于好心，帮妈妈刷碗，只有七八个碗碟，她把已经用去三分之一的洗涤剂全倒光了。再有一次她刷自己的小皮鞋，弄得满手满脸满衣服的黑鞋油。

说起来，这些简单的家务活，她平时也见到家长干过，表面上看没什么难的，可是她没有经过实践，真正做起来，就让人啼笑皆非。

而只有5岁的同同不但会把自己的房间收拾得井井有条，就是拖地板、洗菜、叠衣服，只要是力所能及的都做得很出色。究其原因，是因为他3岁时妈妈就让他学会料理自己的事，让他干一些他能做的事，慢慢地，他触类旁通，一些简单的家务活他都能得心应手。我们的家长千万不要忽视了孩子干家务活，家务里面有不少生活的学问。比如，如何把衣服叠整齐美观，这里面很有考究。T恤衫、衬衫、裤子、棉袄的叠法各不一样，怎么叠才最简单又最好看，这就是锻炼一个孩子的分析能力、想象能力和美感。再如，择菜也有学问，白菜、菠菜、青菜和芹菜各有择法，同样的菜也有嫩老、新鲜度等具体情况，怎么择快、怎么择不浪费等都有不少知识可学。通过择菜，还可以知道一些农事知识，什么季节有什么菜，是怎么长出来的等等。这些知识很感性，也很有趣，对孩子来说容易接受。

有一位家长长期认为自己的孩子是弱智儿童，"什么也不会做"。某一天，来了一位客人，家中没有人能出去购物，不得已只能让这个孩子带着纸条出去购物。结果，他全部买回来了。家长表扬他说："干得太好了。"从此以后，这个孩子积极地帮助做家务，扫地，购物等样样都做得很好。

还有一个很爱孩子的母亲，她坚持反对孩子做家务，理由是孩子不会做，而且碍事。可她的儿子却偏偏喜欢帮她拖地板，3岁的时候就吃力地拿着拖把在地上来回地拖，因为他觉得这很有趣。可是每次都被妈妈责备："你看你，不听话，胡乱弄，反而把家里弄脏了。"朋友告诉这位母亲："孩子喜欢这样，你不妨利用这个机会教他如何做才能把地拖干净。这样可以培养他的动手能力和勤劳的好习惯。"后来这位母亲特地给孩子做了一个小拖把，孩子的小房间的卫生就让儿子包了，这种习惯就一直保持了下去。

爱劳动、爱料理家务的孩子长大后，自理能力总是比较强。从心理学角度，必须承认它有助于孩子成长的积极面。因为孩子根据家长的要求，在家中完成了任务，并得到大家的好评。这个过程也是孩子真正认识自我人生价值之难得的机遇。这是孩子学做家务最深远的意义。

现实生活中，一方面是满怀爱意的父母挺身承受一切压力，心甘情愿为孩子遮风避雨，一方面是孩子即使已过了18岁生日，依然习惯于依偎在双亲羽翼下的生活。可敬的父母们，当你包办孩子的一切时，你是否意识到你同时也剥夺了孩子锻炼的机会和独立的权利？孩子最终将走出你的视线，那时他将如何生活？在物质生活日臻丰富的今天，你的孩子最缺少的是什么？

某市教育学研究会对1722名青少年进行抽样问卷调查，当问到"你遇到失败打击时能顶得住吗？"1/3以上的中小学生、42.5%的大学生回答是"一般"或"顶不住"。主要理由是："没有经受过失败的打击和煅炼"，"没有别人的帮助和支持，我就没有顶住失败和打击的勇气"等。

在50年前，我国著名教育家陈鹤琴先生曾针对父母对儿童照料过度的现象说了这样一句话："做母亲的最好只有一只手。"

50年过去了，今天做父母的对儿童过度照料的现象仍然相当普遍。特别是在独生子女家庭，这种现象更是有增无减，甚至出现"包办代替"的情形：孩子已经会自己吃饭了，父母还要一口一口地喂；孩子会走路了，家长非要抱在怀里不可，从这个大人手里传到另一个大人手里，不让孩子双脚着地走路；孩子会自己拿东西了，家长不让他们自己动手，而将东西一件一件地递到他们的手里；孩子会自己洗手、洗脸、洗脚了，家长却给他们打好水，替他们洗；孩子会自己穿衣服了，家长不让他们自己动手穿；孩子上学了，尽管距离学校很近，也不经过大马路、小马路，家长却每天要背着书包接送；孩子写作业，家长要陪在旁边，替他们削铅笔、灌墨水、用橡皮擦去写错的字；写完作业，家长不是要孩子自己收拾书包，而是替他们收拾；孩子自己会洗红领巾、手绢、袜子，家长不让他们洗，全由家长代劳……现在，许许多多的孩子什么事都不用他们自己动手，一切全都由家长"承包"了。孩子过的是"饭来张口，衣来伸手"的生活，难怪有人称他们是"小皇帝"。

赵忠心教授针对这种状况指出，在现代社会，人们不需要"皇帝"，即便是皇帝也要自立。孩子在家里是"小皇帝"，到社会上都要成为"平民百姓"。平民百姓都要生活自理，连自己的生活都不能料理，就难正常生存。孩子在小时候，爹妈心甘情愿地侍候这些"小皇帝"，爹妈年轻力壮，有精力侍候他们；但孩子从小习惯了"小皇帝"的生活，没有学会生活自理，到他们长大了，爹妈也变老了的时候，问题就严重了。

日本动画片《聪明的一休》中，有一个令人难忘的情节：一休的母亲为了磨一休，让他当和尚，独立生活。有一次，小一休跌倒了，石头磨破了他的腿，母亲离他只有几步之遥，一休将手伸给了母亲，可母亲无动于衷，只说了一句话："用手撑一下，自己爬起来。"一休的母亲让小一休明白了一个道理：跌倒了得自己爬起来。

当孩子还不能完全生活自理的时候，父母应在生活上给予照料，做父母的有这种责任和义务。但家长还应当明白，照料孩子的目的，不仅仅是为了使孩子生活得舒适、幸福，更重要的是在照料过程中教孩子逐步学会生活自理，进而掌握自立的能力。如果做父母的把孩子的事情全都包办代替，不让孩子自己动手、动脚、动脑，就等于把孩子的手、脚、脑都束缚起来，孩子将什么事都不会做。将来孩子长大离开家庭、父母，进入社会独立生活，就不会有生活自理的能力，这不但会给他们的生活带来诸多不便，还会影响他们的学习和工作，甚至有可能因为缺乏生活自理能力而葬送他们的锦绣前程。

某地有一位大学生，从小就特别聪明，上小学时跳过级，中学没有毕业就提前考入了大学，刚满19岁就大学毕业。紧接着，又以优异成绩考取了本校的硕士研究生。学校领导看他有培养前途，决定送他到国外深造。应当说，从小学到大学，这位研究生的人生道路是一帆风顺的。一般青年学生如遇上这样一个出国学习的机会，自然会高兴得不得了。可这位研究生听到这个消息，却产生了巨大的心理压力：要独自一个人去异国他乡，远离父母家庭，谁来照顾我的生活呀？

他为什么会有这么大的心理压力呢？因为这位研究生是独生子，从小就在家里过着"衣来伸手，饭来张口"的生活，他的生活问题全由母亲代劳，完全没有生活自理能力。就是在考上大学之后，他的母亲每周还要到学校替他整理内务，帮他洗洗涮涮。离开母亲的呵护与照料，他简直无法生存。因此，出国深造的消息给他带来的不是万分欣喜，而是极大的烦恼和压力。

来到北京语言学院进行出国前的语言强化训练，他在生活上遇到种种困难，东西不会买，衣服不会洗。距离出国日期越近，他的心理压力越大，整天心神不定，甚至愁得彻夜不眠。到后来，只要有人提到"出国"二字，他便浑身发抖，手脚抽搐，口吐白沫，不省人事。他的身体和精神全部崩溃了。送他到医院检查，医生说是精神过度紧张。人们问他患的究竟是什么病？医生说是"出国恐惧症"。

赵忠心教授在为这名智力超常的研究生惋惜之余，语重心长地告诫天下父母防止重蹈覆辙。他认为，孩子的生活自理能力，并不是什么鸡毛蒜皮的小事情。它不仅关系到孩子生活是否舒适，也关系到孩子有没有自信心。具备生活自理能力的孩子，什么事情都会做，什么事情都难不住他。他的自信心会很强。这种自信心也会迁移到学习和工作中去，将来的副业会富有成效。而缺乏生活自理能力，事事不会做，处处有困难的孩子，不仅生活上会遭受许多磨难，还会逐步滋长自卑心理，以至在学习和工作中也觉得自己处处不如人。

在发达国家的家庭里，父母普遍重视从小培养孩子的自理能力和自强精神。之所以如此，是因为市场经济社会要求社会成员必须具备这种能力和精神。

年轻的父母们，为了孩子的未来，为了下一代的明天，请将孩子从"怀抱"中放下来，在日常生活中多给孩子一些生活自理自立的锻炼机会。

尊重他人的小绅士

良好的礼仪习惯不仅能给人生带来快乐，而且能够帮助一个人走向成功。从外表上看，礼貌是一种表现或交际形式，从本质上讲，礼貌反映着我们自己对他人的一种关爱之情。所以，真正的礼貌必然源自内心。

一位妈妈好不容易把儿子培养成了学习上的佼佼者，唯一不足的是，孩子从小就不修边幅。但是，这并不妨碍妈妈为他而自豪。这个男孩外表邋遢了点，但谁也不能否认他的聪明。他从小就是个学习尖子，家里贴满了各种奖状不说，还有各类特场比赛的奖杯。这个外表粗犷的小男子汉自信心十足，他说话直爽得有些过了头，但他总能凭自己的成绩收获敬佩的眼光：不仅考上了一所高校，而且在学校里还十分自律，自己补习英语，计划去国外留学。大学毕业的时候，孩子顺利地通过了托福考试和GMAT考试。

就在面试合格，各项手续也顺利办下来，只等签证就可以实现他的留学梦的时候，一件意外的事发生了。

那天，妈妈陪着男孩去办理签证，孩子的心情非常激动。当听到自己的名字的时候，孩子高兴地站了起来，直直地走过去。他撞到了一位腿脚不便的老人，但并没有道歉，也没有问候，只是回头神气地瞥了一眼对方，带着没翻完的白眼走向了签证官。签证官隔着窗口，注视着这个意气风发的年轻人，不自觉地咳了一声："你好，在我们开始前，我必须要说，我看到你刚才不小心撞到一位老人。"

"没错。"男孩快速点点头。

"我能问问你为什么那么不屑地转身离开吗？"签证官专注地看着他。

"因为他腿脚不便还不注意，挡到我的路了。怎么，你突然对这种事感兴趣？"男孩傲慢地笑笑，"可别拿那些二流的面试故事教育我，说什么这个老人是签证官的亲人，我的行为证明了素质的残缺之类的。"

"他肯定是某人的亲人没错，但肯定不是你的。这我倒是看得出来。"签证官皱着眉说，"不过你可能会失望，我的故事也很二流。我认为你不具备高等人才出国交流的素质。也许还是回家待着，孝敬老人吧。"

"可我的成绩很好呀！"男孩惊讶了。

"成绩好只能证明你学习能力不差，不能说明你是个值得让人以礼相待的人。一个人的成绩和能力虽然很重要，但是，综合素质是更加重要的，它能体现出一个人的品质。我们非常注重这项考核，事实上，许多人

41

都是因为综合素质考核通不过而得不到签证的。"

讲究礼貌也是处理人与人之间关系不可缺少的规范。人与人之间互相观察和了解，一般都是从礼仪开始的。一个举止优雅、彬彬有礼的人，更容易交到朋友、找到工作。正如一位哲人所说，那些明智的和有礼貌的人们，他们特别谦虚谨慎，从不装腔作势、装模作样、夸夸其谈、招摇过市。他们正是通过自己的行为而不是言语来证实自己的内在品性。

一个有教养的孩子必须有良好的文明礼仪，这样的孩子比较受人欢迎，也就是心理学上所说的"被众人接纳的程度高"。文明礼仪要从小培养，形成良好习惯。

有些家长认为，现代社会是个自由的社会，懂不懂文明礼仪没关系，只要学习好、有真本事就行了；有些家长则认为，小孩子天真无邪，长大了就会懂得文明礼仪的。其实，这都是误解。一方面，孩子的文明礼仪需要从小培养，否则就会形成坏习惯，一旦形成坏习惯，再改就很难；另一方面，越是懂礼仪的孩子，越能获得自由发展的广阔天地，因为他会受到他人的尊重和欢迎。可见，文明礼貌始终是孩子应该养成的好习惯。

那么，应该怎样来培养孩子讲礼貌的习惯呢？父母是孩子的榜样，父母良好的行为举止是对孩子最生动、最有效的教育。父母应该利用家里来客的有利时机提醒孩子，并给孩子做出榜样。

童童像个小鹦鹉一样，常常学着他的爸爸称呼别人。有一天，爸爸的员工孙德来他家取文件，童童的爸爸招呼他："小孙，快来一起吃点饭！"孙德道谢后坐在了椅子上，童童立马放下手中的面包，眨着眼对孙德说："小孙，你吃饭之前洗手了吗？到底懂不懂讲卫生啊？"

童童在接待家里的客人时没有运用礼貌用语，聪明的妈妈没有当场在外人面前指责孩子，只是示意他安静，并冲着孙德抱歉地笑了笑。因为她知道批评和指责往往会造成孩子的逆反和不服心理，而且这种做法本身也是不礼貌的。

但是，这位妈妈并没有忘记这件事，在客人离去后，妈妈把孩子叫到身边，温和地对他说："童童，孙叔叔是你的长辈，但不是爸爸的长辈，所以你不能像爸爸那样叫对方'小孙'，这是差劲的行为。你再和孙叔叔讲话时，必须运用礼貌用语，否则是不对的。就算孙叔叔没有洗手，他也是咱们家的客人，你不能那样对他说话，对不对？"童童有所醒悟地说："哦，我明白了，对不起，妈妈，我下次会注意的。"这样，妈妈通过在事后提醒教育孩子，让孩子明白自己的错误。

在处理相同的事情上，另一位妈妈的做法有所不同，但是也取得了良好的效果。妈妈发现4岁的孩子在接受他人礼物时没有运用礼貌用语，就微笑地对孩子说："贝贝，你好像忘记说什么了？"4岁的贝贝显然还没有意识到自己应该说什么，这时，妈妈对客人说："谢谢您送礼物给贝贝，我代贝贝谢谢您！"4岁的贝贝听了妈妈的话，意识到自己没有表示礼貌，于是奶声奶气地说："贝贝也谢谢阿姨！"

同样是提醒孩子讲礼貌，两位妈妈都没有当场批评指责孩子，而是运用礼貌的方法来提醒孩子，让孩子体会到了运用礼貌的好处。可见，父母要注意提高自身的修养，使用文明的语言，在家庭中不要讲粗话、脏话，家人之间多使用礼貌用语，说话要和气。这样，才能通过自己的行为潜移默化地影响孩子，让孩子在良好的环境中养成文明礼貌的习惯。

父母在平时要有意识地向孩子强调注重个人礼仪的重要性，父母应该注意从以下几方面来培养孩子注重个人礼仪。教育孩子保持仪容仪表的整洁，要把脸、脖子、手都洗得干干净净；勤剪指甲勤洗头；早晚刷牙，饭后漱口，注意口腔卫生；经常洗澡，保证身体没有异味；衣着要干净、整洁、合体。

我国对良好体态的普遍审美就是"站如松，行如风，坐如钟，卧如弓"，主要从站、坐、行以及神态、动作方面提出要求。优美的站立姿态给人以挺拔、精神的感觉；身体直立、挺胸收腹、脚尖稍向外呈V字形。要避免无精打采、耸肩、塌腰，千万不能半躺半坐。走路要昂首挺胸，肩膀自然摆动，步速适中，防止八字脚、摇摇晃晃，或者扭捏碎步。

在谈话中，家长要教育孩子表现出对人的尊重、理解和善意。与人交往要面带自然微笑，千万不要出现随便剔牙、掏耳、挖鼻、搔痒、抠脚等不良习惯动作；要求孩子使用文明礼貌用语，如"您好、谢谢、请、对不起、没关系"等。要求孩子做到态度诚恳、亲切，使用文明语言，简洁得体，既不能沉默寡言，也不能啰嗦重复。

父母向孩子强调文明礼貌的常识时，不要用教训、命令的口吻，而是要循循善诱、谆谆教导。同时，父母还要让孩子明白，人与人之间若出现互相挤撞，不要恶言恶语，要抱理解、宽容态度；要求孩子做到行为文明，如，和人见面时主动打招呼、和别人说话时专心、爱护公共环境、遵守交通规则等。

每个家庭都会有客人来。父母要试着让孩子学会以主人身份招待客人，注重礼貌待客。

丰子恺先生有个儿子叫丰陈宝。丰陈宝小时候特别怕生人，在客人面前显得不太礼貌。有一次，丰子恺先生到上海为开明书店赶一项编辑工作，把十三四岁的小陈宝也带了去，想让小陈宝帮着抄抄写写。有一天，来了一个小陈宝不认识的客人，这位客人同丰子恺先生谈了好长时间，小陈宝一直没有与客人去打招呼。客人与丰子恺先生谈完后，就过来与小陈宝打招呼、告别。这下小陈宝可愣住了，他一时不知道如何是好。

丰子恺先生送走客人后，语重心长地对小陈宝说："客人向你打招呼告别，你怎么可以不理睬人家呢？"后来，丰子恺先生一直非常注重小陈宝的礼貌教育。他告诉小陈宝，客人来了，应该为客人端茶、盛饭，而且一定要用双手捧上，这样表示恭敬。他还风趣地打比方说："如果用一只手端茶送饭，就好像皇上对臣子赏赐，更像是对乞丐布施，又好像是父母给孩子喝水、吃饭。这是非常不恭敬的。"

丰子恺先生还教育小陈宝说："客人送你什么东西的时候，你一定要躬身双手去接。躬身表示谢意，双手表示敬意。"这些话都深深地印在了小陈宝的心中，后来，小陈宝果然成为一个彬彬有礼的孩子。

父母要注意的是，在孩子没有讲礼貌的时候，千万不要强迫孩子。现在生活中，很多父母在孩子没有礼貌的时候总会强迫孩子讲礼貌，比如有客人来家里，孩子躲在房间里不出来，不与人打招呼，家长非得把孩子拉出来跟客人问好，结果，孩子产生了逆反心理。事实上，父母这种强迫的行为本身就是不礼貌的。孩子不愿意与人打招呼必然是有原因的，比如孩子从小就很害羞；孩子认为客人是父母的客人，与自己没关系；或者他正在做作业，一时忘记了打招呼……这时候，父母需要的是引导孩子去跟客人打招呼，如果孩子实在不想打招呼，父母不应该强迫孩子。而是应该在事后告诉孩子："与人打招呼是最基本的礼貌，你去别人家里时也希望受到别人的热情欢迎呀！"这样，让孩子设身处地为他人想想，他的礼貌举止才会发自内心。

　　文明礼貌看起来是一种外在的行为表现，实际上反映了一个人的内心修养。有自尊的孩子会尊重自己，维护自己的人格尊严。懂得尊重他人的孩子在说话时往往会顾及到他人的感受。因此，父母在生活中要做到尊重孩子。

　　英国著名教育家斯宾塞说过，"野蛮产生野蛮，仁爱产生仁爱，这就是真理。你对待儿童没有同情，他们就变得没有同情；而以应有的友情对待他们，就是一个培养他们友情的手段。"也就是说，以应有的尊重对待孩子，孩子才会懂得尊重。

　　有个男孩特别懂得为人处世，说话做事彬彬有礼，又从不做违反原则的事情。这都归功于他的家庭教育。在他小时候起，他的母亲在让儿子帮助做什么事时，不会粗暴地说："快去给我拿个×××"，而是对孩子说："儿子，帮我个忙，就是……好吗？"或者"你现在忙吗？请你……好吗？"从来不会说一些生硬的句子，或者用强硬的命令语气让孩子去做事。

　　当孩子做完某件事后，母亲总会说声"谢谢"。不管遇到什么事情，父母总会和孩子商量一下。例如，父子一块沉迷网络时，如果父亲想换一个电视节目，总是先对孩子说："我能换个频道看一下新闻吗？"父母的这些教育方法，使孩子养成了彬彬有礼的习惯。

　　由此可见，父母一定要尊重孩子，同时，父母在家庭中要互相尊重，父母之间的尊重，会在潜移默化中给孩子以良好的影响。

　　有些孩子总是以自我为中心，这并不是说孩子是自私的，而是幼小的孩子还不知道怎样去关注除了自己以外的其他人。

　　有一次，丰子恺先生在饭馆里请一位朋友吃饭。他把自己的几个十来岁的孩子都带了去。刚吃完饭，就有孩子对丰子恺先生提出要先回家。丰子恺先生马上悄悄地制止了孩子。事后在家里，丰子恺先生对孩子们说："我们家请客，你们也是主人。主人比客人先走，那是对客人的不敬。"孩子们听了丰子恺先生的话，都觉得父亲说得有道理。在以后的请客吃饭中，孩子们个个争当好客的主人。

可见，父母在日常生活中要教育孩子尊重他人，例如：教育孩子上学时主动向老师同学问好，遇到熟人要热情打招呼，请人帮助时要用礼貌用语，等等。

同时，要有意识地向孩子介绍亲朋好友的性格、优点，鼓励孩子学习他人的优点，并且父母要教育孩子谦虚谨慎，不骄傲自满，正确看待他人的缺点和不足，不以自己的长处比他人的短处，让孩子明白"金无足赤，人无完人"的道理。

孩子们有时会做一些不尊重别人的行为。例如，喜欢叫别人外号，见到残疾人会上前围观，见到别人陷入困境会加以嘲笑，看到别人倒霉会幸灾乐祸。孩子这样做，有时是因为想看热闹，好奇，有时是想开个玩笑，有时则只是盲目地跟着别的孩子做。他们并没有理解这样做是不尊重别人，没有意识到他们这样做会伤害别人的心灵。

当出现这种情况时，父母先要平静地问问孩子为什么要这样做，然后有针对性地指出孩子这样做的坏处。父母要让孩子设身处地体会到不受别人尊重时的感觉，要让孩子知道，有教养的孩子应该同情别人，帮助别人，尊重别人。尊重别人的人才会受到尊重，尊重别人就是尊重自己。

任性耍赖怎么管

任性，是指一个人不顾客观环境和条件如何，自己想说什么就说什么，想做什么就做什么，想怎么做就怎么做，任何人的劝告和阻拦都难以发挥作用的一种性格品质。任性的主要特征是放任自己，对自己的行为不加约束。

在一般人看来，任性是孩子的消极品质，应该想方设法采取各种措施加以制止。但是，孩子的任性与成年人的相比还是有很大的可塑性的。一般来讲，孩子的任性具有两重性，应注意区分不同情况而加以教育。一种情况是，随着孩子年龄的增长，孩子的认识范围扩大，自我意识迅速发展，自尊心、独立性逐渐增强，会产生"任性"的行为。这种"任性"行为是孩子身心发展的正常反映。它表现在孩子独立完成某件事时，不达目的誓不罢休方面；或为了维护自尊心而有较强的自我意识方面；或过高估计自己的力量而采取一些冒险行为方面。这些尽管被家长看成是"任性"，孩子自己却不以为然。此时，作为家长要对孩子进行积极引导，合理运用这种"任性"，使之成为发展孩子独立性的一种动力，而不应当视为错误而予以追究。

另一种情况是，孩子以自我为中心，表现为不分情况地随意放任自己，毫无约束。这是一种消极的品质，家长应帮助孩子矫正。

孩子任性的原因，尽管与遗传和神经类型有关，但并不是与生俱来的，家庭教育不当是造成孩子这种不良性格的主要原因。一方面由于家长过分溺爱孩子，对孩子的不合理要求轻易给予满足，特别是当孩子哭闹的时候更是如此，久而久之，就养成了孩子任性的坏毛病。另一方面，家长对孩子采取高压、强迫的教育方式，过多地责骂孩子，就容易使孩子形成固执、任性的坏脾气。那么，当孩子产生消极的任性行为时，家长应该怎么办呢？

1、给孩子讲清任性的危害性

对孩子的任性行为，不能因娇惯而放弃教育，一味顺从，也不能粗暴对待，以打骂代替教育。正确的方法应该是从说理入手，以情感化，巧妙处理，使孩子认识到任性的危害性。任性的孩子遇事容易激动，情绪波动大，对其身心健康是很有害的。还有的任性孩子，一切从感情出发，我行我素，难以接受劝告，发展下去会蛮横无礼、胡作非为，甚至会造成不堪设想的严重后果。

家长要明确告诉孩子，任性是一种不好的品质，家长、老师、同学也不会喜欢，也更不会由着孩子的性子办。长大以后，这种任性的性格还会影响孩子的人际关系及工作、生活。同时，家长最好能让孩子感受到任性会给亲人、朋友造成的感情负担，让孩子自己认识到任性行为的不合理性。这样，孩子才会产生自觉改正这种不良性格的愿望。

2、家长要善于运用各种方法纠正孩子的任性

现在常听到家长这样说："光说要停止打骂教育，可当孩子不听话、哭闹、发脾气时，就没有办法了。"的确，要教育好孩子并不是一件简单的事情，关键是家长是否找到了比较好的教育方法。

有一个小学生很任性，一次吃饭时因一点儿小事不如意就不吃了。家长批评了他，他就干脆躺在地上哭闹，一会儿又起来把桌子上的书全部扔到地上。对待这样的孩子，家长要表现得沉着，有耐心，可用转移法进行教育，即设法把孩子的注意力转移到孩子感兴趣的事情上。因为孩子发脾气时，他的神经系统处在高度的兴奋状态，容易引起爆发，所以不应火上浇油，大加训斥。此时，家长可请他看一看画册，或做其他能吸引孩子的事情，以此来安定他的情绪。等孩子情绪稳定后，家长好像没有这回事似的，让他吃饭，这样孩子也就会忘了刚才发生的事情。吃过饭后，家长再给予耐心的教育，指出他刚才为什么不对，危害是什么，并要求下不为例。

这种做法是比较有效的。此外，还有很多的方法，例如：听任法，当孩子任性时，在有安全保障的前提下，可采取不理睬的态度，使孩子感到没趣就会停止任性，然后家长再进行说理教育。激将法，利用孩子好胜心比较强的特点，克制其任性行为。夸奖法，利用孩子喜欢"戴高帽"的特点，调动孩子的自尊心理，及时控制他的任性行为。总之，方法很多，家长可根据孩子任性的表现，采取适当的方法。

3、对孩子的要求，千万不要"百依百顺"。

对孩子的合理要求，家长要支持鼓励。对孩子不合理或过分的要求，家长决不能毫无原则地迁就，应表示坚决的不允许，并让孩子知道什么可以做，什么不可以做，什么必须做。家长决不能因为孩子的哭闹而放弃对孩子的严格要求。要知道，如果孩子的企图第一次得逞，以后就会习以为常，由着性子来。伟大的思想家培根有一句意味深长的话："你知道用什么方法一定可以使你的孩子成为不幸的人吗？这个方法就是百依百顺。"因此，家长应注意不能对孩子的不合理要求稍有让步。

4、家长之间的意见要统一

孩子的父母之间意见要统一，而且同祖父母之间的意见也要统一，防止孩子有"空子"可钻，否则家长的正确意见难以付诸实施。例如，当孩子任性时，往往是父亲动手打孩子，母亲忙着护孩子，外婆出来拉孩子，甚至相互埋怨、指责、争吵，这就更助长了孩子的任性。所以，家长在教育孩子方面千万不要产生分歧。即使有分歧，也不要在孩子面前暴露出来。

晚饭前，孩子忽然走到妈妈跟前，提出要吃饼干。妈妈不加思索地说："不行，马上就要吃晚饭了，吃了饼干，晚饭还吃得下去吗！"可是孩子不听，缠着妈妈说："不，我要吃嘛，我饿了，就是要吃！"吵得妈妈没法，就说："烦死人了，好，好，别吵了，给你吃。"于是孩子心满意足地吃了起来。

这样的事是家长经常碰到的。它向我们提出了一个问题：如何正确对待孩子的要求？

孩子的要求有两种，一种是合理的，一种是无理的。对于合理要求当然应支持，并尽可能予以满足。如果由于某种原因暂时做不到，也要向孩子说清楚，首先要肯定他们的要求，然后说明目前为什么还做不到，并且告诉他们如何才能实现。

困难的是如何对待孩子的无理要求。众所周知，幼儿的是非观念比较差，他们只能从自己当时的兴趣爱好愿望出发提出要求，而不能考虑到常情常理。在他们看来，他所提的要求都是合理的，如果遭到父母的拒绝，就会感到莫大的失望和委屈，甚至引起一场冲突，闹得大人没办法，只好屈服，结果养成孩子执拗、任性、不讲道理的坏毛病，在独生子女中尤为常见。

如何正确对待这个问题呢？

首先父母不必对孩子的要求忙于表态，要从孩子的角度想一想要求是否合理，了解一下孩子提出这一要求的动机是什么。即便不合理，也要尽量用平等的、商量的口气和孩子交谈，不要简单地拒绝。如开头举的例子，那位妈妈起初简单地拒绝了孩子的要求，而当孩子一闹，又屈从了，无原则地任凭孩子抱着饼干盒饱餐一顿，结果就给孩子造成一种错觉：以后不管提出什么要求，只要争取一下，吵闹一番，便可以达到目的。而如果这位妈妈改变一下做法效果要好得多。她可以先了解一下孩子为什么饿，如果确实很饿，可以答应他先少吃几块饼干，但同时要说清楚晚饭前不能多吃东西的道理，决不能任孩子去吃，在这一点上不能妥协，孩子再哭再闹也不能让步，否则，虽然只应允一次，就会为下次拒绝其无理要求增加一份困难，不利于孩子品性的培养。

另外，大人之间要一致，要互相配合，不要拆台。常常可以看到这样的情形：爸爸不答应，妈妈答应；父母拒绝了，老人又应允。结果大人之间互相埋怨，孩子则利用矛盾各个击破。当然，为了不太伤孩子的心，在拒绝的方法上要讲究，不要简单粗暴。如爸爸干干脆脆地拒绝，妈妈再柔声细语地讲清道理，耐心地诱导或转移注意力，使孩子感到爸爸妈妈对他的要求是认真考虑的，讲道理的，一般来说也是会听从的。

哭，是孩子的一种本能。无论多大的孩子，都会哭。有的孩子把哭当成了一种"武器"，一见自己的某种要求得不到满足，就用哭来要挟大人。此法还往往十分奏效，孩子一哭，家长就屈服。应了那句话："会哭的孩子有奶吃"。于是，哭便成了孩子的武器。

孩子何以用哭来达到自己的目的呢？原因还是在父母。常常看到孩子整天让人抱，放下就哭，于是父母就怪孩子不乖。其实，孩子并不是整天要人抱的，只是由于父母往往一听到孩子的哭声便马上抱起孩子，多次之后，哭和抱便联系了起来，形成条件反射。

当然，导致孩子哭的原因很多，并不都是要挟手段。例如，孩子感到身体不舒服；要求没有得到满足；做错了事情，受到成人的批评、训斥等。孩子的哭会使父母心烦，哭个不停还会惹他们动肝火，遇到不顺心，还会打孩子几巴掌，孩子的哭会越来越厉害，以此试探成人的态度，结果往往是父母束手无策，只得好言相劝，以致无条件答应孩子的一切要求，甚至向孩子"检讨"一番。孩子的愿望也许就在此时得到实现，哭声立刻停止。在这场战斗中，孩子便利用哭这个武器战胜了父母，使家长屈服。孩子尝到了哭的甜头，便逐渐养成了习惯。

孩子年龄小，控制自己的能力差，他们的情绪很不稳定，容易冲动。如果成人经常迁就孩子的要求，就不利于他们自己去控制情绪上的冲动性。在与成人交往中，孩子从成人的反应—满足或拒绝、支持或鼓励、批评或禁止中逐步学会了采用一些有效的行动。经过选择，把某些行为固定下来，成为习惯。对孩子过分的温存和迁就，常常会养成儿童放纵、爱哭的不好习惯。时间长了，就容易使孩子任性、执拗的个性逐渐形成和发展。

孩子的情感特点是比较丰富的，常常易变外露。高兴时，有说有笑；伤心时，大哭大闹。特别是三四岁的孩子由于自制力差，常常不分场合、不分地点，毫无保留地暴露自己的情感。

如何对待孩子的哭？

　　第一是不要轻率处理。孩子一哭，家长就用简单的方法，训斥一顿或一味迁就，这都不利于孩子的教育。正确的方法是先稳定孩子的情绪，用转移注意力的方法消除孩子的消极情绪。当孩子提出无理要求想以哭闹要挟时，家长应立即转移孩子的注意力，如跟孩子做游戏、讲段孩子喜欢的故事等等，使孩子忘却自己的要求。在孩子情绪稳定后，家长要及时关心孩子，教育孩子。调查清楚孩子哭的原因，耐心向孩子讲道理。家长应指出孩子的缺点，鼓励他改正任性的坏习惯。教育孩子遇到事情不能哭，并告诉他们哭是没有用的，不应该用哭闹解决问题，要学会忍耐，有些事情必须等待。要让孩子明白，人并不能想要干什么就能干什么。

　　第二，要正确对待孩子提出的要求。孩子受到委屈或跌倒受伤后，哭闹之中总是希望得到家长的安慰，这是正常的心理状态。父母应该充分理解孩子的心情，满足孩子的合理要求，给予关心和爱抚，不要担心孩子变得懦弱无能。坚持合理的要求，就会使孩子感到哭这个武器是不灵的，让孩子逐渐克服爱哭的习惯，使他们能听进成人的话，服从成人的合理要求。

　　在一个家庭中，安慰和同情是父母与子女情感交往中的一种正常手段。使用得当，不仅使孩子在情感上得到极大的满足，增进亲子感情，而且还可以引导孩子正确地对待生活中遇到的挫折，变得更勇敢，更坚强。

　　第三，让孩子学会用语言表达要求。有时孩子没有说出或表达不清自己的愿望，就会撒娇、发脾气。这时，要引导孩子用语言表达要求，"告诉爸爸妈妈，你想要干什么？"

　　第四，对孩子的缺点不能姑息迁就。改正孩子的缺点比形成一个良好的习惯困难得多，因为在纠正错误时，孩子总是不满意的，甚至有的孩子还会哭闹，此时，成人应坚持正确的要求。因为孩子的哭，不是因为痛苦引起的，而是企图以此威胁大人，以达到自己的目的和不正确的要求。家长的同情、怜悯会助长孩子的错误，所以不能因为孩子年龄小就什么都由着他。要让孩子懂得"哭"动摇不了家长的态度，眼泪不能换来成人的同情、有错必改才是好孩子。因此，有时运用转移法也不灵的时候，干脆沉默，孩子哭闹，既不火冒三丈地责备，也不动恻隐之心去迁就，而是不乱方寸，坚决不予理睬。让孩子在哭闹一阵后，自己觉得没趣、无望，最终自己收场。这样，还可以使孩子从中学会忍耐，懂得并不是自己的所有要求都能得到满足。

第二章

不娇气的小王子

总是让孩子生活在顺境中，会使一些独生子女更加娇气、脆弱，经不起挫折。本来，现实社会的竞争就是残酷的。既然素质教育要求对学生的终生发展有利，谁又敢保证，在他们今后的人生道路上没有一点磨难呢？一旦遭遇失败，他们有信心有能力战胜困难，走出沼泽吗？不经风雨，难见彩虹。缺乏磨炼，就形不成完善的人格。担心挫折，就培养不起来坚强的意志品质。

培养孩子共情能力

　　爱心是人的非常重要的素质，它是人性的基础。一个没有爱心的人，就是一个冷漠的人，一个与社会脱节的人。古今中外，爱心被认为是一个人的基本道德和社会的灵魂。孔子说"仁者爱人"，孟子讲"王道"，都以爱为核心。费尔巴哈说："新哲学建立在爱的真理上，感觉的真理上。""爱是存在的标准——真理和现实的标准，客观上如此，主观上也是如此。没有爱，也就没有真理。"由此，他建立了以爱为基础的新哲学。

　　爱心的产生，是基于个体的社会性情感需要，它不是人与生俱来的品质，而是在后天的环境和教育的熏陶下逐渐形成的习惯性心理倾向。

　　为什么现在有些孩子集万千宠爱于一身，却舍不得对别人付出一点点爱呢？其实，孩子不是天生就缺乏爱心的。儿童心理学家研究表明，善良和同情是孩子的天性。婴儿一岁前就对别人的情感有反应，如果旁边有孩子哭，他会随之一起哭；一两岁时，孩子看到别人哭，就会拿自己喜欢的东西去安慰，这表明他已能清楚地分辨自己和他人的痛苦，并有了试图减轻别人痛苦的本能，只是不知道该怎样做才好；到了五六岁时，孩子开始进入认知反应阶段，他知道什么时候该去安慰正在哭泣的同伴，什么时候该让他独处。这些都是孩子爱心的自然表现，但如果后天得不到很好的培养，那么他的爱心就会逐渐消失。因此，孩子有没有爱心，关键在于家长的引导和培养。

　　对于一个人的个性发展而言，没有什么能比爱和善良更重要的了，这是孩子将来亲和社会的基础和前提。孩子的爱心是通过自然而然的模仿、潜移默化的渗透而逐渐形成的，是一个从外在到内在、从量变到质变的发展过程。在这一发展过程中，家庭是最重要的爱心培育基地，父母是最直接的爱心播种者。

　　仔细观察我们的周围，不难发现不少家长对孩子的爱心教育并不尽如人意。有的家长认为，现在就一个孩子，只要我有能力，孩子要什么，我就给他什么，图的就是让孩子快乐幸福；也有家长认为，对孩子来说，最重要的是多学点知识技能，在聪明才智上超过别人，至于其他方面，用不着怎么教；还有一些家长认为，孩子小时候任性一点很正常，大起来自然会好的；更有甚者，还把孩子任性、自私、霸道的表现视为孩子的聪明、好玩，而加以纵容。前面说过的彬彬，不舍得与母亲分享他的东西，没有同情心，就是因为家长过分溺爱孩子，不注重对孩子进行爱心教育造成的结果。

那么，应该怎样来培养孩子的爱心呢？俗话说：言传身教。榜样的力量是无穷的，也是最有效的。要使孩子富有爱心，父母必须从自己做起，从孩子一生下来就开始做。

当代著名的社会生物学家威行，有一次意外地发现一个有趣的现象：

一只雌性的成年斑鸠在看到一只狼或者其他食肉动物接近它的孩子的时候，便会假装受伤，一瘸一拐地逃出穴窝，好像它的翅膀折断了。这时，食肉动物就会放弃攻击小斑鸠转而攻击成年斑鸠，希望能够捕食这只"受伤"的猎物。

一旦这只成年斑鸠把这只食肉动物引到一个远离穴窝的地方时，它就会振翅飞走。这种方法往往能够取得成功，当然，有时也不免遭到不测。

斑鸠就是用这种富有爱心的举动来保护幼小的斑鸠，使它们能够活到成年，繁殖后代。而小斑鸠在耳濡目染成年斑鸠的做法后，也会仿效。由此可见，爱心是一种后天强化的行为，只要父母提供榜样，孩子就会模仿。因此，父母在有意识地对孩子进行爱心教育的同时，更要以身作则，通过自己的言行来对孩子起示范作用，在家庭中营造爱的氛围，感染孩子的心灵。

有一对知识分子父母，他们深深地懂得父母的言行在孩子成长中所起的重要作用。他们总是以身作则，并以此去引导孩子。

他们孝顺长辈，在家里，总是给长辈倒茶、盛饭，搬凳子；逢年过节给长辈买东西、送礼物，父母总是让孩子知道，还常常请孩子发表意见该送长辈什么礼物。逢到单位组织旅游或搞活动，如果能带家属的，他们总是带上孩子和长辈，既让孩子与长辈都能开阔眼界，更重要的是，孩子能够从中体会到父母对长辈的关心。

他们关心孩子，对孩子说话总是温和、体贴，还常常与孩子进行情感的交流，给孩子适当的鼓励和表扬，让孩子直接感受到父母对自己的爱。

他们夫妻之间互相关心，在餐桌上，总是不忘给爱人夹一筷对方爱吃的菜；每逢出差，在给孩子买礼物的同时，总不忘给爱人也买一份；吃东西的时候，他们总会提醒孩子给爸爸或妈妈留一份。他们还注意使用爱的语言，比如"你辛苦了，先歇一会儿！""别着急，我来帮你！""谢谢你为我所做的一切！"等。这样，孩子在父母的引导下，也学会了去爱他人。

爱心培养还需要移情训练，可以经常让孩子把自己痛苦状态时的感受与别人在同样情境下的体验加以对比，体会别人的心情，这样可以让孩子学会理解别人，学会移情。

例如，看到小朋友摔倒了，可以启发孩子："想想你摔倒时，是不是很疼？小弟弟一定很难受，我们快去扶起他，帮他擦擦脸。"这样，孩子的同情心不知不觉就培养起来了。

形形从小就非常有爱心，这是由于妈妈经常鼓励他去帮助他人。

有一次，形形跟妈妈一起上街去买东西。在过马路的时候，形形看见一位行动不便的老爷爷，他看了看妈妈，妈妈正用鼓励的眼光望着形形。于是，形形主动走上前去，扶着老爷爷走过了马路。

走到马路对面后，老爷爷十分感谢形形，夸他是个有爱心的好孩子。这时，走在后面的妈妈对形形说："形形，你发现了没有？不仅被帮助的爷爷对你笑，马路上的叔叔阿姨也都在夸你呢！"

果然，形形朝旁边一看，好多叔叔阿姨都微笑地看着自己。小男孩高兴地向妈妈说："妈妈，我喜欢被人表扬的感觉！这样对吗？"

他的妈妈微笑地点点头："这是很正常的，任何人受到表扬都会高兴呀！就像任何人在遇到困难时都渴望获得帮助一样。"

同情他人是爱心的一种体现。缺乏同情心的孩子只关心自己，只顾自己的快乐，而无视别人的痛苦，甚至会把自己的欢乐建立在别人的痛苦之上，这种孩子是很可怕的。有同情心的孩子往往比较会关爱他人，因此，父母要在生活中培养孩子的同情心。

　　父母要学会利用生活中的事例从侧面来教育孩子关心他人、关心动物。比如，在沉迷网络的时候，如果出现动物弱肉强食的画面，父母可趁机对孩子说："多可怜呀，人可不能这样子！"

　　人们发现，幼年时期饲养过小动物的孩子，感情比较细腻，心地比较善良。相反，从小没有接触过小动物的孩子感情比较冷漠，与同学发生矛盾冲突时表现为冲动易怒，出口伤人，行为粗鲁，并且会欺负弱小的同学。

　　在马克思不太宽敞的家中，就喂养着各种各样的小动物，鸟、猫、狗等。马克思让孩子们每天照顾小动物的饮食起居，遇到困难也让孩子们自己解决。

　　只要孩子愿意养小动物和植物，父母尽可能允许他去养。在家中养一些小狗、小猫、金鱼等小动物，或者养一些花花草草，让孩子去照顾，这样有利于培养孩子的爱心、责任感。

　　父母们总是担心孩子吃苦头，担心孩子遭受挫折。尽管我们自己面临着许多生活的曲折和坎坷，尽管我们有许多不快乐和情绪不稳定，但我们总是竭力在孩子面前保持平稳。父母总是希望孩子不要过早地承受生活重担，其实这是错误的。

　　事实上，父母要学会与孩子成为朋友，要学会让孩子了解一些生活的真实情况。有些父母总是自己累死累活，但对孩子的各种要求却无条件地满足，这样孩子就会越来越缺乏爱心。

　　有位上班族妈妈，每天要把儿子从床上拉起来，然后赶着去上班。有一天，刚上小学的儿子又赖床了。妈妈生气地对儿子说："我也想象你一样睡懒觉，不用去上班。可是，我却没办法，我得去上班挣钱，我每天有多累，你知道吗？"没想到，这次儿子乖乖地起床了。从此，儿子总是会自己主动起床。

　　由此可见，父母无需刻意向孩子隐藏生活的艰难，而是应该让孩子了解一些生活的真实情况，让孩子从小就学着与父母一起分担，做一些力所能及的事情。只有勤快的孩子才会懂事，知道关心体贴别人。孩子自己的事情，父母千万不要包办，应该让孩子自己去做。家里的一些事情，如果孩子可以做的，也应该尽量让孩子去做。

许多父母往往只要求孩子好好读书，家里的情况根本不告诉孩子，也根本就不会让孩子去做事情。在父母的眼中，他们只看中孩子的分数，这种思想是不对的。

2004年"三八"节的时候，曾有位老师曾经做了个试验。她让小区里几个孩子想办法给母亲过节。孩子们决定给母亲送上一杯浓浓的、甜甜的糖水，让妈妈们感到生活是非常甜美的。事后，这个人找到孩子们了解情况。

一个孩子说："那天，我早早就等着妈妈下班，一听到她下班的脚步声，我就跑上前去，给她递上浓浓的、甜甜的糖水。妈妈一饮而尽，脸上露出幸福的笑容，还亲了我一口！"

第二个孩子撇着嘴说："我可没有你那么幸运。我跟你一样，早早作好了准备，但是妈妈一见到我，就说：'你打什么鬼主意呢？又闯什么祸啦？'"

第三个孩子说："我妈妈皱着眉问我：'闲着没事倒水，你今天吃什么啦？'在喝了一口糖水后，她生气地说：'真败家！傻小子，咱家的糖都被你这么瞎玩了吧？'"

这三位妈妈中只有第一位妈妈懂得要让孩子做一些事情，父母应该接受孩子的爱。其他两位妈妈都忘记了应该向孩子索取一些爱，培养孩子的爱心。孩子们会想，原来父母是不需要爱的，他们只需要成绩。一旦孩子产生了这样的想法，以后他什么都不过问了，他们会变成不懂爱、不会爱的冷漠的人。

由此可见，父母应该让孩子参与到家庭生活当中，让孩子去爱他人，同时也要安心接受孩子的爱，这样，你的孩子才会更有爱心。许多孩子在父母的教育下也能做到关爱周围的人和事物。但是，如果遇到孩子不被人家关爱的时候，孩子的心里往往会感觉失落。更重要的，他对父母教育自己要关爱周围的人和事物会产生一个不良的判断。这时候，父母要及时察觉孩子的心理，抓住机会对孩子进行引导。

家庭氛围影响孩子个性

很多人简单地把乐观定义为"还有半杯水"和"只剩半杯水"。但他们忽略了心态的重要性。心态决定了发展方向和思考逻辑。如果一个人始终抱着悲观的心，不仅对自己的生活影响很大，也会白费父母的苦心栽培。男孩子好胜心更强些，始终抱着抑郁的心情，可能会变得一蹶不振。

美国有一对兄弟，一个出奇的乐观，一个却非常悲观。

有一天，他们的父母希望兄弟俩的性格都能改变一些。于是，他们把那个乐观的孩子锁进了一间堆满马粪的屋子里，把悲观的孩子锁进了一间放满漂亮玩具的屋子里。

一个小时后，他们的父母走进悲观孩子的屋子时，发现他坐在一个角落里，一把鼻涕一把眼泪地在哭泣。原来，他不小心弄坏了玩具，怕父母会责骂自己。

当父母走进乐观孩子的屋子时，却发现孩子正在兴奋地用一把小铲子挖着马粪，把散乱的马粪铲得干干净净。看到父母来了，乐观的孩子高兴地叫道："爸爸，这里有这么多马粪，附近肯定会有一匹漂亮的小马，我要给它清理出一块干净的地方来！"

这个乐观的孩子就是后来的美国总统里根。他从报童到好莱坞明星，再到州长，直至当上了美国总统。这中间，乐观的性格起到了很大的作用。

关于乐观，法国作家阿兰在论述把快乐的智慧用于和烦恼做各种各样斗争时说："烦恼是我们患的一种精神上的近视症，应该向远处看并保持积极乐观的心态，这样我们的脚步就会更加坚定，内心也就更加泰然。"

事实正是如此，乐观是一种性格或倾向，使人能看到事情比较有利的一面，期待最有利的结果。儿童心理学家马丁·塞利格曼认为，乐观不但是迷人的性格特征，还有更神奇的功能，它能使人对生活中的许多困难产生心理免疫力。乐观的孩子不易患忧郁症，他们也更容易成功，身体也比悲观的孩子更健康。

塞利格曼认为，乐观与悲观的最大区别就是对有利和不利事件原因的解释。乐观主义者认为，有利的、令人愉快的事情总是永久的、普遍的，他们能够促使好事发生，而一旦不利事件发生，他们也能视为是暂时的。

悲观主义者则认为，好事总是暂时的，坏事才是永远的。在解释坏事发生的原因时，他们不是责怪自己，就是诿过别人。

"思维心理学"专家史力民博士指出："乐观是成功的一大要诀。"他说，失败者通常有一个悲观的"解释事物的方式"，即遇到挫折时，总会在心里对自己说："生命就这么无奈，努力也是徒然。"由于常常运用这种悲观的方式解释事物，无意识中就丧失斗志，不思进取了。因此，每个父母要重视培养孩子乐观的习惯。

乐观是孩子对未来充满信心和有希望而又不断进取的个性特征。孩子对那些能够满足自己需要的事物或对象，会产生一种积极的情绪体验，而对无法满足自己需要的事物则会产生消极的情绪体验。乐观的性格是孩子应对人生中悲伤、不幸、失败、痛苦等不良事件的有力武器。如果孩子无法乐观地面对人生，就会意志消沉，对前途丧失信心，而且长此以往，还会损害身体健康。

值得庆幸的是，孩子乐观的性格是可以培养的。早期诱发理论认为，人的性格是在后天的环境中逐步形成的，乐观的性格可以通过实践逐步培养，悲观的性格也可以在实践中逐步改塑。

那么，应该怎样来培养孩子乐观的习惯呢？

每个孩子都会碰到不称心的事情，即使天性乐观的孩子也是如此。当孩子遇到困境时，父母要多留心孩子的情绪变化，如果孩子闷闷不乐，父母无论自己多忙，也要挤出一点时间和孩子交谈，教育孩子学会忍耐和坚强面对，鼓励孩子凡事多往好的方面想，不要尽往消极的方面想。

乐乐已经上四年级了。一天，妈妈从学校接乐乐回来时，就发现乐乐有点闷闷不乐。妈妈问道：

"乐乐，今天学校里有什么新鲜事可以告诉妈妈呀？"

"今天我很不高兴。"乐乐撅着嘴回答。

"为什么呀？老师批评你了吗？出了什么事吗？"妈妈问道。

"今天我们班来了一个新同学，他很会讲笑话，懂的知识又多，还会用纸巾叠小兔子。同学们以前都说我是最搞笑的人，但今天全都围着他转，都不理我了！"原来，乐乐感觉自己受到冷落了。

"那不是挺好吗？你现在也有可以一起讲笑话的人了。以后，你每天都可以跟这样一个有意思的人玩了，你不高兴吗？"妈妈引导乐乐。

"可是，同学们都喜欢他，超过我了呀！"乐乐有些着急了。

"只要你和同学们一样与那位新同学一起玩，你们不是都可以玩得很开心吗？其他同学还是跟你一起玩的呀！是不是？"妈妈问道。

"嗯，好像是。"显然，乐乐同意了妈妈的看法。一路上，乐乐又恢复了往常的快乐。

父母一定要注意观察孩子的情绪，只要孩子愿意与父母沟通，父母就要引导孩子把心中的烦恼说出来，这样，烦恼很快就会消失，孩子也会恢复快乐。当然，父母也可以帮助孩子克服一些困难，教给孩子以正确的态度和措施来保持乐观的情绪，这些都是促使孩子摆脱消极情绪的好方法。

父母在教育孩子的过程中，自己首先要做乐观的人，每个家长在工作、生活中也会遇到各种困难，父母如何处理困境会直接影响孩子的做法。如果父母能以身作则，在面对困境、挫折时保持自信、乐观，奋发向上，孩子也会受父母的影响，在遇到困难时，乐观地去面对。

平时，父母应该多向孩子灌输一些乐观主义的认识，让孩子明白，令人快乐的事情总是永久的、普遍的，一旦有不愉快的事情发生，那也只是暂时的，不具普遍性，只要乐观地对待，生活仍然是美好的。例如，碰到周末要加班去，就要对孩子说："妈妈的工作很忙，咱们家又要赚钱啦！"而不要对孩子说："唉，妈妈今天又要加班去，你看我多辛苦。"不管怎样向孩子说明你的情况，事实是无法改变的，但是给孩子的感觉却是不一样的。

许多孩子不快乐主要是因为他们没有自己的自由。父母由于对孩子太过溺爱，往往会抑制孩子们的一些行为和举动，甚至替孩子包办一些事情，这样，孩子就事事不用做，也无法在做事中得到乐趣。

美国儿童教育专家认为，要培养孩子乐观开朗的性格，就不要对孩子"抑制"过严，而是要允许孩子在不同的年龄段拥有不同的选择权。

例如，对于两三岁的孩子，应该允许他自己选择早餐吃什么，什么时候喝牛奶，今天穿什么衣服；对于四五岁的孩子，应该允许他在家长许可的范围内挑选自己喜欢的玩具，选择周末去哪里玩；对于六七岁的孩子，应该允许他在一定的时间内选择自己喜欢看的网络节目，什么时候学习等；对于上小学的孩子，应该允许他结交朋友，带朋友来家玩等。

一般来说，只有从小就享受到"民主"的孩子，才会感受到人生的快乐。因此，聪明的父母不妨做个"懒惰"的父母，让孩子自己去选择、处理自己的事情。孩子在遇到困境时，往往会表现出悲伤。父母应该允许孩子自由地表现悲伤。如果孩子在哭泣的时候，父母要求孩子停止哭泣，不能表现出软弱，孩子就会把心中的悲伤积聚起来，久而久之，反而造成孩子的消极心理。

对于孩子表现出的悲伤或软弱，父母不要呵斥，应该让孩子尽情地发泄心中的郁闷，只要孩子发泄够了，他自然会恢复心情的平衡。当然，如果孩子需要父母的帮助，父母应该及时安慰孩子，用相同的心理去感受孩子的情绪，努力引起孩子的情感共鸣，从而缓解孩子的不良情绪。

乐观的孩子往往对未来充满了希望，悲观的孩子则往往觉得没有希望。因此，父母要对孩子进行希望教育。希望教育是一项细致的工程，需要父母及时地感受到孩子的沮丧和忧愁，帮助孩子驱散心中的阴影。一位外国大提琴家的童年故事可以说就是一个绝好的例证。

　　有一天，他拖着比自己身体还高的大提琴，在走廊里迈着轻快的步伐，心情显然好极了。一位长者问道："孩子，你这么高兴，是不是刚拉完大提琴？"

　　他的脚步并没有停下，"不，我正要去拉。"

这个7岁的孩子懂得一个许多大人不懂的道理：音乐是一种愉快的享受，而不是我们不得不做的、必须忍受的工作。

平时，父母要多引导孩子看到自己的进步和成绩，鼓励孩子想象自己的美好未来，让孩子对自己的未来充满希望。只要孩子对未来充满了希望，孩子必定会以乐观的心态去面对生活中的事情。

丰富孩子的精神生活可以使孩子把注意力转移到其他事情上来。

一方面，父母要鼓励孩子广泛地阅读，让孩子在阅读中增加知识，升华思想。可以选择阅读伟人的故事、童话、小说等文学作品。

另一方面，父母要鼓励孩子多交朋友，为孩子创造与同龄人交往的机会，如带孩子到邻居家串门，邀请其他孩子到家里来玩，让孩子多到同学家去玩等。另外，父母可多搞一些活动，如带孩子外出游玩；也可让孩子做一些创造性的活动，如利用废物制作小作品，通过丰富孩子的精神生活，让孩子在各种活动中体会到生活的乐趣，增强对生活的信心，培养孩子乐观的性格。

让孩子积极参加各种活动。开始时，可以暗示孩子主动提问，主动要求、主动学习。紧接着，当孩子主动行动了，父母要用表扬、奖励等方法强化孩子的自主观念。

孩子主动去做了，不一定成功。父母要激励孩子，告诉孩子："人生不如意事十有八九"。失败了一次不要紧，失败是成功之母。让孩子接触各类事物，接触的事情多了，见多识广，心胸自然就开阔，悲观思想便不容易产生了。

孩子行为背后的动机

男孩对于情感的渴求信号很粗暴，一般都是表现出发脾气、任性，如果没有得到他满意的回应，他会在心里坚定自己已经失去关注的假设，并逐渐自我放逐。那些情感上更内敛、更被动的孩子，可能不好意思直接发脾气，当他们的忧伤和愤怒不会打折扣。如果这种无声的试探没有受到温情的对待，或因为其他原因而使他们相信自己的确缺乏归属，没有价值感，就有可能直接自暴自弃，从而在主观上排斥、疏远家人与朋友。

那些选择了寻求权力而又十分倔强的孩子可能永远不会陷入自暴自弃，但他们吸引关爱的方式都是有点暴力的。

　　史太太的大儿子石淳是个让她头疼的孩子，这个孩子常常做些伤害性或破坏性的事情，正如下面的例子中那样。

　　有一天，石先生全家（夫妇、石淳、他的弟弟石泉）一起出去看房子。石淳和石泉不停地抱怨多么无聊，以及天气有多热。他俩一直要求回家。夫妇第二天还要出去看房子，但为了让石淳舒服点，决定把他留在邻居家里。那天天气很好，他已经足够大了，完全可以和周围的朋友一起玩。因为和石泉前一天没有什么麻烦，而且也还太小，没法在邻居家玩儿，夫妇俩决定把他带在身边。当他们准备出发的时候，石淳说他也想去。史太太提醒石淳，昨天他怎样无聊得难受、热得难受，想让他相信留在家里会更开心。石淳坚持要去。史太太对自己的决定很坚定，甚至各给了石淳零花钱去买棒冰。石淳仍然不满意，但夫妇留下他就走了。

　　等他们回到家的时候，史太太惊愕地发现，石淳用刀把和石泉的毛绒玩具划得破破烂烂的。史太太的第一个反应是非常伤心，心想："他怎么能做这种事？"她走进石淳的房间，问道："是不是你弄破了弟弟的玩具？你怎么就不能懂事一点？"

　　石淳含着眼泪回答："是。"

　　史太太说："我能理解你怎么会那么想。我肯定那不会让你感觉很好。"石淳开始哭了起来。

　　史太太搂住他，等他不哭了，又接着说道："我想，我能理解你的感受。我13岁那年，我妈妈带着我16岁的姐姐去了北京。我也想去，但我们说我太小了。我不相信。我真的觉得是因为我妈妈爱我姐姐胜过爱我。"石淳充满了同情。

　　史太太问他："你想知道我为什么把你留在家里吗？"石淳点点头。史太太告诉他，"昨天你那么热、那么无聊，让我真替你难过。看你那么遭罪，我们看房子也觉得很没趣。我真的觉得如果你留在家里和你的朋友一起玩就不会觉得无聊，这样我们大家都会更开心。你能理解为什么是为了你好吗？"

　　石淳说："也许吧。"

　　史太太接着说："我知道为什么你会觉得我们更爱你弟弟，因为我们带他去了而没有带你，但并不是你想的那样。我非常爱你。我本来也想把小泉留在家里的，但我知道他不能像你那样出去和朋友一起玩。"

史太太继续搂了石淳一会儿，然后问道："你觉得我们该怎么修理那个玩具？"

石淳热切地回答："我能修好。"

史太太说："我肯定你能。"他们母子关系更好了。

史太太认识了到她和石淳已经陷入了报复循环。石淳错误地认为父母不爱他（缺乏归属感和价值感），这使他受到了伤害并激发他产生了以牙还牙的错误目的。他就会做出伤害性或破坏性的事情，但史太太以愤怒来掩盖她的伤痛，就会以更多的惩罚来还击石淳。

史太太后来认识到玩具已经损坏，惩罚不可能修好椅子。她还知道不能对这种行为坐视不管。虽然惩罚让她觉得她没有让石淳"躲过去"；但她现在明白了惩罚不能产生她想要的长期结果。

在认识到石淳的错误目的是报复之后，史太太就能有效地处理这件事，并得到了积极的长期效果。如果石淳再做出破坏性的事情，她就会告诉他，她能够看出他受到了伤害而且很生气，她会稍后跟他好好谈谈。在一段冷静期之后，她就会找到解决问题的方法，这使得他们之间的感情纽带因此越来越紧密，报复循环结束了，不良行为也消失了。

这是发生在几年以前的事情。史太太现在和石淳之间母子关系非常好。石淳也不再有伤害或破坏性的行为了。

让孩子适当承受后果

有个人到瑞士访问的时候，在一个洗手间里，他听到隔壁小间里一直有一种奇特的响动。由于这响动时间过长，而且也过于奇特，因此不觉引起了他的好奇心。

在好奇心的驱使下，他通过小门的缝隙向里探望。这一看使他惊叹不已。

原来，小间里一个只有七八岁的小男孩正在修理马桶的冲刷设备。一问才知道，是这个小男孩上完厕所以后，因为冲刷设备出了问题，他没有把脏东西冲下去，因此他就一个人蹲在那里，千方百计地想修复它。而他的父母、老师当时并不在身边。这件事令这个人非常感慨：一个只有七八岁的小男孩，竟然有如此强烈的负责精神，可见其父母的教育是成功的。

责任心是衡量一个人成熟与否的重要标准。一个缺乏责任心的人，在遇到没有人能为他负责的时候，就喜欢哀叹自己的不幸，抱怨生活的不公。其实，所有的抱怨都是在做无用的减法。责任心是一种习惯性行为，也是一种很重要的素质，是做一个优秀的人所必需的。

一位大公司的老板曾经讲过这样的故事。有个人来他公司应聘，经过交谈，他觉得那个人其实并不适合他们公司的工作。因此，他很客气地和那个人道别。那个人从椅子上站起来的时候，手指不小心被椅子上跳出来的钉子划了一下。那人顺手拿起老板桌子上的镇纸，把跳出来的钉子砸了进去，然后和老板道别。就在这一刻，老板突然改变了主意，他留下了这个人。

事后，这位老板说："我知道在业务上他也许未必适合本公司，但他的责任心的确令我欣赏。我相信把公司交给这样的人我会很放心。"

梁启超说："凡属我受过他好处的人，我对于他便有了责任。凡属我应该做的事，而且力量能够做到的，我对于这件事便有了责任，凡属于我自己打主意要做的一件事，便是现在的自己和将来的自己立了一种契约，便是自己对于自己加一层责任。"责任感对于一个人来说是极其重要的，因此父母要重视孩子责任感的培育。

责任感是孩子前进的一种动力，缺乏责任感的孩子只会坐享其成，缺少前进的动力。许多孩子出生在幸福的家庭，父母望子成龙心切，一心想让孩子成才，在这美好愿望的驱使下，许多父母心甘情愿、尽其所有、尽其所能地替孩子做一切事，把孩子的责任担到自己肩上。结果却是孩子缺乏奋发向上的愿望、缺乏责任心，这样的孩子是不可能成才的。可见，培养孩子的责任心是非常重要的。

责任感是人们对自己的言行带来的社会价值进行自我判断后产生的情感体

验。责任感是人们安身立命的基础，当一个人具有了某些能力时，就要对相应的事情负责。但是，儿童做事往往更多地重视行为过程本身，而不太重视行为的结果。

现在有些父母不太重视培养孩子的责任心，当孩子遇到一些事情的时候，父母总想替孩子完成，希望能为孩子留出更多的时间去学习。责任心是孩子做人、成人的基础，因为有责任心的人，首先要有一定的道德水准，否则他也不可能对事情负责任。责任心也是做事情的标准之一，没有责任心就不可能认真去做事。因此，要培养孩子的责任感，必须让他们养成对自己的行为结果负责的习惯。

孩子的责任心需要父母言传身教从小培养。世界著名化学家、炸药的发明者艾尔弗雷德·诺贝尔对社会责任感就是来自于父亲的言传身教。诺贝尔的父亲老诺贝尔对研制炸药特别感兴趣。一次，诺贝尔问父亲："炸药是伤人的可怕东西，为什么还要研制它？"老诺贝尔这样回答孩子说："虽然炸药会伤人，但是，我们要用炸药来开凿矿山、采集石头、修筑公路、铁路、水坝，为人民造福。"听了父亲的话，诺贝尔接着说："我长大了，也要研制炸药，用它造福人类。"可见，父亲的责任感、事业心对诺贝尔的影响很大。

教育家陶行知说："我要儿子自立立人，我自己就得自立立人。我要儿子自助助人，我自己就得自助助人。"同样，要培养子女的责任感、事业心，家长要敬业爱岗，有强烈的责任感、事业心，因为父母是子女的第一位启蒙教师。

订立责任合同，让孩子明白该做什么、怎样做，否则将会受到哪些惩罚。孩子做事往往是凭兴趣的，要让孩子对某件事负责到底，必须清楚告诉他做事的要求，并且与处罚联系在一起。如把洗青菜的家务活承包给孩子，要是没做好，便不能吃所有的菜。这样，孩子才知道一个人是要对自己的行为负责的。

父母的包办行为会使孩子失去责任心，要培养孩子的责任心，父母就要在孩子的学习、生活中纠正他的不良习惯，让孩子学会自己的事情自己做。家庭中要有明确的分工，父母应该分配孩子做一些力所能及的家务，当然在刚开始的时候需要父母对孩子进行检查和监督。特别是要明确地让孩子明白学习是他自己的事，不是父母的事。让孩子处理自己的事情，目的就是要克服孩子的依赖性，培养独立性，也就是让孩子独立思考问题、独立解决问题、独立去处理自己应做的事。

　　让孩子学会对自己的事情负责。有的家庭要求家人洗澡后把换下的衣服放进洗衣机，可8岁的王刚经常忘记，于是妈妈让他用本子记下洗澡后该做什么事，提醒自己不要忘记。从此以后，王刚再也没有忘记把脏衣服放进洗衣机，他为自己的进步感到自豪。可见，当要孩子记住做某事时，与其大人经常提醒，还不如让孩子自己记下要做的事情，这样孩子也慢慢地学会了对自己的行为负责。孩子只有学会了对自己的事情负责，才能逐步地发展为对家庭、对他人、对集体、对社会负责。

　　著名教育家茨格拉夫人说："必须教育孩子懂得他们不同的一举一动能产生不同的后果，那么随着时间的推移，孩子们一定会学得很有责任感的。"茨格拉夫人是这么说的，也是这么做的。

　　一次，她的儿子从学校回家比平常晚了半小时，茨格拉夫人对此表示充分的理解，但是，她也明确地告诉儿子："你玩的时间自然也就少了半个小时，这个时间我们可要遵守。"这样，就让儿子意识到了自己晚回家的后果，他就可能对自己的行为负责。

　　茨格拉夫人说："有时候，做父母的内心也会在爱与公平之间摇摆犹豫，但是不能因为孩子的借口而一味地迁就他的喜好，让他逃避责任。孩子如果没有按规定整理好他的书柜，那么面对他喜爱的网络节目，我们也只能做出很'遗憾'的决定。"

　　事实确实如此，只有让孩子懂得自己的行为将会产生什么后果，他才会对自己的行为去负责任。在现实生活中，父母要试着把孩子生活中的每一项责任都放到他自己的身上，让孩子自己承担。比如，当孩子遇到麻烦的时候，你应该说："这是你自己选择的，你想想为什么会这样？"而不要对孩子说："你已经努力了，是爸爸没有帮助你。"虽然只是一句话，却反映出了观念的不同。如果你无意中帮助孩子推卸了责任，孩子将会认为自己无须承担责任，这对他以后的人生道路是很不利的。

　　当孩子通过努力取得了一定的成绩时，家长要给予积极肯定，因为任何成绩都是在克服困难的基础上取得的。家长的表扬与肯定会让孩子体验到成功的喜悦，树立自信心，增强其成功感和自豪感，使孩子明白自己能做很多的事、自己应该做很多事并且能做得很好。

同时，父母要教育孩子帮助别人，因为每个人都有需要别人帮助的时候。孩子有麻烦的时候，往往需要他人的帮助，同样，当别人遇到困难时，也需要孩子伸出援手，提供帮助。当孩子感受到被帮助人的感激之情时，孩子会体验到自身的价值，提高责任感，让孩子对自己的责任心引以为荣。

娱乐方式的选择

普遍来说，男孩贪玩的问题很严重，这也是家长教育孩子最头疼的问题之一。以前的家长担心孩子到处乱跑时受伤，现在的家长担心孩子喜欢玩电脑，游戏成瘾，还担心孩子近视，在网络上接触到不好的信息，影响身心健康。这一点说起来很难防范，毕竟现在这种时代，离开网络就几乎什么都做不了，把孩子和科技隔绝开，是不可能的。

虽然家长、老师纷纷抱怨孩子被网络所吸引和迷恋，并采取种种管束措施，但是，孩子仍然是网络世界重要组成部分。这个问题曾经引起过世界范围的争论：究竟网络带给孩子的利大于弊还是弊大于利呢？毕竟，孩子以后生存的社会也离不开网络发展，有些家长干脆给孩子报个学习编程的兴趣班。这一点虽然十分具有前瞻性，但男孩仍然有沉迷网络的风险。

沉迷网络太多，时间太久，会伤害孩子的身体发育。影响孩子的视力。部分孩子沉湎于网络，面对网络就神经兴奋，离开网络则发痴发呆，目光呆滞，甚至在电磁波的长期辐射下，出现神经质症状。使孩子精神恍惚，学习下降。

沉迷网络大大减少了孩子的户外活动，阻碍交往能力的发展，影响孩子与家长之间的感情交流和口头表达能力的发展。一些孩子把网络当做自己的"唯一伙伴"，失去了亲子、师生、同学之间感情沟通和思想交流的机会和可能，变得内向孤独，脾气古怪，易动肝火，言谈举止为网络所控制，一些孩子甚至变成网络"老油条"。

磨灭孩子的意志，使之变得懒惰，怕动脑筋，怕吃苦，削弱为实现目标而努力奋斗、追求的精神和毅力。

第四，沉迷网络太多，孩子只习惯于娱乐性的生活，对读书、写作业、上课、劳动等会感到厌烦，注意力不易长时间集中，很容易疲劳。因为网络是单向传播，除了视力和听力功能发展外，使孩子的逻辑思维能力减弱，理解力下降等。

第五，网络的某些内容对孩子也有不好的影响。

但是，网络毕竟是传递知识、信息的重要工具，它具有生动形象、信息知识容量大、传递快等特点，对孩子有极大的吸引力。网络的直观形象，不仅使孩子获得快乐，而且通过沉迷网络可以使孩子增长知识，获得信息，开阔眼界，陶冶情操，提高文化修养。网络涉及自然、地理、历史、文学、艺术等各方面的知识。从太空到海底，从远古到现代，从自然到社会，从本土到异域，所有的事物，都可以通过网络表现出来。孩子们日常接触不到的事物，能在网络中看到、听到。通过网络，他们了解各地的风土人情、奇妙的动物世界、令人神往的宇宙太空、具有强大威慑力的原子弹等等。

有研究表明，网络可以扩大孩子的词汇量，而这是进行快速阅读的前提。对于好奇心强，对什么都感兴趣的小学生来说，网络是通向外部世界的一扇窗户，是人生的启蒙老师，也是生活中的愉快伙伴。包罗万象、各门知识齐全的网络文化，具有集娱乐、教育、传播信息功能三位一体的特点，在小学生那里得到了充分的体现。

近年来，书店里各种儿童书刊由原来的倍受儿童喜爱到逐渐被孩子们冷落，其中很大程度是由于网络的冲击。因为阅读是属于有意识记忆过程，费时费力。而网络则形象直观，声情并茂，简洁明快。

网络节目可以使孩子特别是小学生加深对理性较强和视野以外难于参观的教育内容的理解，受到潜移默化的影响。网络组织的各种知识竞赛，可以激发孩子们的积极进取精神，对网络台组织的各种竞赛活动，有的孩子投书网络台、一争高低。有的面对网络机，思维敏捷，快言快语，答对了欢呼雀跃。大大刺激了孩子们的求知欲望，开发了孩子们的智力。只要家长注意控制孩子沉迷网络的时间，注意加以引导，是可以发挥网络的积极作用的。

那么，到底平均每天让孩子看多少网络对孩子有益无害？其实制定一个具体的标准是没有意义的，也是不可能的。孩子看多少网络，只能是由家长根据孩子的具体情况去把握。不妨考虑这样几点：

一是孩子的学习习惯和生活习惯。家长要考虑孩子的学习习惯，如果孩子的学习习惯和生活习惯良好，基本上能独立地安排学习、作业和玩耍，不会被网络控制，那么家长就不必十分严格地加以控制。如果孩子的学习习惯不好，不能合理安排自己的学习、作业、课外阅读、锻炼等重要事项。老是迷恋网络，坐在网络机旁就不动弹，没有自制力，或者一边沉迷网络一边做作业，或是做作业时也想着沉迷网络，潦草马虎，那么家长必须参与控制。帮助孩子从迷恋网络中摆脱出来，严格控制使用电脑的时间。必要时用一段时间完全与网络隔绝，让孩子适应学习生活的要求。

二是孩子的阅读习惯和能力如何。较强的阅读能力是孩子顺利完成学业的必需条件。而沉迷网络的消极作用之一就是降低孩子的阅读能力。阅读是大脑的主动活动，而沉迷网络是被动活动，几乎完全被网络情节和画面牵着走。阅读能力差的孩子，根本无法完成学业。阅读能力只能在阅读中才能发展。沉迷网络不但占据了孩子阅读的时间，而且使大脑长时间被动，出现"智能被动化"。所以，家长必须培养孩子的阅读习惯，喜欢看书。网络可以看，但是不能影响孩子阅读能力的发展。要对孩子注意疏导分流，充分发挥各种传播媒介的积极性，特别是要抓紧孩子读写能力的训练。如果孩子阅读能力强，阅读兴趣稳定，家长可以对网络控制松一些，最好能让孩子自己安排。

男孩会找各种玩具发泄精力。如果有更好玩的实体玩具，他们肯定不会沉迷网络。但这样的娱乐方式也需要孩子自己能做到"玩乐有度"。孩子对玩具的迷恋从婴儿时期就开始了，小男孩也会有喜欢每天抱着睡觉的玩偶，也有在玩具中最喜爱的那一个，也有在大战游戏中最钟爱的"将军"角色。几乎每个孩子都希望自己拥有很多玩具。通过玩具，孩子可以学到许多书本上学不到的知识和技能。鼓励孩子适当地玩玩具，无疑对孩子的成长是必要的。有些家长怕影响孩子学习，干脆禁止孩子玩玩具的做法是极其错误的。还有一些家长，不能正确地引导孩子玩玩具，最典型的事情就是在对待孩子拆毁玩具的态度上，许多家长的做法是值得考虑的。

有个孩子的母亲，因孩子把她刚买回家的一块金表当成新鲜玩具拆卸摆弄坏了，就狠狠地揍了孩子一顿，并把这件事告诉了孩子的老师。老师幽默地说："恐怕一个中国的'爱迪生'被你'枪毙'了。"接着，他还进一步分析说："孩子的这种行为是创造力的一种表现，您不该打孩子，要解放孩子的双手，让他从小有动手的机会。"

"那我现在该怎么办？"这位母亲听了老师的话，对自己的行为有些后悔了。

"补救的办法还是有的，"老师接着说道："你可以和孩子一起把金表送到钟表铺，让孩子站在一旁看修表匠如何修理。这样，钟表铺就成了课堂，修表匠成了先生，你的孩子就成了学生，修理费成了学费，孩子的好奇心就可以得到满足。"

这个故事发生在半个世纪前。故事中的那位老师，就是我国著名教育家陶行知先生。

孩子将新买来的玩具拆散，令许多家长头痛。实际上，拆玩具正是聪明孩子玩玩具的意义所在。许多富有创造性的孩子在玩玩具时，并不满足于表面的摆弄、按规范操作，他们玩的更大兴趣是通过"破坏玩具"，从中了解它的内部结构和原理。儿童的这种"破坏行为"是有前因的，这个前因就是孩子头脑中的疑问。对于学龄前儿童和小学低年级学生而言，这种疑问会更多。

儿童在玩玩具的过程中，观察到许多对他们来说非常奇妙的现象，继而产生了许多疑问，他们希望能尽快找出答案，为此，他们不知深浅地拆开了玩具，甚至家中的贵重物品也被拆掉。而孩子的这种"破坏行为"正是他们探索世界的开始，也是他们创造性思维的萌芽。为了满足自己的求知欲，许多东西，如钟表、收录机、电话等都成为了他们的玩具。

儿童的这种"破坏行为"有时会延续到小学高年级，甚至初中。如果父母为了爱护玩具，不许孩子任意摆弄玩具，这个玩具对孩子来说就失去了许多重要的意义，压抑了孩子探索世界的兴趣，扼杀了孩子的创造性潜能，孩子因此所失去的价值也远远超出了玩具的价值。不明了这一道理的家长常常本末倒置，只知心疼玩具，却不痛惜孩子能力的丧失。每个父母都是"望子成龙"，却不知用正确的教育方法去"育子成龙"，将孩子刚刚萌生的智慧幼苗给无情地掐掉了。这实在令人惋惜。

英国儿童教育专家响亮地提出："儿童学习从娱乐和游戏开始。"他们的研究资料显示：玩耍长智力。然而，现实中，却有很多家长为了学习，限制儿童玩耍。孩子们几乎每天都被关在房子里，只有到了儿童节，才能去爬山、划船、郊游、逛公园、动物园、游乐场。

研究表明，儿童入学前几年学到的东西，比一生中任何时候都要多，学得也快，且大部分知识是在玩耍中学到的。玩耍，为孩子打开生活之门。玩耍是孩子的天性，但是如今的孩子得不到玩的机会。不少家长望子成龙心切，嫌学校的学习不够，回到家里又要补课。有的则盲目给孩子"定向培养"，不管孩子有没有兴趣，逼迫孩子学钢琴、学画画、练表演……盼望将来成个什么家。孩子只有听从家长的指挥，哪里还有自己的时间去尽情地玩。久而久之，孩子就会失去玩的天性，甚至不会玩。

玩耍，看似简单，实则是内容繁杂的活动，心理学家和教育家都十分看重它在儿童青少年教育中的作用。孩子们毕竟可以在玩耍中学习许多课堂之内学不到的知识，还能掌握一些常识和做人的道理。在玩耍中，孩子可以通过对人的接触和对事物的观察培养待人接物的能力。玩耍可以教会孩子认识别人，同样也可以获得一种自我关照。

但并不是所有的孩子都能玩好。很多孩子放学回家磨磨蹭蹭，因为回家还要接受父母的监督做作业，难怪孩子们中流行这样一句话："在学校，课间十分钟最短暂；回到家，卫生间里最温暖。"

玩可以使孩子的智力得到发展。玩耍和游戏可以协调神经和运动功能，在游戏中儿童的思维过程要通过语言和扮演的各种动作完成，这样便可以强化语言、运动和大脑皮层的联系。有学者做过统计，从小待在家里由老人带大的孩子与5岁起进入幼儿园的孩子比较，后者的神经运动协调性明显优于前者，这是幼儿园里多做游戏的结果。例如，孩子想用塑料积木拼飞机，他就要想办法，动脑筋，合理安排组合。

玩可以培养孩子的良好的道德品质和行为习惯。游戏使孩子接触小朋友，这就要求他学会与小朋友和谐相处。在各种"玩家家"的游戏中扮演各种角色，学会了关心别人，尽职尽责。游戏还可以使孩子掌握一些行为准则，培养集体主义观念和良好的道德习惯，并有重新塑造心理活动的可能。在游戏活动中，可以培养儿童的集体荣誉感，遵守纪律、克服困难和坚持到底的精神。玩还可以培养孩子活泼开朗、勇敢机智的性格，克服胆小害怕的心理。

游戏，是婴幼儿喜爱的学习方式。教育学家也指出：惟有通过科学安排的游戏活动，婴幼儿才能获得更高的智力水平。湖北教育学院婴幼儿教室依据"系列化教育能有效地促进儿童心理发展"的现代理论，彻底改变传统育儿方式，充分开发儿童的巨大潜能，以"适当超前，全面发展"为指导思想，依据《中国儿童发展量表》为各个年龄的孩子确立一个高于普通水平的教育目标，并围绕这一目标设计一系列的游戏活动。孩子在活泼有趣的游戏中，不知不觉地达到了目标，智力发展自然超乎寻常。

玩，对孩子健康成长起到一定的作用。孩子在玩的过程中，由于注意力集中、兴趣浓厚，加上看、听、触摸和开动脑筋，他所接触的信息往往比书本上的多。玩可以提高孩子的观察力、记忆力、想象力，丰富孩子的情感，陶冶情操，锻炼意志，提高坚持力、毅力和自控能力。就个性发展而言，可以激发孩子的学习兴趣和动机、提高动手的技能和技巧，从而增强孩子的学习能力等。就社会性发展而言，它引导孩子模拟社会生活情境及规则，模拟人际交往关系及生活准则，大大提高孩子的社会性发展水平，为今后步入社会生活做准备。玩，也许能玩出个科学家、一个世界冠军，希望家长安排一定的时间让你的孩子玩一玩。

为了开发智力，培养青少年的想象力，英国诺威奇市的一名妇女建立了一所"快乐生活学校"，孩子们可以在那里和父母一起玩搭帐篷，做花园栅栏，用纸折小松鼠、小房等，他们把这叫作"像真游戏"。校长贝尔顿太太说："我们希望这些能使父母们认识到鼓励传统游戏的重要性。"4个孩子的母亲乔依斯说："孩子在'过家家'这样的传统游戏中可以充分发挥想象力，学会与人相处之道。"贝尔顿太太说："孩子们也可以什么都不做，只要坐在那里想象，然后我把孩子们的奇思妙想收集起来，编辑成册，然后再帮助他们实现这些想法，孩子们在这里觉得自己无所不能。"

玩耍如何能有如此"神功"？科学家的解释是：好玩是人的天性，在人生的最初几年间更是如此。玩耍时孩子的大脑敏锐度显著增高，对渗透其间的知识特别容易接受，对智能的激发作当然，不是任何玩耍都能收到积极的作用。玩耍的种类和质量起着核心的作用。为让孩子玩好，在玩中长智力，父母们至少要做到以下几点：

1.主动热情地参与，使孩子玩有所得。父母是有最多机会了解幼儿成长和需求的人，也是幼儿最愿意接纳的对象。在亲子游戏中，父母扮演着不可替代的作用，对孩子起到催化的作用，为他们提供玩的素材和方式，或者在他们产生新想法时给予鼓励和支持帮助。同时，要鼓励孩子与同伴一起玩，通过与同伴玩，幼儿可突破自我中心限制，去了解别人的需要，从而掌握相应的社会交往的技巧。

2.要给孩子玩耍的规则，培养其自理的能力。如玩玩具，如何玩?如何收?并坚持下去，以养成良好的习惯。

3.要有一个合理的时间安排。不可让玩耍冲击吃饭、睡眠等正常活动时间，保证身心全面发展。

至于玩耍的种类和方式可以根据年龄选择或者交替运行。专家推荐的有：一是感官刺激型，如泼水、敲铃、画画、插花等可让孩子得到感官方面的锻炼。二是运动型，跑、跳、追逐、打闹等，对肌肉、骨骼及四肢协调有益处。三是语言表达型，如朗诵、唱歌、绕口令等，既是声音锻炼，又是语言训练。四是竞赛型，如赛跑、捉迷藏等，对体格、智能、心理发育有益。

一些西方人说：只学习不玩耍，再好的孩子也变傻。

游戏的天空是广阔的，玩耍并不需要高档玩具，迎风而上的风筝可能引起孩子的好奇心，甚至会引导他们对航空航天的持久兴趣;高速旋转的陀螺，也可能使孩子对力学产生迷恋。它正像孩子们无穷无尽、奇妙莫测的想象力。拍球、跳绳、追逐奔跑、玩转椅、滑滑梯等，能发展孩子走、跑、跳、钻、爬等动作，使大小肌肉积极活动起来，能促进新陈代谢和血液循环，并给孩子们带来极大的快乐和满足，促进身心健康发育。玩可以使孩子增长知识，例如，孩子在玩沙子时，就能知道沙子和石头、泥土有什么不同，把沙子从大桶倒到小桶，就会发现不同的容器的容积之间的关系。

家长应尽可能多地给孩子自由，不宜过分限制他的活动。看书识字是学习，游戏也是学习。孩子的智力主要是在实践中发展起来的，实践能力是孩子智力水平的标志，限制孩子的活动就等于制约他的智力发展。让孩子在玩中成长、玩中学习，度过幸福的童年。

引导孩子列出计划

有本杂志上刊登过这么一个故事：

有一个商人，在小镇上做了十几年的生意，到后来，他竟然失败了。当一位债主跑来向他要债的时候，这位可怜的商人正在思考他失败的原因。

商人问债主："我为什么会失败呢？难道是我对顾客不热情、不客气吗？"

债主说："也许事情并没有你想象得那么可怕，你不是还有许多资产吗？你完全可以再从头做起！"

"什么？再从头做起？"商人有些生气。

"是的，你应该把你目前经营的情况列在一张资产负债表上，好好清算一下，然后再从头做起。"债主好意劝道。

"你的意思是要我把所有的资产和负债项目详细核算一下，列出一张表格吗？是要把门面、地板、桌椅、橱柜、窗户都重新洗刷、油漆一下，重新开张吗？"商人有些纳闷。

"是的，你现在最需要的就是按你的计划去办事。"债主坚定地说道。

"事实上，这些事情我早在15年前就想做了，但是一直没有去做。也许你说的是对的。"商人喃喃自语道。后来，他确实按债主的主意去做了，在晚年的时候，他的生意成功了！

做事没有计划、没有条理的人，无论从事哪一行都不可能取得成绩。一个在商界颇有名气的经纪人把"做事没有条理"列为许多公司失败的一个重要原因。事实上，做事有计划对于一个人来说，不仅是一种做事的习惯，更重要的是反映了他的做事态度，是能否取得成就的重要因素。对于孩子来说，做事有计划同样是非常重要的。

许多孩子都有早晨起床找不到袜子、学习用品或者生活用品的现象，这便是做事缺乏计划性和条理性的坏习惯。做事情缺乏条理、没有计划是儿童时期的一种自然反应，但是，如果父母不注意引导，孩子们往往会养成不良的习惯，从而给一生带来麻烦。

对于孩子来说，做事有计划是非常重要的。它可以帮助孩子有条不紊地处理应该处理的事情而不会手忙脚乱。做事没有条理的人，他将无法很好地料理自己的生活，也无法很好地进行学习和工作。在走向成功的道路上，做事没有条理、没有计划的孩子将会比其他人走得更辛苦。

在日常生活中，不管做什么，父母都要让孩子做得有条有理。例如，房间摆设井井有序，用过的东西放回原处，以免需要的时候却找不到；晚上睡觉之前，整理好书包、准备好第二天要穿的衣服等。这些都可以帮助孩子养成做事有条理的好习惯。

有一位爸爸是一位收藏爱好者，他发现自己的儿子做事非常没有条理，常常是乱放东西，用的时候又拼命地找。为了使儿子养成做事有条理的好习惯，这位爸爸就想出了一个好办法。

有一天，爸爸对儿子说："一个人如果爱好收藏，他就会感到很快乐。"

儿子有些怀疑地看着爸爸，说："是吗？那应该收藏一些什么呢？"

爸爸说："什么都可以，比如你喜欢画画，那就可以收藏各种美术作品。"

儿子说："那很容易，我会收集好多好多画片的。"

谁知，爸爸却说："'收'容易，'藏'就不容易了。"

儿子有些纳闷了："怎么不容易？"

爸爸说："'藏'就是会分门别类，就是要学会条理化。"

然后，爸爸就给儿子介绍了国际上流行的一种藏书条理化的"资料十进分类法"。这个分类法就是把所有的资料由粗到细分成类、纲、项、目四个层次，每一层次以0到9为记号分成10等份。于是，全部资料便可分为10类、100纲、1000项、10000目。

爸爸告诉儿子，"类"代表知识体系，"纲"代表专门知识，"项"代表专业，"目"代表形式。如，知识可分成10类：A.哲学；B.历史；C.社会科学；D.自然科学；E.工程、技术；F.产业；G.艺术；H.语言学；I.文学；J.总类（即不包含在以上九类之内者）……

在爸爸的指导下，儿子把自己的图书分门别类地整理了一下，而且把经常要使用的书放在比较醒目的地方，把暂时不看的书放在其他地方。这样，她就做到心中有数，在寻找图书的时候非常方便。

更重要的是，儿子在爸爸的指导下学会了做事有条理，她开始注重自己安排事情，比如，书包整理得非常有条理，语文课本、数学课本都是按顺序摆放的，只要把手伸进书包摸到第几本书就知道是什么，再也不用拼命翻书包了。

在日常生活中，父母做事一定要有条理、有计划。比如，家里要整理得井井有条，东西不要乱放，看完的书要放回原处，衣柜里的衣服要分类摆放等，这些细小的行为都可以影响孩子养成做事有条理的好习惯。当然，让孩子养成做事有条理的习惯不是一朝一夕的事，需要家长的耐心和恒心，还要善于抓住教育的契机进行适时引导。

许多孩子做事没有条理，当父母跟他强调需要有条理地做事时，他往往无法接受父母的意见。事实上，孩子需要身边的榜样来引导。

有一位妈妈正为儿子做事没条理而烦恼。她的儿子张流已经上小学二年级了，却是经常东西乱放，自己的房间一团糟。

有一次，这位妈妈跟同事说起了这件事情。同事对这位妈妈说："我儿子小博以前也是这样，有一次，我家里来了个小客人，她做事非常有条理，每次都帮助我儿子整理东西，教她怎么整理自己的房间和东西，结果，我儿子现在做事很有条理。要不，你带你儿子到我家住两天，让我儿子教教你儿子好了。"

于是，这位妈妈就把张流带到了同事家。两个男孩玩得很高兴，一起玩拼图、玩棋类游戏等。两人玩得差不多了，小博便很自觉地收拾东西，并放回了原来的地方。张流看着小博收拾，也帮忙收拾了。第二天，他学会了主动去收拾东西。张流从小博家回来后，就把自己的房间整理得干干净净，再也不会乱放东西了。

要让孩子做事有计划，父母可以向孩子示范自己的计划。即把自己的计划告诉孩子，并且征求孩子的意见，让孩子帮着计划。比如，在周末的清晨，可以这样对孩子说："今天我想好好安排我们的生活，吃完早饭后，我们到公园去看花展，然后回来吃午饭，午饭后你小睡一会，一点钟我们去少年宫学画画，三点我带你去海洋馆，回来后，你要写一篇一天的见闻，你觉得这样安排好不好？"

这种示范不仅可以帮助孩子理解计划的重要性，而且，他能够学着去安排自己的事情。

如果孩子对父母的计划提出了疑问或者孩子有了计划的意识后，那么，父母就可以让孩子来安排、计划一下了。

比如，一家人有老有小，在周末的时候去公园游玩，孩子往往会喜欢玩一些新奇刺激的活动，像碰碰车什么的。于是，可以让孩子将一些活动，如划船、拍照、玩碰碰车、钓鱼，按一次的次序和时间来安排，既要照顾大家，也要考虑个人的喜好。如果孩子安排得合理，就按照孩子的安排去做。如果安排得不合理，就要跟孩子讲清为什么。

这种实践性的锻炼最能培养孩子做事有计划的习惯。对于孩子自己的事情，父母更应该让孩子自己来安排和计划，这样孩子能够更好地遵守自己的计划。

有一位聪明的妈妈，发现孩子在学习弹琴的时候总是没有计划，刚想弹琴，不一会又去看动画片了。有一天，妈妈对孩子说："你每天得弹半小时的钢琴，刚回家的时候弹也行，吃完晚饭弹也行，但是，弹的时候你不能半途而废，一定要弹足半小时。"孩子考虑了一下，因为晚饭前有一个他喜欢看的动画片要播放，于是他选择了吃完晚饭再弹。结果，他确定自己的计划后，居然一直执行得非常好。

在日常生活中，父母要向孩子强调计划的重要性，并给孩子的各项行为制定一些计划。当然，这些计划的制定应该让孩子参与进来，与父母一起来制定计划。

当计划制定了以后，孩子必须按计划办事，不能半途而废。对幼儿园的孩子来讲，父母应该要求他们在玩的时候自己把玩具拿出来，玩完以后自己收好；对小学生来说，就要要求他们看书做作业的时候要认真，写完以后才能去玩；对于中学生来说，应该要求做事有责任心，自己把握做事的进度。

一位小学生做事非常磨蹭，本来没有多少作业，却非要拖到很晚，熬得妈妈又气又急。

有一次，妈妈想了一个办法。她跟儿子约定，做作业的时间只有半小时。然后，妈妈把闹钟上好，同时，儿子开始做作业。半小时一到，闹钟就响起来，儿子还差两道题目没做完。儿子向妈妈投来求助的眼神，但是，妈妈毫不犹豫地说："时间到了，你不要做了，睡觉吧。"

第二天，妈妈把儿子没做完作业的原因告诉了老师，老师也支持妈妈的方法。这天晚上，妈妈又上好了闹钟，儿子一开始做作业就很抓紧时间，效率明显提高，居然顺利地在半小时内做完了作业。

从这以后，儿子做作业的速度和质量都提高了。而且，做其他事情的时候，他都会有意识地给自己设定一个时限，有计划地去做了。

引导孩子计划周密，学会有条理、有理智地生活，都离不开科学的态度。也就是说，要遵循客观规律，而不能冲动蛮干乱计划。

中学生威行和同学要到山里去参加为期两天的野营活动。学校向他们介绍了营地的一些情况，并为他们的准备工作提出了建议，让孩子们自己回家去准备营地生活用品。妈妈问威行是否需要帮忙，威行说自己能够照顾自己。在他出发前，妈妈检查了他的行李，发现他没有带足够的衣服，因为山里要比平原冷得多，显然威行忽视了这一点。妈妈还发现他没有带手电筒，这是野营时经常需要带的东西，但是妈妈并没有给他更多的提示。

威行高兴地走了。过了两天。等他回来时，妈妈问："怎么样，这次玩得开心吗？"

威行说："我的衣服带得太少了，而且由于我没有带手电筒，每天晚上都要向别人借，这两件事搞得我好狼狈。"妈妈说："为什么衣服带少了呢？"

"我认为那里的天气会和这里一样，所以只带了平常穿的衣服，没有想到山里会那么冷！下次再去，我就知道该如何去做了。"

"下次如果你去南方露营，也带同样的衣服吗？"

"不会的，因为夏天的南方很热。"

"是的，你应该先了解一下当地的天气情况，再作决定。那手电筒是怎么一回事呢？"

"我想到要带手电筒，可我忙来忙去，最后把手电筒给忘了。我想，下次野营时我应该先列一个单子，就像爸爸出差时列的单子一样，这样就不会忘记东西了。"

在妈妈和威行的一问一答中，妈妈帮助威行总结了计划不周的教训。其实，这位妈妈完全可以在事先提醒孩子，但她认为，经验对于一个人的成长是很重要的，因此，她没有提醒孩子，而是让孩子在体验中尝到自然惩罚的后果，从而逐步学会有条理地安排一切事情。

另一位爸爸也用相似的方法使儿子改掉了做事丢三落四的坏习惯。这位爸爸是这样说的：

"一次，我发现儿子又忘戴红领巾了，为了让孩子尝尝丢三落四的后果，养成良好的习惯，这次，我没有给他送红领巾。儿子放学回来沮丧地说，因为他没戴红领巾，他们班被扣了1分，同学们都责怪他。于是，我趁热打铁说：'以后你一定要把该带的东西整理好！'儿子若有所悟地点点头。从这以后，儿子做完作业总是认真地收拾书包，嘴里还念念有词：'钢笔、尺子、语文书、默写本、文具盒、红领巾……'做事有条理多了。"

据说德国人非常注意做事的计划性，在子女教育问题上，他们也是十分注重引导孩子做事讲究计划。如果一个孩子对爸爸说："爸爸，我周末想去郊游。"他的爸爸不会直接说"好"或者"不好"。他会问孩子："你的计划呢？你想跟谁一起去？到什么地方去？怎么去？要带什么东西去？"如果孩子说："我还没想好。"爸爸就会对他说："没想好的事情就不要说。如果你要去，就要先做计划。"这样，德国孩子做事一般都比较严谨，做事之前往往会有周密的计划。

当孩子提出某项请求时，父母可以问孩子："你的计划呢？"当你的孩子逐步习惯了在行动之前做计划后，他就会养成先计划后办事的好习惯。作为父母，你可以耐心地与孩子讨论他的计划，并使计划趋于可行，那么，孩子也就悄悄地养成了良好的习惯。

别让孩子爱慕虚荣

在大中小学生中间，一直有种"摆阔"的现象。这种现象已经引起了社会各界和教师的关注，有的学校还组织学生开展讨论。然而，有的家长却认为这是"鸡毛蒜皮"的小事，讨论这种事有点"小题大做"，对此，很不以为然。

学生"摆阔"不是鸡毛蒜皮的小事，组织学生讨论"摆阔"现象，以明辨是非，也不是什么"小题大做"。学生中"摆阔"虽不是十分普遍的现象，但其影响却相当大。因为"摆阔"，就是讲究排场，要"显示"阔气，那就不单纯是自己享受，往往也请别的学生分享自己的"阔气"，比如请同学下馆子、喝好酒、抽好烟、听歌、唱卡拉OK等。这样受不良影响的就不仅仅是"摆阔"的一个学生了。

学生"摆阔"，问题表现在学生身上，责任在家长。因为学生并没有工资收，学生"摆阔"用的钱，是家长提供的。即或是学生自己通过勤工俭学挣来的钱，不是用在学习或日常生活必需的消费上，而是在吃喝穿戴上有意"显示"自己的"阔气"，这当然有不良社会风气的影响，但主要是受学生家长的价值观念的影响。因此，要减少以至杜绝学生"摆阔"的不良现象，家长要首先提高认识，端正自己的价值观念。

"摆阔"表面是显示自己的"阔气"，其实质所反映的是对待物质生活的态度。我们不是"苦行僧"，物质条件好了可以享受，这当然也包括家庭物质生活水平高的学生。但刻意追求享受，有意"显示"阔气，就是有点庸俗了。特别是青少年学生，主要任务是学习，努力所追求的应当是德、智、体全面发展，努力显示的应当是自身素质的高水平。家长对孩子的评价标准和期望要求，也应当是如此。然而，有的家长由于价值观念上的偏颇，或庸俗的攀比思想作怪，在孩子要钱和花钱的问题上缺乏必要的限制，放任自流，有求必应。这就有意无意地助长了某些学生图虚荣、摆阔气的意识，使之恶性膨胀。

对待物质生活的态度，不是无关紧要的小事。古人说："成由俭，败由奢"。凡是在学业和事业上有突出成就的人，一般都是生活很俭朴，能够忍受贫穷，即或是有很好的物质生活条件，也不刻意追求享受，更不会有意"显示"自己阔气；而凡是在事业上一事无成，特别是身败名裂的人，无一不是由于在物质生活上过分追求奢侈的。古今中外，概莫能外。

因此，自古以来，有许多很有远见卓识的父母，在物质生活上对子女要求相当严格。

宋朝有一个宰相叫张文节，按他的俸禄收入来看，完全有条件让子弟和家人生活水平更高一些。然而，他的家人穿的是平常的衣服，吃的是平常的饭食，住的是不蔽风雨的房子。有人对他这样做很不理解。他却说："按我现在的收入，是完全可以使家人子弟享受荣华富贵的。但是，'由俭入奢易，由奢入俭难'。如果任家人子弟享受，将来我的收入一旦减少，他们会很不适应，在精神上要经受很大的磨难，弄不好还会出问题。"司马光称赞张文节是"大智大贤，深谋远虑"。的确，张文节想得很深，看得很远。

孔子说："少成若天性，习惯如自然"。家长如果对学生"摆阔"的问题掉以轻心，放任自流，一旦形成恶习，问题严重到连你都看不惯或忍无可忍的程度时再想纠正，恐怕会是像王阳明所说的那样，"习与性成，则严师益友不能劝勉，重罚不能匡正矣"；又像颜之推所说的那样，"捶挞至死而无威，忿怒日隆而增怨。逮于成长，终为败德"。社会上那些犯罪青少年，一般都是由于过分追求物质生活的享受而走上邪路的，家长们不能不从中汲取教训。

对待物质生活的态度，是人的价值观的具体体现。是追求物质的拥有、支配和享受，还是追求事业的成功和对社会的贡献，这是两种截然不同的价值观。而价值观对人来说，就像是一根"指挥棒"，指挥着人前进的方向；价值观又像是驱动器，促使人朝某种人生目标前进。做父母的都希望自己的孩子将来能够成才，成为在事业上有所作为、对社会有所贡献的人。假如孩子在价值观上出现了偏差，在经济上还没有独立的时候，就跟别人比的不是思想进步和知识学习，而比的是生活上的"阔气"。那在争取思想和学业上的进步上，就不会有多少投入，不可能在学业和事业上有所成就，家长希望孩子成才的愿望就会成为泡影。

家长对于孩子"摆阔"的现象，不能熟视无睹，掉以轻心。应当限制孩子过分的物质消费，教育孩子节俭朴素，树立"安贫乐道"的思想；创造条件，引导孩子在思想、学习上与其他同学比高低。在这方面，日本学校的做法很值得我们借鉴。在日本，学生上学，一律都要穿校服，不允许穿家里提供的其他服装；所有学生都要在学校统一用餐，不允许从自己家里带饭吃；学校组织学生外出旅游，由学校统一规定带多少钱，不允许任意多带，如若发现学生所带的钱超过了学校规定的数目，教师就要没收。学校之所以要这样做，因为每个学生的家庭生活状况不同，有的很富有，有的较贫穷。是为避免孩子们在学校里比"阔气"，富有家庭的子弟因自家的富有而自傲，贫穷家庭的子弟因家境不好而自卑。当孩子们在学校生活的时候，只能显示思想、学习、纪律、作风上的差别，以便促使孩子们在这些方面比、学、赶、帮、超。因此，他们努力创造这样一种环境，不允许有显示由于家庭生活条件的不同而带来的差异。他们的这种做法有很强的教育意识，很值得我们中国的父母深思。

负面情绪如何疏导

常常听到一些家长这样教育他们的儿子："哭什么哭，女孩才总是哭哭啼啼的呢！""有什么好哭的，像个女孩子一样！"在接受家庭教育方面，男孩有时是很可怜的。因为是男孩，他们被剥夺了哭泣的权力；因为是男孩，他们必须坚强；因为是男孩，他们的情绪往往被家长忽视……所以有人说，做男人是可悲的，即使在还是小孩子的时候，就要承担比女孩大得多的压力。

事实也的确如此，对于男孩来说，由于种种原因，他们的情绪常常会发泄不出来。情绪不能正常发泄时，人便会感觉到很大的压力。也许正是因为如此，有儿童心理学家说："在孩提时代，男孩比女孩更容易抑郁。"

大多数的家长也许会怀疑这个观点，他们甚至会反驳这个观点，我的男孩是快乐的、无忧无虑的。但是，你是否注意到男孩的异常行为了呢？

一位研究儿童行为学的专家表示：如果一个5岁的男孩感到心情抑郁，他会显出懒散嗜睡的症状。他可能会在早晨不想起床，他可能在屋里闷闷不乐地走来走去，他可能会对原先使他兴奋的东西不感兴趣。还有一种特别重要的症状就是，他会公开表示出愤怒、敌意，他可能会突然对周围的人和东西痛斥、猛击。如此说来，男孩真是一种奇怪的动物。他们表面看起来大大咧咧，其实他们的内心也有很多秘密；他们表面看起来坚强，其实他们的内心很容易受伤；在别人看来，用手击墙是一种很傻的行为，但他们却认为这是最爽的一种发泄方式。很遗憾的是，大多数情况下，家长往往会忽略男孩的情绪。

12岁的石磊没有上初中就辍学了。他非常自卑，害怕见陌生人，脾气古怪、暴躁，动不动就大发脾气，并常常以自杀威胁家长。

正处于初生牛犊不怕虎的年龄，石磊为什么会变成这个样子呢？

原来，石磊曾经是一个性格开朗、学习成绩优异的孩子。在他上五年级时，班级评选班干部，他满心欢喜地以为能当选，结果老师没选他，反而选了比他差的同学。

这件事对他打击特别大，他放学回家后一句话都没说，直接躲到了屋里。第二天，他把这件事告诉了爸爸妈妈，并且反反复复说了好几遍。但当时爸爸妈妈由于工作忙，谁也没在意孩子情绪的变化。

从这以后，石磊就像变了一个人似的，沉默寡言，对所有的事都提不起兴趣，不爱上学，也不喜欢参加班级和课外活动，甚至在街上看见同学和老师他都会立刻绕着走。

然而，石磊的这种异常行为还是没有引起父母的注意……最后，等父母发现孩子的变化时，他已经变成了现在的样子。

是的，有时候男孩就是这么脆弱。他们也会迷路，而且他们不像女孩，发现自己错了便会马上回头，他们有一股一路走下去就是不回头的"倔劲儿"。因此，他们有时更需要家长的关注，需要家长在适当的时候为他们确定航标、指引方向。

我们有理由相信，石磊本来可以成长为一个可爱的少年，他只是在一个人生的岔路口迷了路。但是，由于家长的疏忽，却造成了他性格转变。与女孩相比，男孩不善言辞，不愿意表达自己内心的想法，更容易暴躁、发火……但正因如此，男孩才更需要父母的关注，尤其是在他情绪变化的时候。

很多家长都会以"家有男孩"而自豪，因为男孩胆大、好胜、勇敢、坚强，是家里的小小男子汉。但家长也应注意到，一旦男子汉脆弱起来，由于他情绪表达方式的特殊性，他更需要你的帮忙。

男孩轩轩一放学就撅着嘴对妈妈说："妈妈，我恨老师。"

妈妈看着儿子咬牙切齿的样子，赶忙放下手中的家务，安慰儿子："告诉妈妈,老师怎么惹你生气了？"

"老师让我读课文，有一个多音字，我没注意读错了，老师当众指出了我的错误，同学们都笑我。男子汉被全班同学笑，我多没面子呀。"轩轩故意挺挺胸，做出一副男子汉的样子。

妈妈刚想好好劝慰一下儿子，这时电话铃声响起了，轩轩马上就恢复了以前的顽皮状态，装作很成熟的样子对妈妈说："妈妈，我要去赴一个约会，晚饭前准时回来。"说着就向门外走。但刚走到门口，轩轩又跑了回来，很认真地对妈妈说："妈妈，谢谢你听我说话，我没事的。"说完便跑出了门外。

男孩也会遇到困难、男孩也有情绪失落的时候、男孩也会伤心，在这些情况下，他们需要发泄自己的情绪，因此他们大多需要一个倾听者。而对于还没有进入青春期的孩子来说，家长往往是他们最好的倾诉对象。

男孩往往都是这样，不开心的事情憋在心里，就会憋出更严重的事情来。然而，如果他们能够顺利地把这件事情说出来，他们会马上把那些不高兴的事情忘记，如事例中的小男孩轩轩，也许他和小伙伴约会回来之后，就已经把挨老师批评这件事情忘记了。因此，做家长的应及时发现男孩情绪的变化，当你感觉孩子的情绪有异样时，就应该采取措施引导孩子把心事说出来。

另外，家长也应注意，如果男孩的诉说内容有偏激的倾向，切记不要在当时就指出孩子的错误，这样会让他感到更加无助，或是加重他的反叛心理。家长可以等孩子平静后，在孩子很高兴的情况下，再帮孩子分析他的错误观点，并帮他提出改正的建议。

男孩对家长、老师不满意，或者自己的心情不好时，就会大声喊叫、发脾气，甚至砸东西。这时，如果家长训斥他，孩子发怒的劲头往往会越来越大。事实上，由于体内睾丸素的作用，男孩比女孩更容易愤怒，更需要发泄。而男孩不会像女孩一样，能用语言表达出"我生气了""我很难过"等情绪，他们往往更愿意用身体来表达自己的愤怒。因此，摔东西对男孩来说是很正常的行为，他们高兴时、愤怒时，都会用周围的东西来发泄自己的情绪，而且男孩在非常高兴的时候偶尔也会出现这种行为。这是小男子汉成长过程中的正常现象，这些异常行为都是他们体内的睾丸素在"捣鬼"。

男孩在2~5岁这一阶段，易怒的特征会越来越明显。这时，家长不可对孩子的这种行为进行强行压制，否则很可能会破坏孩子一生的性格。

一次，明明的数学成绩没有及格，回家之后，他就把自己关在屋里，用拳头狠狠地击墙，他的手为此也受了伤。后来，爸爸给他做了一个沙袋，于是以后明明在不高兴的时候，就会把自己想象成一个出色的拳击手，用沙袋来发泄自己的情绪。

明明爸爸的做法真是一个一举两得的好办法，给儿子一个沙袋，既能防止他受伤，又能使他的不良情绪顺利发泄出来。当然，条件不允许的家长，可以为孩子准备一个沙发垫、枕头等，让他捶打发泄情绪。

但是，仅仅让孩子发泄情绪并不是教育孩子的最终目的，当孩子的情绪稍微稳定后，家长应告诉他，什么才是更好的表达方式；并告诉你的小男子汉，他有能力、有责任也有时间去调整自己的情绪。

哭，对于男孩来讲是非常正常的行为。男孩比女孩哭的少，是因为男孩不愿意，或者说不会表达自己的情绪。比如，妈妈病了，女孩会用自己温柔的语言来抚慰妈妈，而男孩却宁愿给妈妈倒杯水或拿个药片。

但是，当男孩哭的时候，往往也是他情感最脆弱、最需要安慰的时候。这时，家长错误的做法就是呵斥孩子："你哭什么哭，哪里还像个男子汉？完全是个小姑娘！"其实，与女孩相比，男孩的目的性很强。他向家长哭诉，并不是像女孩一样，只是想获得安慰，他更倾向于寻找问题的最终解决方案。因此，对于家长来说，当你的小男子汉哭泣的时候，恰恰是他最需要你帮助的时候。

男孩好像总是那么精力充沛、一刻都不想停下来：上房揭瓦、下河摸鱼、爬树、满院子追逐、欺负女生、与小伙伴打架……因此，有些家长经常不由自主地叹气：养个男孩真麻烦，他好像时时刻刻都在给你惹事。其中除了学习问题之外，更多的就是行为个性给他们带来的麻烦。也就是说，这些"问题男孩"的家长将时刻面临着这些事情：被老师"请"到学校、和孩子一块接受老师的"教育"、为孩子的某些行为向老师道歉……在多数情况下，被"请"去学校的家长都会感到羞耻，回到家后他们便会对这些"问题男孩"大上"教育课"，或是直接用拳头与孩子说话。然而，却很少有家长从源头上分析，我的男孩到底怎么了？为什么他总是出现"问题"？为什么他的精力总也用不完？

　　其实，我们并不能完全责备这些精力充沛的男孩，他们总是出现"问题"是有原因的。由于体内大量睾丸素的存在，男孩每天需要更多的课外活动。但是，老师们为了防止孩子们发生意外，往往采取限制学生行动的做法，校外活动自不必说，甚至在学校操场的活动对男孩来说也是一种奢侈。

　　那么，男孩过剩的精力用来干什么了呢？用家长的话说便是"做小动作、与老师顶嘴、欺负女生、为一点小事就打架……"也正因如此，很多男孩都被贴上了"不听话"的标签。老师一般都会认为男孩淘气、不听话，有时甚至连家长也这样认为，因此家长和老师一致用他们的标准来约束孩子的行为，让他们听话。然而，家长们却不知道，孩子们在背地里都称那些"特别听话"的小男孩为"小姑娘"。家长们可以认真想一想，如果一个小男孩因为过分听你的话，而天天被他的小伙伴歧视、被他的小伙伴称为"小姑娘"，这对孩子的成长将会多么不利。

　　爱玩、顽皮、淘气本是男孩的天性，学校不能给男孩提供释放精力的机会，如果在家里，家长再要求他"停下来""安静""学习去"……那男孩与女孩的区别又是什么呢？换言之，如果男孩的行为表现同女孩一致，那性别的意义又在哪里呢？

　　一位儿童心理学家曾很形象地表达了男孩的困惑："现在，家庭和学校教育都存在一个这样的问题，给男孩、女孩穿一样的鞋，却期望他们走出不同的路，这是完全不现实的。"因此，当老师再度把你"请"到学校时，家长也应该扪心自问：你的男孩的精力得到释放了吗？如果学校没有给男孩提供这样的机会，你又是怎么做的呢？是对男孩表示理解和支持了，还是刻意忽略，再度让男孩把宝贵的课余时间用到学书法、练钢琴上去了呢？

　　如果你的男孩是老师口中的"问题男孩"，家长千万不要对孩子发怒，更不能对孩子拳脚相加，这样只会使你的男孩问题越来越多。其实，只要家长引导有方，"问题男孩"也会成为让你欣赏的男子汉。

男孩的淘气行为往往是他好奇的表现，一旦好奇心得到满足，他就会对这种行为失去兴趣，他的这种淘气行为就会自然而然地消失。但是，如果父母一定要管束他，他的好奇心不仅不会消失，相反还会越来越强烈。结果，他的淘气行为就会在父母的管束下越来越变本加厉。

小君突然对玩水很感兴趣，妈妈让他洗手，他却用手堵住水龙头的出水口，让流出的水溅得到处都是；小区的保洁人员正在给草坪浇水，他却时不时地跑去捣乱；越是下雨天，妈妈越怕他感冒，他越是往外面跑，并且在雨中玩得不亦乐乎……

后来，妈妈想了个办法，下雨时，不再控制小君这个爱玩水的"小猴子"，而是为他准备好小雨衣、小雨鞋，让他去水中玩个痛快。没想到，让他玩过几次之后，他竟然就对玩水失去了兴趣。

当男孩的好奇心得到满足后，他们的兴趣点自然就会转移到别的地方。相反，如果小君的妈妈想方设法对他的好奇心围追堵截，小君这种爱玩水的情况就会延续更长的时间。

齐齐是个精力充沛的孩子，他总是能玩出很多花样，把小女生的芭比娃娃偷出来当武器、玩海盗游戏、跟小朋友抢积木、拆家里的闹钟……他的顽皮让爸爸妈妈伤透了脑筋，这不，因为听到同学说了一句他的坏话，他竟把人家刚买的文具盒故意弄坏了。

把人家刚买的文具盒弄坏，当然要赔人家一个新的。但是，齐齐只是个二年级的小孩子，他怎么会有钱呢？对于这件事情，在征得孩子同意的情况下，齐齐的父母是这样处理的：先帮孩子把文具盒买了还给人家，但买文具盒的钱要一点点地从齐齐的零用钱里扣回来。

虽然男孩有调皮、爱玩、爱捣乱等特性，家长也不能对孩子一味地迁就。当男孩闯祸后，如果父母每次都为他承担责任、为他解决问题，男孩就会没有一点内疚感，会把父母为他所做的这一切当作理所应当的事情。而且，一旦父母没有把事情帮他处理好，或者没有能力再为孩子处理，这时，孩子就会埋怨家长，甚至会憎恨家长。

对待孩子闯祸后应该承担的责任，家长们要切记，为了让你的男孩成长为一个真正的男子汉，你一定要从小给孩子灌输"自己闯的祸，自己负责"这一原则，并把它认真执行起来。男孩爱冒险的特性经常让家长们做噩梦。家长们常常在思考，用什么方法可以永远让孩子系上安全带，保证他们的安全呢？

暑假里，超市里的自行车正好特价，爸爸便给儿子小强买了一辆。没想到，自行车刚搬回家，这小家伙便急着要去学，爸爸怕他年龄太小，掌握不好自行车，就以天气太热为理由拒绝了他。

男孩表面上听了爸爸的话，但等到中午，爸妈都在午休时，他便偷偷地自己下楼，把自行车从车库里推出来，在烈日下开始练习骑自行车。由于怕把自己摔得太痛，这个聪明的男孩在刚刚修剪后的草坪上练习骑车。就这样，在不停的练习下，小强终于能够"骑"着（屁股并没有坐在车座上）自行车缓缓前进了。

正在小强欣喜时，忽然迎面有一棵小树，还没学会拐弯的小强不知道该怎么办了。由于行驶速度很缓慢，自行车只是慢慢向下倒去，聪明的小强也顺势把自行车一扔，自己跳下了车。尽管差点摔倒，但他仍然自言自语地嚷了起来："真刺激，还想再来一次！"

但由于天气太热了，小强只好上了楼。刚刚进门，爸妈都在客厅里等他，小强不好意思地低下了头。这时，爸爸笑着对他说："没摔着吧？我和你妈妈看了一中午自行车特技表演，我们的心都要跳出来了。好了，你没事就好，快去洗澡吧！"

小强张大嘴，惊讶地看着爸爸说："爸爸，你不怪我吗？"

"爸爸小时候也这样，别人越不想让我去做的事情，我越想去做，并且不喜欢别人的帮助。我知道，如果我强迫你不去学自行车，你会吃不香、睡不着的。"爸爸很平静地说。

正如小强爸爸所说的那样，男孩认定的事情就一定要去做。即使有时在家长的威胁下没有去做，但在家长不注意的时候，他们仍然会偷偷去做。所以，父母保证男孩安全最有效的方法就是：在你的控制范围内，大胆让男孩去尝试。

"你说这孩子奇怪不奇怪，他竟然问我月亮是谁生的，你说这问题让我怎么回答？我要回答他一个问题吧，他还会打破砂锅问到底，没完没了，真是个麻烦的'小问号'。"

"我家儿子纯粹是个破坏大王"。

刚给他买了个电动小汽车，可没两天却被他拆成一堆零件；他还会把小闹钟、收音机大卸八块；有一次，他竟然把镜子打破了，事后还努力地用胶水粘，想"破镜重圆"……

……

以上是家长们说起自家的男孩时，经常会说到的一些话。是的，每家的小男孩都不"老实"，他们总会对一些无关紧要的事情感兴趣，喜欢寻根问底；他们总会改造自己的玩具，把它们改造成具有特殊功能的"超能玩具"；他们还喜欢拆开收音机，看是谁躲在这小匣子里说话、唱歌……其实，这些都是男孩探索心理的表现。

与女孩相比，男孩的好奇心更为强烈一些。同样是玩变形金刚，女孩可能会给玩具安排一个动人的故事，而男孩却可能把它拆得七零八落。因为男孩希望知道这个玩具更多的用途，以及它是如何起作用的，而且，他们还希望自己能找到多种有创意的玩法。如果他们对这个问题没有搞清楚，就会理所应当地把玩具拆开来看个究竟。这看似破坏的举动，其实显示着男孩的某种独特能力——曾经有调查表明，在拼图和组装其他三维物体方面，男孩的速度比女孩快2倍，犯的错误比女孩少一半。

另外，这还与男孩某些生理和心理特点有关。男孩的发育，无论在生理上还是在心理上都比女孩要慢一些，而且在形成责任感、义务感等心理品质方面表现得较差。所以，男孩的自我控制能力也较差，当他强烈想知道"小闹钟是如何工作的"时，虽然他也知道父母会反对他的这种做法，但在强烈的好奇心和并不是很强大的责任感的稍微"斗争"下，他就会很轻易地选择满足好奇心——把小闹钟拆开看个究竟。

此外男孩往往有一定的"破坏性"，但有时，他的"破坏性"并不是纯粹的破坏。他会将一个小女生好不容易搭造的积木"宫殿"一举摧毁，但是尔后他又会盖起一座造型独特的"建筑"来补偿那位女孩；他把爸爸的闹钟拆得一塌糊涂，然而不一会儿，他却又奇迹般地把它重新装好，还修好了其中的小毛病……因此，家长们应该意识到，在男孩这些破坏力的背后，往往会隐藏着呼之欲出的天赋。因此，用强制方法压制男孩的"破坏性"是最不明智的做法。

　　一位儿童心理学家表示，男孩的"破坏性"有些是因好奇而破坏，也有一些是故意破坏。因此，家长要因孩子的"破坏"动机对他们区别对待。对于男孩的探索精神，家长应先给予肯定，然后也要教育孩子要爱惜物品、珍惜别人的劳动成果。但是，有些孩子拆毁、摔砸物品，纯属破坏行为，如砸椅子、故意摔碗等。对此，家长切不可姑息，要在弄明白孩子破坏物品的原因后，让他们自己承担这种行为所引起的后果，如用自己的零用钱修理、购买新物品等。

　　家里的男孩是"破坏大王"，喜欢刨根到底地问问题、喜欢拆东西、喜欢搞破坏行动……做家长的不要着急。一般来说，如果父母能够把孩子的这种带有探索性的"破坏行为"引向正路，任何一个男孩长大后，都会成为一个了不起的人物。

　　漫画家蔡智忠四五岁的时候，有一次趁父亲不在，溜进书房玩耍。

　　看到桌子上瓶瓶罐罐里的墨汁，蔡智忠玩兴大起。他拿毛笔沾满红墨汁，东寻西找"作画"的地方。最后，他选择了客厅通往书房的墙壁作为画板。片刻之间，一个个小圈圈组成的小人跃然墙上。

　　父亲回来后看到了蔡智忠的大作，不由得火冒三丈。他追着儿子，看样子要大打出手。然而，父亲后来并没有这么做，他只是骂了蔡智忠两句，然后居然给他买了一块小黑板和一些画笔。

　　蔡智忠喜出望外，从此，这块小黑板成了他艺术想象力自由驰骋的天地。

　　如果蔡智忠的父亲没有给儿子买小黑板和粉笔，而是给他一顿打骂，那也许一位天才的艺术家就会因此而夭折。因此，每一位家长都要正确地对待男孩的"破坏能力"，千万不能让天才消失在自己的棍棒下。

　　男孩往往都会这样，你理解他、尊重他，他就听你的话，从而用正确的方法、手段去探索事物。因此，对待男孩的"破坏性"，家长应客观地分析其动机；在尊重、鼓励其探索能力的前提下，把孩子的"破坏性"引向正途。

　　男孩的"破坏性"背后隐藏着很多天赋：探索能力、创造才能、思维能力、动手能力……因此，做父母的千万不可小瞧孩子的"破坏行为"，如果家长用正确的方法引导，孩子一定会在某些方面表现出特殊的才能。

男子汉小波从小不喜欢汽车、手枪等男孩标志性的玩具，而单单对玩积木着迷。他会把别的同学盖的"大楼"推倒，而后再帮人家设计一座"宫殿"；他会把爸爸的小皮箱挖个洞，给他的小白兔当卧室……

针对儿子的这种破坏行为，小波爸爸没有过分地批评孩子，而是一点点地把孩子的爱好引向了正路，比如，经常有意识地带儿子去参观各种风格的建筑；给他买图片书；跟他一起做搭积木游戏，并比赛看谁搭得又快又别具风格……这些正是小波所喜欢的，在爸爸的支持和引导下，小波渐渐地对那些"小房子"着了迷。从此，研究"小房子"便成了他的业余爱好。

更让爸爸欣喜的是：在一次儿童比赛中，小波自己设计的建筑竟然获得了特等奖。并且，由此开始，小波有了自己的理想，长大以后一定要做一名出色的建筑师。

父母仅仅不打击孩子的"破坏"行为还是远远不够的，孩子毕竟还小，他们意识不到自己的才能和天赋。再加上男孩的自控能力比较差，遇到一点困难，便会打"退堂鼓"，如把小闹钟拆开了，但装了一会儿没有装上便不管了。因此，家长们要采取积极的手段，把孩子"破坏性"背后的天赋引导出来。

第三章

与儿子共同成长

　　家长们一定要教育孩子用主动的心态，迎接外界变化，适应不同的人、不同的事。适应与否其实就在于"心"，心理障碍排解了，则什么都能适应。改掉陋习，改掉落后，这是一种适应。要孩子适应变化，还必须努力提高孩子的综合素质。一个人适应能力的强弱与他的思想品德、知识技能、活动能力、创造能力、处理人际关系的能力等密切关联。

孩子学说脏话怎么办

讲脏话的最早根源，与传统文化和道德标准长期对性的避讳和禁锢有关，与有关"性"的问题变得非常的神秘分不开。而且，脏话之所以成为脏话，也由于社会文化和道德规范不允许人们在大庭广众之下，说出有关"性"方面的某些语言。讲脏话的人，不论其语言形式是怎么样的，其本质都是指向"性"，强迫他人听到这种"性"的语言，以此而达到羞辱对方的目的，获得自身心理上的满足。所以，讲脏话其实是对他人意念上的"性施淫"的一种语言表现形式。

为了正确地教育说脏话的孩子，家长应当做到以下几点：

1.孩子刚开始说脏话和骂人时，父母应先让孩子明白：从小学讲脏话，骂人是不好的；好孩子是从来不说脏话、不骂人的；小朋友之间说这些脏话是极不文明的，更不能到处乱说。

2.要阻止孩子与爱讲脏话和爱骂人的同伴来往，或当孩子与讲脏话、爱骂人的孩子一起玩时，可叫孩子讲："骂人、讲下流话不是好孩子，我不和你玩了。"杜绝孩子受不良习气的影响，使孩子从小养成良好的语言习惯，成为一个讲文明、有礼貌的人。

3.同时，也不可否认，孩子讲脏话和爱骂人，有些是受自己父母亲和家庭其他成员的影响所致。有些父母由于自己文化素质不高，文明习惯差，在家动不动就责骂孩子，在公共汽车上不是与同车乘客吵架、谩骂，就是在市场上和售货员吵骂，这些都会影响到孩子。孩子在这种环境中生活长大，自然容易学会讲脏话和骂人，以致到后来满嘴脏话，使人听了不堪入耳，等大了想纠正也难了。为人父母要使孩子成为一个讲礼貌、讲文明、有教养的人，自己必须首先是一个讲礼貌、讲文明、有教养的人。

在学前儿童身上，我们经常可以看到幼儿的侵犯行为，如打人，骂人，用东西砸人，毁坏别人的物品等。对孩子这种行为若不及时加以纠正和制止，任其发展，等孩子长大后，就容易成为一个骄横无礼、脾气暴躁、冷酷无情的人，严重的还会出现反社会行为，对孩子本人、家庭及社会都极为有害。

但很多家长对孩子的这种行为束手无策，不知道产生的原因是什么，往往使用责备、打骂来教育孩子，结果却常常适得其反。

儿童侵犯行为的产生，大致有以下几个方面的原因：

一是幼儿的社会性模仿。亚里士多德曾说："人是最富于模仿的生物，人是借助于模仿来学习他最早的功课的。"如在一个家庭中，若家庭成员间经常吵架、打架，父母也经常用打骂的方式来教育孩子，一个居民区斗殴成风，孩子在这样的环境中成长，孩子就极富侵略性、攻击性。另外，孩子接触到渲染暴力的大众传播媒介(如图书、报刊、电影、网络等)较多，也极易产生侵犯行为。

国外曾有人做过这样一个实验：将96名幼儿分为四组，每组24人，男女各12人。让第一实验组的幼儿看人们真实的打架，让第二实验组的看打架的录像，让第三实验组的看描写打斗场面的连环画。第四组为控制组，什么也不看。然后将这4组的幼儿带到一个放有许多玩具的房间中去，并先让他们受到一些轻微的挫折。观察结果表明，第一和第二实验组中有88%的儿童对玩具施加破坏行为，以发泄其侵犯欲。第三实验组中有79%的儿童这样做。控制组中却极少。这说明儿童对侵犯行为模仿意识是多么的强烈，而且被模仿行为越是直接、形象、具体，模仿的比例与程度就越大。

二是幼儿的挫折感。所谓挫折感就是一个人在从事某一项活动时，遇到障碍或干扰，使其目的不能达到所产生的一种失败感。美国耶鲁大学的心理学家多拉德等人曾著有《挫折与侵犯》一书，书中提出了著名的"挫折—侵犯"假设。假设认为："侵犯行为的发生，总以挫折的存在为先决条件；反之，挫折的存在也总是导致某种形式的侵犯。"挫折感使孩子感到未遂自己心意、不痛快，就往往通过侵犯行为来发泄自己的不满。这就是上面所举的那个例子中，为什么在让几组幼儿进入放玩具的房间，要先让他们经受一些挫折的原因。这样能将幼儿的侵犯行为激发出来。

三是不正确的强化作用。按照操作性条件反射原理，幼儿侵犯行为的结果对其侵犯行为的过程来说，是一种奖励性强化。如幼儿通过侵犯行为，达到了一定目的，满足了某些要求的话，那幼儿还会继续采用这种手段的。有的父母对与邻居孩子发生的纠纷中占上风的孩子得意地夸奖，这也强化了孩子的侵犯行为。还有的孩子出人意料地骂出一句脏话，受到人们的注意，引起伙伴的模仿乃至大人的训斥，都会增强其自我表现欲。

孩子不文明的语言一般都来源于周围的环境，要想让孩子成为一个文明礼貌的人，首先要净化孩子周围的语言环境。

有一个上小学的男孩，满口脏话，经常欺负女生，甚至对女老师也很不恭。班主任老师联系了孩子的妈妈，没想到他的妈妈却对老师哭诉这孩子如何对她无礼。班主任老师于是苦口婆心地教育这个孩子要讲礼貌，但收效甚微。有一天，班主任到孩子的家里去家访。开门迎接老师的是孩子的父亲，班主任老师便随口问了声孩子的母亲在哪里，孩子的父亲则轻蔑地说："还能怎样，赖床呗，那个懒婆娘！"班主任老师马上就明白了孩子不讲礼貌的根本原因！

父亲如此当着孩子的面侮辱自己的妻子，而且不顾有外人在场，孩子怎么可能讲礼貌呢？班主任老师非常愤怒，当着孩子，批评了他的父亲，这位父亲也意识到自己的行为对孩子的不利影响，后来学会了尊重妻子，不讲粗话。这个孩子也越来越礼貌了。

当父母发现孩子说脏话时，要找出孩子说脏话的"根源"，尽量让孩子远离或少接触那种不良的环境。比如，父母可以有意识地限制孩子与经常说脏话的同学来往；也可以和教师取得联系，借助老师的力量促进其他孩子养成文明礼貌的习惯；还可以和孩子同学的父母取得联系，一起帮助孩子养成文明礼貌的习惯。

母爱也要有个限度

孩子在人世间认识的第一个人是妈妈；会说的第一个词是"妈妈"；生病时最依恋的是妈妈；夜晚睡觉时寻找的是妈妈；放学回家，问的第一句话是："我妈妈呢？"因此，不管是男孩还是女孩，都会对自己的母亲特别依恋。

但值得注意的是，当妈妈过于对男孩精心照顾时，男孩往往会因为对母亲的过度依恋，其"阳刚之气"渐渐消失。一个男孩经常对妈妈说："我们班上的女生经常把我的书包扔出教室，还打我的头，我也不敢吭声，你去帮我出气吧！"

一个男孩经常对妈妈说："妈妈你陪我去上学吧。小朋友们总是欺负我，我怕！"是什么原因让越来越多的男孩开始变得唯唯诺诺，甚至胆小怕事了呢？

首先，我们不得不把矛头指向任劳任怨的妈妈。有人说，现在妈妈对孩子的爱就像鸡妈妈溺爱它的小鸡一样，小鸡饿了，鸡妈妈给它们找食吃；风雨天，鸡妈妈用自己的翅膀为小鸡遮风避雨；当面临外敌入侵（如狗、老鹰等欺负自己的小鸡）时，鸡妈妈会主动出击……

其实，影响男孩男子汉气概的因素，除了这种"鸡妈妈"类型的妈妈外，还有"代办型"和"满足型"两种妈妈。

一所学校通知学生打扫卫生，只见妈妈们拿着扫帚、抹布和水盆，成群结队来到学校。当有人问一位男孩的妈妈："你孩子在家做家务吗？"那位妈妈毫不含糊地回答："我家宝贝从来都不用做家务。"是的，不用说让孩子做家务，即使是孩子自己的事情，又有多少孩子在自己做呢？

每天，他们的书包，妈妈代替收拾；他们的铅笔，妈妈代替削尖；他们的钢笔，妈妈代替灌水；老师告诉他们的事，妈妈全替孩子想着。然而，孩子们又是如何看待妈妈的这种代办行为呢？

一天，一位二年级班主任批评几个没带齐学习用具的学生，几个孩子都埋怨起来。这个说："都怪妈妈没给我装上！"那个叫："都怪妈妈没给我收拾好！"好像一切过错都是妈妈的，他们什么责任也没有。代办，除了给孩子带来懒惰与无能、给家长带来悲哀和失望之外，究竟还带来了什么呢？

　　一个小男孩，妈妈在国外工作，把他寄养在朋友家里，每月给他寄两三千元零用钱。他平时不常写作业，谁帮他做一道数学题，他就给谁五毛钱；谁给他写一次语文作业，他给谁一块钱。
　　远在国外的母亲好像觉得，用钱可以表达自己不能关心帮助孩子的歉意，却不知道，无度地给孩子钱，是在害孩子。

　　《动物世界》常常会有这样的片段：母狮对幼狮关爱有加，但是并不过分娇纵。幼狮刚开始蹒跚学步，母狮便让它体验生命中迈向自立的第一步——觅食。幼狮哭也好，哀求也好，母狮就是不将食物给它，还"残忍"地将它推出门外。于是，看到依赖父母行不通的幼狮便鼓足勇气、执著地爬起来，一步一步地向前走……最终学会了生存。也正是如此，狮子的勇猛特性才得以形成。
　　动物要学会自己觅食才能在弱肉强食的动物界生存下去，孩子要经历自己独立处事才能长大成人。一位哲人说过："经过什么样的洗礼，就能造就什么样的灵魂。"因此，妈妈们，请大胆地撒开你们的双手，让孩子尽快自强自立起来吧！
　　一位母亲有这样一句口头禅："有儿子就是不一样。"
　　儿子4岁的时候有一次生病发烧，这位母亲带他去打针。针刚扎进屁股，儿子"哇"的一声大哭起来。母亲见儿子哭得小肩膀直打颤，自己也忍不住哭起来。儿子看到妈妈哭了，立刻停止了哭泣，揉着眼睛问妈妈："又没扎你，你哭什么？"
　　妈妈给儿子擦了擦眼泪，说："妈妈胆子小，一看见你哭就害怕。"
　　闻听此言，儿子转而显出一副无奈的样子："嗨！你们女人太胆小。算了吧，以后你甭进去了，我一个人进去！"
　　第二天，儿子壮着胆独自走到护士面前，大声说："你扎吧，我是警察！"妈妈和护士都被这个小小男子汉逗笑了。

　　这位妈妈便是研究儿童心理和行为的专家、青少年的知心姐姐——卢勤。

卢勤一直主张，母亲对儿子的肯定，最能激发男孩的潜力。为了给妈妈一个惊喜，儿子就可以创造奇迹，这种动力能使一个幼小的男孩成为勇敢的男子汉。

要想把自己的儿子培养成为适应未来社会的男子汉，当妈妈的不妨表现得弱一些，给孩子提供显示本事的机会。如果母亲过于能干、刚强，就会使孩子没有施展自己本领的天地，他会变得软弱；相反，如果母亲表现得柔弱一些，会令男孩坚强起来，意识到自己有保护弱者、保护母亲的责任。

爸爸出差了，妈妈独自照料儿子。妈妈胆子小，她家楼上有人养了一条大狗，每次上楼，狗一叫，妈妈就会吓得直哆嗦。爸爸出差之后，妈妈对儿子说："这回惨了，你爸走了，我连楼都不敢上了。你要保护妈妈，一切全靠你了！"儿子拍着胸脯说："别怕，妈妈，我来保护你！"

于是，爸爸不在家的日子，每次上楼，儿子走前面，妈妈跟在后面。大狗一叫，儿子虽然也害怕，却壮着胆子对妈妈说："别怕，有我呢！跟我走！"从此以后，不论在任何场合，儿子都争着保护妈妈。

当妈妈把儿子当成男子汉来培养，他就会变成令妈妈满意的男子汉；相反，如果妈妈一直把儿子看成小孩子，即使儿子已经长到了10岁、20岁，他在心底还是希望妈妈关心他、保护他，永远像个长不大的小孩子。

也许，男孩都抓住了"妈妈无论在任何时候都是温柔的"这一特性，他们往往更喜欢向母亲挑衅。比如，妈妈越是温柔地对男孩说："儿子，别哭了！"他往往会哭得更起劲。一位儿童心理学家说，妈妈对儿子发出的温柔警告"别这样做"，对于男孩的一些恶劣行为，如调皮、爱玩、好斗等，是完全不起作用的。因此在这时，管教男孩，有规则是必要的，而权威才是关键。

超市里，一位女顾客和她5岁的儿子都表现出明显的不高兴。原来，小男孩要妈妈给他买一个很高档的文具盒，在妈妈表示拒绝时便发起火来，并且赖在文具盒旁边不肯走。这时，这位妈妈不顾别人有没有听见，弯下身子，耐心地说服儿子。

"你知道吗？我本来是准备给你买的，"那位妈妈平静地说，"但是现在我不打算买了，因为你总是哭闹，我不想让你觉得，只要你一发脾气，我就会顺着你。在家里是这样，在外面也是如此。你已经失去一个新文具盒了，现在打算怎么做？"

于是，一场战火平息了。男孩安静了下来，模样像个小绅士。

男孩在生人面前向母亲的权威挑战，使她处于一种不利的境地。尽管这样的情景使人很窘迫，但聪明的母亲仍然保持沉着镇定。与此同时，她还向孩子清楚地传达了这样一个信息：家里的规矩在这个超市照样执行。在一个闹事的孩子面前，她保持了她做母亲的权威。

对父母来讲，权威的尺度是最难把握的，因为把握不当，便会使教育走上极端——对孩子过于严厉，会压制孩子的成长；对孩子过于宽容，又会使孩子变得软弱无力。因此，每一位家长都要针对自己孩子的特点，总结出适合你的儿子的权威"尺度"。

我们都知道，男孩和女孩的行为、性格存在很大的差异，就连玩耍的方式也不同——男孩喜欢汽车、手枪，喜欢冲锋陷阵、攻城掠寨；女孩则钟情洋娃娃、小餐具，喜欢玩过家家。很多家长认为，孩子的性别行为特征是天生的，不用父母教，男孩长大后自然就会有一种男子汉气概。

真的是这样吗？我们周围许许多多的事实都否定了这些家长的这一看法。

新学期刚刚开学，某学校转来了一位"特殊"的男孩。说他"特殊"，是因为他的行为和个性特像女生，而且这已经是他第三次转学了。

这个小男孩叫鑫鑫。鑫鑫刚刚出生时，他的父母就梦想着要个女孩，于是他们便把鑫鑫当成女孩来养，给他梳小辫、让他穿带有大量花纹的衣服……就这样，在不知不觉中，鑫鑫养成了一些女孩的习性，如说话细声细气、走路扭屁股等。

但是，当鑫鑫上学后，一些不好的事情发生了：小学的时候，班上的同学常常嘲笑他，叫他"娘娘腔"，他坚决不愿去学校，结果转了两次学；上初中后，同学们给他取了一个绰号——"宝哥哥"，不但男生不喜欢他，连班上的女生也不喜欢他。鑫鑫受不了这种环境，又不去上学，于是不得不进行第三次转学。

鑫鑫处于如此尴尬的境地，我们可以毫不客气地说，这完全是由他父母错误的性别教育导致的。虽然在妈妈受孕之日起，"Y"染色体已经决定了男孩的性别，虽然体内过多的睾丸素使男孩有着不同于女孩的行为特征，但父母后天对孩子的性别教育，却决定了这个小男孩长大之后是"娘娘腔"，还是性格刚毅的男子汉。

也许孩子还小的父母意识不到，错误的性别教育对男孩来讲，简直就是噩梦。在这种性别教育中长大的男孩，会对自己产生错误的性别定位，这种定位不仅会使男孩变成"娘娘腔"，而且即便是男孩成人结婚后，他也会因为这种错误的性别定位而缺少能力、责任感、使命感等男人应该具备的品质。一位婚姻学专家曾说过："在离婚的家庭中，妻子认为丈夫缺少责任感以及男子汉气概的占40%以上。"由此可见，错误的性别教育对一个男人的伤害将会有多大。

生活中，也许家长对孩子错误的性别教育并不普遍，但有一种情况却往往会被家有儿子的家长们所忽视——家教的"性别缺失"。这也就是说，在家庭中，整天围着男孩转的都是一些女性，如妈妈、女保姆、奶奶、姥姥等，这同样也是男孩产生性别错位的一个主要原因。

目前的许多家庭，在教育孩子上还停留在"母系氏族"阶段，孩子的教育多是母亲一统天下，而父亲顶多扮演一个笨手笨脚、可有可无的角色。而父亲长期不在家，对孩子的身心健康和智力发育都会产生相当大的影响。据研究，一天与父亲接触至少2个小时的男孩，和一星期与父亲接触不到6小时的男孩相比，前者不仅更聪明，而且人际关系处理得更融洽。

男孩虽然长得比女孩高大，但不正确的性别教育，却会让他们变成"弱势群体"，变成任人宰割的"娘娘腔"。因此，家长一定要对男孩的性别教育给予足够重视。

现在，越来越多的家长关心和重视青春期孩子的性教育，但是，他们往往会忽视对小孩子的性别教育。专家指出："性别教育是对孩子进行性教育的基础，是孩子对自身了解的启蒙，也是孩子形成健康人格的基础。所以，从小就开始对孩子进行科学的性别教育是非常必要的。"

男孩的性别角色意识从3岁后就开始建立了，而真正形成性别角色意识是在青春期之后。至于6~12岁的小学阶段，男孩的注意力转移到学习社会知识和兴趣的培养上，这个阶段则属于他们性别意识的潜伏期。所以，在男孩3~6岁时对其进行性别教育，有利于他们形成健康的人格，为他们进入青春期后正确处理两性关系打下牢固的人格基础。

父爱是高山，母爱如大海。母亲用自己的爱让孩子明白，什么是宽阔的胸怀；父亲用自己的行动告诉孩子，什么是真正的男子汉。因此，对于男孩的教育来说，只有父母配合，各自发挥自己的优势，做到阴阳互补、阴阳平衡，才能防止男孩出现阴盛阳衰的现象。

具体来说，男婴由父亲带着嬉戏，如鼓励其走以至跑、教其滚翻、玩攀登架等，对其动作发展大有益处。另外，父亲一般对外界事物有较大的兴趣，动手能力较强，这对激发男孩探索周围世界的兴趣起着不可缺少的作用。

据有关机构调查表明，如果有一个好的父亲，则男孩在数学和阅读理解方面的能力就会比较高，在人际关系上会有安全感，自尊心也比较强。因此，父亲必须"亲临"教育第一线，为你的男子汉做出"性别"榜样，这将有利于培养男孩的人格魅力和自主能力，使你的小男子汉更好地适应现实世界和未来社会。

　　7岁的磊磊出门从来不用妈妈费心，磊磊的妈妈从来不会像别的妈妈一样冲着顽皮的孩子大喊："慢点，看车！"有时，反倒是小磊磊像小大人一样拉着妈妈的手说："妈妈，我领着你。"生怕妈妈迷路和发生危险的样子；每次妈妈带磊磊去逛超市时，磊磊都会为妈妈拿购物篮，出来时还会帮妈妈拎东西。

　　看着磊磊小小年纪就这样"绅士"，邻居们都问磊磊妈妈："你是怎样教育孩子的呢？"每当这时，磊磊妈妈就会很自豪地说："我有一套'打造小男子汉方案'。其实，最重要的一条就是：你要学会在小男子汉面前'示弱'。比如，每次出门的时候，我会告诉磊磊：'妈妈不认识回来的路，你回来时要给妈妈带路呀'；去购物时，我就会对他说：'妈妈力气很小，拿不动了'，他就会主动过来帮忙……时间长了，这些男子汉的行为就成了他的习惯。"

男孩往往是"吃软不吃硬"，你对他施加武力，也许他会害怕，但他从心底并不会服你；但如果你向他"示弱"，他便会真心实意地听你的话。聪明的磊磊妈妈正是抓住了男孩的这一心理，从而把儿子打造成了很有"男人味"的"小绅士"。

另外，父母们应该明白这一点，男孩一般对暗示没有反应。并不是他们在装傻，而是他们真的注意不到小细节，也猜不出你的心思。一位妈妈说："男孩都属于油瓶倒了都不去扶的类型，因此，你不要指望，你吩咐他去阳台转两圈，他就会把晾干的衣服拿进屋里。"所以，如果你想把儿子培养成男子汉，你最好告诉他应该具体做什么。当然，不同年龄阶段的男孩，父母的手段也不尽相同。

豪豪的妈妈每天下班回到家后，都累得直想往床上躺，可她的宝贝儿子还一直"纠缠"着要和妈妈做游戏。这时，豪豪妈妈便给儿子讲道理，但看着儿子迷惑的大眼睛，妈妈忽然意识到，在四五岁这个阶段，让儿子明白父母的辛苦是不太现实的。于是，她改变了策略，当儿子再"纠缠"她时，她会轻轻对儿子说："妈妈累了，能把你的肩膀借给妈妈靠一靠吗？"

豪豪并不知所以然，但他觉得很有意思，就把头歪到一边，小小的肩膀向妈妈凑过来，还认真地说："妈妈，是不是靠在我的肩膀上就不累了？"

妈妈趁热打铁说"是啊！你是男子汉，长大了要保护妈妈和爸爸呀。"豪豪咧开嘴巴笑了。

从此以后，豪豪动不动就要充当妈妈的"保护神"，神气着呢！

男孩都有保护别人的欲望，尤其是保护女人，如妈妈、奶奶等。所以，妈妈一定要抓住儿子的这一心理，并恰当地运用自己的女性角色，给儿子机会，让他做你的"保护神"。

男孩是一种很奇怪的动物。他们很不听话，很叛逆，尤其是青春期的男孩，家长越让他向东走，他却偏偏向西走。但是，如果家长告诉他，"你来决定这件事"，男孩听到这样的话往往会很感动。自己做决定，这是最让男孩引以为傲的事情。更重要的是，男孩认为，父母让他自己决定一些事情，是父母对他能力的认可，是父母对他莫大的信任，因此，没有男孩愿意辜负这种信任。于是，这种信任便转化为了男孩努力做好这些事情的巨大动力。

然而，令人遗憾的是，很多父母很难真正做到这一点，他们几乎从不对孩子说"你来决定这件事"，尤其是对那些他们认为很难管教的男孩。因为在家长的观念里，他们往往认为："孩子太小，没有决定事情的能力""让男孩决定自己的事情，他很可能会变坏"……于是，中国的父母包办了孩子的一切事情，从"吃、穿、住、行"到考什么大学、学什么专业……

其实，家长因为"孩子小""男孩会变坏"……而剥夺孩子决定自己事情的权力，这种做法纯粹是家长在杞人忧天。儿童心理学家表示，如果能够从父母身上得到充分的支持和爱，男孩会比女孩更早地走向独立。

事实也正如此，生活中，我们经常会看到这样的现象：当面对困难的时候，6个月大的男婴已经开始试图通过自己的探索尝试解决问题，女婴却通常借助哭泣等手段。当然，这些不同只是性别上的差异，并没有优劣之分。男性更喜欢实践，喜欢尝试与竞争，他们喜欢在这些过程中的思维与创造的乐趣。

当家长告诉男孩"你来决定"的时候，这种乐趣就开始了。

小勇和妈妈一块在公园玩，忽然，他很想爬上旁边的那棵苹果树，于是他向妈妈请示。妈妈看了看那棵树，对儿子说："去吧！"说完继续低头看自己的手机。等儿子朝那棵树走去时，妈妈开始用心地观察着儿子的一举一动。

只见小勇在树下仔细地看了一会儿，便有点笨拙地慢慢向上爬，好不容易爬上树的主干，他却用脚去踩一条很细的枝干。眼看那条枝干就要被踩断，妈妈的心快要提到了嗓子眼了，刚想跑过去接住将要从树上摔下来的儿子，没想到，这小家伙却忽然对那条细枝干失去了兴趣，继续向主干上爬……

小勇玩累了，兴高采烈地跑到妈妈身边。这时，妈妈收好物品，一本正经地问儿子："儿子，你在爬树之前，在树下看了半天，是不是在看树上有没有苹果呀？"

"不是，妈妈，我在考察地形，看看这棵树从哪个角度最容易爬上去。"小勇很认真地说。

"你刚才是不是差点把那条小细枝干踩断，从树上掉下来呀？"妈妈用开玩笑的口气说。

"哎呀，妈妈，我只是想试试那条枝干结不结实，我才不会真去踩它呢。"小勇有点自豪地说。

"你聪明呀，知道故弄玄虚了！"妈妈高兴地摸着小勇的头说。

小勇虽然并不知道故弄玄虚是什么意思，但从妈妈的表情中他读出了很大的肯定。

任何一个男孩都是很聪明的，虽然他们有一种没有任何理由就会去冒险的特性，但他们在冒险之前还是会对事情做一定的分析。看，小勇爬树的例子不就是一个很好的证明吗？

小勇在爬树的过程中，不仅学会了观察，还获得了很多其他方面的知识，可能有关力学、生物学，等等。而家长的态度则关系到男孩能否顺利获得这些知识，如果因为担心而加以阻拦，那么这个男孩就丧失了这次机会。反之，如果男孩真的会掉下来，那又有什么关系呢？这是男孩自己的选择，他将知道下次如何才能避免掉下来。

每个男孩都有很强的好奇心，对他认为很新鲜的事物都跃跃欲试。然而，家长都是怎样对待孩子的这种好奇心的呢？每种不同的态度所产生的结果又是怎样的呢？

很多家长都抱怨自己的男孩："我家的孩子这么大了，自己都不会做饭，我要是不在家，他只能饿着。"而另一些家长却骄傲地说："我们家孩子很懂事，他什么都会做，就算我出差半年，他也会把自己照顾得很好。"

这时，不用深入解释，想必家长们也应该明白了。前一种父母往往是对孩子"最不放心"的父母，他们的事事包办让孩子养成了依赖性强、独立性差的坏习惯；而后一种父母往往给予孩子充分的信任和自主权，他们让孩子自己去体验尝试的喜悦，并坚信孩子能做到。

男孩也有一定的弱点，他们的发育要比女孩缓慢，他们学会爬行、站立和走路都要比女孩晚；男孩的细微动作协调能力差，因此他们需要有耐心才能把被子叠好；男孩的语言能力相对女孩要差一些，学说话得慢慢来。但是，不了解这些的父母往往会把事情搞得很糟，就如我们上面所列举的事例一样。

家长们需要知道：由于小男子汉存在一定的弱点，再加上他们生理的各项功能尚未健全，心智也没有成熟，所以他们需要家长的帮助，但这种帮助仅仅是帮助而已，并不是一切代办。父母的帮助能使孩子少走很多弯路，而孩子自身的实践才是他成长的根本。

鼓励的神奇力量

好奇可激发探索的兴趣，而探索是创造发明的开端。对于男孩来说，他们更富有个性，喜欢张扬与众不同的做事方法，而这种与众不同就是创造。所以，不要说你的儿子的行为怪，要知道，那才是他真正的智慧！只要教育方法得当，每个孩子都会成为天才。但是，天才到底需要什么样的教育方法呢？专家告诉我们："肯定的态度"能使孩子尽快成才。

事实也的确如此，尤其是对那些表现欲、成就欲都很强烈的男孩来讲，足够的肯定能使他们更加自信，从而把自己的潜能最大程度地发挥出来。然而，现实生活中，家长又是用什么样的方式来教育儿子的呢？孩子一次成绩没考好，家长就冲孩子大喊大叫："你真是个笨蛋，竟然才考这么一点分数。"

我们都知道，家长之所以这样说，都是出于好心，或是望子成龙，或是恨铁不成钢……但是，家长却有些太过功利了，他们往往忽视了儿子听了这样的话会怎么想，又会怎样做。其实，任何一个男孩都有很强的表现欲望，他们喜欢争强好胜、喜欢追求卓越，在他们的脑子里时常会蹦出这些思想：

"我一定要把这件事情做好！"

"我会把它做得更加完美！"

"我要成为一个既有能力又优秀的人！"

如果一个男孩的头脑中一直充满着这些思想，我们可以肯定地说，这个男孩在今后的人生道路上一定能克服一切困难，并且会更易走向辉煌。但是，太多消极的话语、太多的打击、太多的功利思想，却会让他们吃不消，这些沉重的思想包袱往往会压得他们喘不过气来，最终促使他们放弃了追求更高成就的欲望……这种教育方式的结果最终会事与愿违。

因此，做父母的应该想想了，你有经常肯定过你的儿子吗？你有意识的或无意识的语言和行为，是不是伤害了你的儿子呢？任何一个人都希望得到别人的肯定，甚至连成人也是如此。面对可爱、努力而又优秀的儿子，我们做父母的为什么还要吝惜那一句肯定的话语、那一个赞赏的眼神呢？

　　一天，森森读完了一本有些艰涩难懂的书，他非常高兴，不由得高声唱起歌来。

　　"森森，你又在嚷什么！"爸爸皱起眉头说："读完一本书是很平常的事，你用不着那样高兴。"

　　"可是爸爸，这本书太令我愉快了，它那么难懂，可我居然把它看完了！"森森抬起头对爸爸说，他很想得到爸爸的肯定。

　　"哼，你以为只有你才有这个本事吗？你以为我会表扬你吗？你太骄傲自大了！"爸爸说完这些转身离开了。

　　从此以后，人们再也看不到森森脸上那种快乐自信的表情了。

　　消极评价对孩子的伤害就是这么大，它会毁掉孩子的自信、乐观，将懦弱与自卑灌输进孩子幼小而脆弱的心灵。

　　家长对孩子进行适时的肯定是十分重要的。这种肯定使孩子确认了自己的判断，对自己的能力感到惊喜，他的下一次努力就会更加信心十足。当成就感被一步步提升时，孩子的潜力也会被一点点挖掘出来。

　　美国著名画家韦本文是这样描述他成为画家的原因的：

　　有一天，母亲留下他及他的妹妹莎莉在家。他发现家里有几瓶颜料，就用来为妹妹画肖像，因而把客厅里弄得又脏又乱。母亲回来后，她没有提到客厅是如何的脏乱，而是很真诚地赞赏说："哇！这是莎莉啊！你画得真像！"并亲吻他以示奖励。韦本文说："那天母亲的亲吻就使我成了个画家。"

　　人性最奥妙的地方之一，就是渴求赞赏。每一个人都会在得到赞赏时，开心乐意地做更多的事情。当别人称赞我们做得好时，我们会想做得更好。对于孩子，尤其是男孩来说，更是如此。

　　一项研究结果表明，要有四句积极的话，才能弥补一句消极的话对孩子所造成的影响。因此，赞赏是最省力而又最有效的教育方式。世上不存在没有优点的孩子，只要家长愿意去寻求，必能在每一个孩子身上发现他们值得赞赏的地方。

　　男孩是需要肯定的。当男孩遭受挫折时，家长肯定的眼神、肯定的话语、肯定的动作，就是他们有效的强心剂。

　　　　越越是一名品学兼优的学生，但在一次体育考试中，他却考了最后一名。

　　　　越越难过极了，他从来没受到过这样的打击。很长时间过去了，他还没从这次失败中走出来。

　　　　"儿子，还在为那件事难过吗？"妈妈问。

　　　　"是啊，我跑了最后一名，太丢人了。"

　　　　"可是你有没有想过其中的原因？"妈妈说，"你比其他同学年纪小啊，他们的腿都比你长很多。"

　　　　妈妈继续说："我问过你的体育老师，他说你是同龄孩子中跑得最好的，这场比赛对你不公平。等你个子再高一点的时候，你一定跑得比他们快。"

　　　　"妈妈相信，下次你会做得更好！"妈妈最后补充说。

　　　　相信越越妈妈的话会使越越很快从失败中走出来。在大多数情况下，儿童的自信和自卑感往往会受到家长的影响——男孩受到的表扬越多，他们对自己的期望就越高，就会产生很强的自信；相反，受到的表扬越少，男孩随之产生的自我期望和努力就越低，从而越来越不相信自己。

　　所以，当男孩受到挫折时，家长应该给予积极的回馈，帮助他总结原因，提出改进意见并加以鼓励。责备和打骂只会加重孩子挫败感的体验，使他越来越自卑。

挫折教育的真谛

挫折教育这个概念总是被误读。有些妈妈觉得，让他知道困难很不容易克服，就够了；但只有最明智的父母才知道，挫折教育教的是如何让孩子鼓起勇气，再次上路。教会男孩习惯失败并不丢脸。这会给予他强韧的心灵、乐观的个性和明亮的内心，他会牢记住一句简单却经典的谚语：跌倒了没什么大不了，再爬起来就好了。

然而，在现实生活中，很多父母往往没有意识到这一点。可以这样毫不夸张地说：在孩子成长的道路上，他们亲手给孩子挖了一口口温柔的陷阱：

男孩摔倒了，父母马上把孩子扶起来，并且很细心地安慰"小心肝"："宝贝，摔疼了吗？都怪地，让宝宝摔倒了，妈妈打它！"

虽然男孩已经有好几款"超人变形金刚"，但是这个不懂事的小男孩，看到超市更加高级的变形金刚还是想要，而且还表现出"不给买就不走"的架势，这时，父母无奈，只好服从儿子的要求。

"过分溺爱""无条件地服从""向孩子的要挟屈服"……这些都是父母无意间给孩子挖的"温柔的陷阱"。父母的错误引导，往往会使孩子走进成长道路上的误区：孩子摔倒了，家长马上去扶，孩子便会产生一种理所当然的想法，反正摔倒了有爸爸妈妈呢，于是他们往往会不计后果地去走路；

无条件地服从孩子的所有要求，孩子从小便体会不到什么叫"挫败"，当他们真正遇到挫折时，便会表现出甚于常人的痛苦孩子一要挟，父母便屈服，这往往给了孩子这样一种暗示：只要使用"手段"，任何目的都是可以达到的。

任何一个人都有沮丧、失落的时刻，你的宝贝儿子也不例外。他的考试可能会失利，他的要求可能会得不到满足，他的努力可能得不到回报，他的真情可能会被无情伤害……这些时刻，无论父母多么爱孩子，都不可能代替他去经历失败的痛苦。

在这个充满竞争的时代，几乎每个人都在学习"赢"的学问，做父母的从小灌输给孩子的教育，也是如何获得成功的技巧和决心。但是，没有任何人一生都不会经历挫败。因此，只有在男孩小的时候，父母就对他进行"挫折教育"，告诉他"跌倒了，自己勇敢地爬起来"，孩子才能以勇敢、坚强的态度去面对挫折，并以积极、乐观的想法去战胜困难。

许多父母都认为，幼小的孩子心理承受能力差，挫折会让孩子感到痛苦和紧张，不应该让孩子遭受太多的挫折。而事实证明，这种观念是极其错误的。

研究证明，一个人受点挫折，尤其是成长早期受一些挫折，很有好处。孩子从小就知道什么叫"失败"，长大之后便能正确地看待失败；孩子从小就在困难中摸爬滚打，长大之后，他才不会惧怕困难；孩子从小便与挫折"较量"，不管结果如何，这种"较量"会让孩子的思维更活跃、应变更灵活、行动更敏捷……因此，家长应该正确看待挫折教育的价值，把它看成是磨炼意志、提高适应力的好方法。

当然，如果父母一味地把挫折教育看成是吃苦教育，也是片面的。事实上，挫折教育的目的是让孩子在体验中学会面对挫折并战胜挫折，培养孩子的一种耐挫折能力。它不仅包括吃苦教育、生存教育、社会教育、心理教育，也包括独立、勇气、意志及心理承受力等方面的培养。挫折教育的内容是多方面的，它的目的不只是让孩子吃点苦、受点挫折，而是时时地、潜移默化地从各方面着手培养孩子的抗挫折能力和耐挫折能力。

在独生子女时代，每个孩子都强调"我"，不管什么东西，只要是自己想要的就大声要求，而有的父母也不管合理与否，就满足这种要求。

父母的这一做法是十分不科学的。这个世界不是为某一个人而创设的，总有顺心和不顺心的时候，所以平时父母要"狠心"一点，适当的时候藏起一半的爱。孩子不顺心的时候要顺其自然，不要替孩子遮挡一切风雨，让孩子受不得半点委屈。只有让他在遇到的委屈中，体验挫折的滋味，他的抗挫能力才会慢慢增强。

6岁的儿子跟爸爸一块去购物。在玩具柜台儿子选中了一款机器人，然后站在收款台前笑眯眯地看着爸爸，等着爸爸给他付款，因为以前爸爸总会很高兴地夸他，同意他的选择。但这一次，爸爸却故意告诉他没有带够钱，并以他已经有一款相似的玩具为理由拒绝了儿子的要求。儿子很失望。

回到家后，妈妈问起儿子不高兴的原因时，爸爸很严肃地说："我们必须让孩子知道，人生不是所有的愿望都会得到满足的。"

是的，人生不尽如人意十之八九，没有淋过雨的孩子，怎么经受得住人生的狂涛巨浪？这位爸爸的做法可谓用心良苦，相信这个孩子童年时代对"挫折"的感受和领悟，必定成为他健康成长的"防弹衣"。

另外，父母有意对孩子进行挫折教育，还可以把自己事业和家庭生活中遇到的挫折和不如意告诉孩子，让孩子对挫折有一个全面的认识，为孩子正确对待各种挫折和不如意树立榜样。在这种情况下，父母对生活的热爱、执著、不怕困难的态度和坚强的意志，是孩子面对挫折时最强有力的精神支柱。

在逆境中，很多男孩都容易产生消极反应，他们往往会垂头丧气，甚至采取退避的方式回应逆境。这是做家长的最不愿意看到的现象，因此在这时，家长最需要做的就是：用你的鼓励，让男孩走出逆境。

例如，当孩子登山怕高、怕摔跤时，就应该鼓励孩子说："别怕，你行的！摔一跤算什么？""你真勇敢！"当孩子一次次战胜困难时，他便会增添勇气，激起战胜困难的愿望，害怕的心理就会消失，自信心就会增强，这时孩子会认为自己行，自己可以克服困难，抗挫折能力也就培养起来了。

美国的儿童心理学家还教给家长们一个叫作"3C"的办法，来帮助孩子们渡过困境。这个"3C"是指Control（调整），Challenge（挑战）和Commitment（承诺）。

"调整"指的是一种心理上、情绪上的调整，是为了帮助孩子认识到"困难并不等于绝境"。例如，男孩在数学比赛中失败了，做父母的可以这样"调整"孩子的心态的："我知道考得不好你心里很难受，但你的其他课程考得非常不错呀。"

"挑战"指的是给孩子一种心理挑战，让他学会在不高兴的事情中看到快乐的一面。例如，家长可以继续这样安慰伤心的男孩："一次考试不好，心里确实不好受。但妈妈知道你是一个上进的人，不管在什么考试中，你都会试图考得更好，妈妈相信你在下次的数学考试中一定能取得好成绩。"

"承诺"指的是用承诺的方式帮助孩子看到生活更为广大的目的和意义。例如，同样这个事例，家长可以这样说："你觉得考得不好让妈妈很失望，但其实，妈妈一直是以你为荣的。不管你考得怎样，只要你认真去考了，妈妈都为你感到骄傲。"

通过调整、挑战和承诺，男孩的心理肯定会来一个180度大转弯：由失落、伤心变为激动、充满动力。事实上，家长鼓励孩子克服困难和挫折的关键，就是对孩子的努力行为作出正确的评价，让孩子能够正确评价自己的行为和结果之间的关系。

一位男孩的妈妈是一名优秀教师，谈起对待孩子的失败，她说："我的儿子也有成绩不好的时候，很多时候我会鼓励他，但是更多的时候，我会安静地在一边观察。因为只有让他经受点挫折，只有他自己从失败中走出来，他才会真正具备克服困难的韧性和耐力。"

而事实也正是如此：这个小男孩在一次竞选中落选了，他觉得很没面子。因为是同事，他的妈妈和他的老师们很熟悉。按常理，妈妈可以试着去跟老师说说，给孩子补个什么职务，照顾照顾他的"面子"。但这位妈妈没有这样做，她对儿子说："想做班干部，只有通过自己的努力去赢得同学们的认可。"

这个小男孩在这次"挫折教育"中受益匪浅，他在日记中这样写道：

这次竞选失败让我看到了自己的缺点，以后我一定会正视自己的这些缺点，并努力做到更好。这次失败让我成长很多……

对于孩子来讲，没有永远的"失败"，偶尔的"失败"也不是一件坏事，只有在失败后再站起来的人才是真正的强者。因此，父母要想真正地帮孩子，在他失败后，不妨多"袖手旁观"几次，让你的小男子汉经受抗挫能力的锻炼，使他积累一些在输了以后学会赢的经验。

探索、破坏是小男孩的天性，他们喜欢自己制造玩具，喜欢破坏爸爸名贵的手表，喜欢去做很冒险、很刺激的事情……作为家长，当你发现儿子的这些破坏性极强、危险系数极高的行为时，你将用什么态度对待他呢？作为男孩，童年的众多体验，不仅可以丰富他们的知识、锻炼他们的品质，更会让他们体会什么叫真正的"男子汉"。

冒险是小男孩最乐意去做的事情。每天都生活在高楼林立的城市里的男孩，很少会去爬树，有些甚至不敢、不会爬树。所以，作为小男孩的家长，你不妨找个周末，带你的儿子到郊区或者农村爬一次树。当男孩面对他将征服的对象——大树时，你会发现，孩子身上所有男孩的本能都被激活了——灵活、冒险、好动……也许，他的胳膊会被小树枝划破，但爬树给他带来的乐趣会远远超过这个痛苦的小记忆。

一位学者曾说过："人在汲取智慧时，不应仅从书本中获得，更应当从天地之间，从橡树和榉树中获得。"所以，做家长的可以在孩子爬树的过程中、在孩子与大自然接触的过程中，教会他更多的知识和道理。

一次，小其家的灯泡突然灭了，爸爸刚想去换，但又一转念，应该让7岁的儿子尝试一下了。于是，爸爸搬来梯子，拉下电闸，举着蜡烛，开始指导小其怎么卸下灯罩，怎么拧下灯泡，怎么把新的灯泡装上去。

开始，小其有点紧张，但爸爸告诉他，只要记得把电源切断，绝对不会有危险。于是，换灯泡工作按部就班地完成。在灯泡亮的那一刻，小其高兴地欢呼起来。

即使换灯泡这个小小的成功，也会让一个小男孩有很大的成就感。也正是通过这一次次的成功，小男孩才很快成长为了成熟的男人。

但是，家长在让孩子体验这些事情的同时，一定要特别注意安全。搬梯子、拉电闸这些关键步骤最好也让孩子自己去体验，这更会让喜欢冒险的小男子汉有安全意识。

另外，通过换灯泡这件事，家长还可以让孩子懂得，每个成员都要为家庭贡献出自己的力量，这样家庭才能正常运转，以此来增强孩子的责任感。

小男子汉锐锐听到"松木家具""原木家具"这样的名词后，便有了很多问题："爸爸，柜子真是松树做的？""要用多大的树呢？""家具又是怎样做成的呢？"……

于是，爸爸带他参观了郊区的某家具厂。在这里，锐锐基本明白了木头是怎么做成家具的。

从家具厂回来后，锐锐想要开自己的家具厂，于是，爸爸便给他找了几块小碎木头，又给他买了小钢锉和乳胶，锐锐的"小家具厂"就真的开张了。最后，在爸爸的耐心教导和锐锐的认真学习下，锐锐终于做好了一张小小的床。

男孩往往对一切都很好奇，一切事情他们都想去尝试。所以，如果家长给孩子更多了解的机会，男孩的梦想就会有很多。另外，让男孩自己动手去实现他的小梦想，不仅可以刺激和促进大脑的发展、提高孩子的成就感，而且，这还会变成一笔巨大的财富，成为孩子一生的美好回忆。

遇到刮风、下雨，父母一般都不会让孩子出去，但这样往往会使孩子缺少对自然的敬畏感。一个有过在暴雨里行走经历的男孩说："虽然拿了雨伞，但根本不管用，雨水把我全浇透了。但就是从那一刻起，我体会到了大自然的巨大威力。"

对大自然有敬畏感的孩子，做事之前，往往会考虑很周密，往往会更注重安全。所以，家长不妨放手让你的儿子多与大自然进行亲密接触，当然在此之前，家长一定要提醒孩子注意安全和预防感冒。

一次，5岁的男孩峰峰与妈妈外出时，遇到一个妇女领着一个很瘦小的男孩在乞讨。身边的很多人都说这些乞丐是假的，但峰峰妈妈觉得，现在是培养孩子爱心的好时刻，那些假乞丐之类的事情，可以等他长大一些再跟他解释。于是妈妈对峰峰说："那个哥哥很可怜，你把这钱给他买饼干好不好？"峰峰拿着钱，很认真地对那个妇女说："请给哥哥买饼干。"

在孩子很小的时候，做父母的就应该让他了解，在这个世界上，还有很多孩子很穷、很饿、上不起学，这样孩子会珍惜自己所处的环境，并为此而感到自豪。

另外，家长在培养小男孩爱心的同时，可以给他更多的思考，比如贫穷、富裕与世界公平性之间的关系，钱多、钱少与人的品行、人格之间的关系……这样可以让你的小男子汉更早地建立正确的价值观。

小兴的妈妈一次带小兴去一位外国朋友家玩，小兴与朋友家的小男孩玩得很好。最后，朋友的孩子提出让小兴在他们家单独住一晚，小兴妈妈想了想便同意了。

通过单独相处，小兴观察到了很多事。回到家后，他告诉妈妈，朋友家早上不喝粥，而是喝牛奶或果汁，吃的鸡蛋是半生的，朋友的儿子喜欢抱着玩具睡觉……

在别人家单独过夜的体验，会锻炼小男子汉的胆量，同时，还会让他明白，每个家庭都有不同的习惯。当男孩在自己的生活周围观察到另一种别致的、合理的、与自己不同的生活方式后，就会变得十分宽容。他会慢慢懂得，自己熟悉的并不是唯一标准，世界上有各种不同的生活方式可供选择。

孩子交不到朋友怎么办

父母常常在脑中勾画自己的男孩长大后成功的形象：职场上应对自如的管理人士、商场上妙口生花的谈判高手、叱咤风云的企业家、深得人心的政治家……不可否认，这一切的成功都需要这个男人有很强的与人交往能力。

然而，现实生活中，很多小男孩的表现却让人担心：以自我为中心、攻击性强、不合群、女性化倾向严重……因此，他们常常表现出不愿见陌生人、不敢与陌生人说话、无法与别人相处等现象。这样的孩子如何与那些成功形象挂上钩呢？

事实上，很多孩子不会交友是因为父母干涉太多其次才是孩子的主观因素。孩子最需要的是玩伴，而不是玩具。如果你给孩子买了玩具手枪，而只许他待在家里，相信孩子宁愿不要玩具手枪。没有人跟他一起玩，他没有机会展示他手枪的"威力"，没法获得乐趣，那又有什么意思呢？孩子怕的就是孤独，就是没人跟他玩。你给孩子买一堆的玩具，不如让他去交一个好朋友。玩具玩久了，会生厌。而跟一个好朋友在一起，会有无穷无尽的乐趣。

　　每个人都不可能离群索居。也许有时向往安静，但是更多的时候是希望有个人陪伴着。这样才不会觉得孤独。孩子也是，他的世界本来就比大人的要窄，如果连朋友也没有了，他该是多么地孤独和无助。你会发现，多子女的家庭里，孩子们虽然难免吵架，但是都很快活。而独生子女家庭里的孩子往往最羡慕别人有兄弟姐妹，因为他也希望有人陪他玩。

　　当一个孩子经常独处时，他会显得很无聊，很孤单。长期下去，就会变得沉默寡言，变得内向。也很可能患自闭症。做父母的，应该通情达理，别把孩子老是关在家里。在孩子很小的时候，就应该带着他到处串门，让他认识别的孩子，与同龄人相互沟通。也可以与邻里各位家长取得共识，让孩子们多多来往，给他们一个宽松的玩耍空间。孩子稍大一点的时候，给他时间出去玩。"去找你的朋友玩一会，别老闷在家里。"不要小看这么一句话，它也许会带给孩子莫大的惊喜和收获。一个有很多朋友的孩子，性格会变得开朗，而且比孤独的孩子更具有独立性。因为当大家在一起玩的时候，每个人都是平等的，不可以撒娇，也不可以任性，谁也不能迁就谁，没有人希望自己被嘲笑。你可以发现，一个在家里爱撒娇、惯会耍赖的孩子，和他的朋友们在一起的时候却极其谦让和勇敢。

　　"怎么可以让孩子随便交朋友呢？交到坏朋友怎么办？"家长们很可能会发出这样的疑问。这也是他们平常限制孩子交朋友的理由。出于对孩子的关心和保护，担心孩子受伤害，因此而不让孩子交朋友，这是一种因噎废食的做法。把孩子关在家里，他就永远不受伤害了吗？做家长的，也不可能时时刻刻都在孩子身边。在你管不到的时候，他一样要和别的人打交道。除非你永远不让孩子出门，除非你每一分钟都跟在他身边，这可能吗？

　　有些母亲虽然允许孩子交朋友，但是规矩很多，而且过分干涉。孩子有了新朋友，就横竖打听，稍不称心，就不准孩子跟人家来往。孩子选择朋友，当然是依自己的标准和喜好，母亲怎么能把自己的标准强加给孩子呢？还有的家长限制不了孩子，就给他们脸色看。当孩子带着小朋友到家里来玩的时候，就显出非常不耐烦的样子，甚至当着别人的面，朝孩子发火，说些不中听的话。这么做不仅会使你的孩子从此失去一个好朋友，而且也深深伤害了孩子的自尊心。连交朋友的自由都没有，孩子在伙伴面前是会很没面子的。

　　聪明的母亲，不是不许孩子交朋友，而是帮助孩子交朋友。如果你担心孩子交朋友受到不良影响，事先可以提醒他，在外面交朋友，应该注意些什么，告诉他什么样的朋友才是真正的朋友。母亲只作善意的提醒和建议，而不加以干涉。平常也可以引导孩子谈谈他的朋友，这也是侧面了解他交友情况的一种方式。比如聊天的时候，你给孩子讲自己的朋友，孩子也许就来了兴致，跟你讲他的生活圈子。了解的情况中，好的现象予以鼓励和支持，不好的现象给以提醒和建议。

有一点，母亲需要明白，朋友之间应该是能互相帮助、取长补短的。如果你的孩子沉默内向，你可以让他和性格开朗、外向一点的孩子玩；如果孩子在家里比较娇惯，就建议他跟独立性强一点的孩子玩；如果孩子很胆小，就多让他和大胆勇敢的孩子在一起。有很多的快乐，是家长不能给予孩子的；有很多的东西，也是只有朋友才可以给孩子的。

一个家庭就是一个小集体。一家人生活在一起，如果不经常地沟通和交流，就会渐渐疏远和隔膜起来，继而产生矛盾。尤其是父母和子女之间。这样的交流是非常必要的。一般来说，在孩子比较小的时候，他是喜欢和父母在一起，喜欢把自己的想法告诉父母的。可是一旦孩子有了较强的自我意识，个人的世界逐步成型，他就不再事无巨细地跟父母说了。这也就是父母和孩子产生"代沟"的时期。

在这样的情况下，父母最好主动找孩子说话。如果你看到孩子一个人闷闷不乐地坐着看电视，或者一回家就待在自己的房间里，你可以主动跟他说："要是你有空，跟我说说话吧。"或者说："一个人待着多没意思，跟妈妈说说话。"如果孩子默许了，你就试着找些他感兴趣的话题来谈，他聊着聊着，也许就眉飞色舞起来。只要话匣子打开了，他很可能就会向你敞开心扉。

其实孩子们也并不希望和父母有隔阂与矛盾。很多时候是因为父母不了解他们，而他们对父母产生了恐惧感和厌倦感。如果父母能够主动消除这些感觉，孩子是非常愿意以真心回应的。毕竟，谁不希望和自己的父母和睦快乐相处呢？孩子们内心的许多想法，实际是非常愿意告诉父母的。当然，这个前提是父母能够像一个朋友一样理解他。他之所以不说，是害怕父母听了不高兴，把他一顿数落。家长有意识地要求孩子"说说话"，主动一点，给予诱导，就相当于给了孩子一个表达自己想法的机会。让他的倾诉欲望得到满足，让他有机会发泄心中的不满，诉说内心的苦恼，这对孩子的心理健康也是很有好处的。

让孩子能持久感受到你的关心如果父母从不主动过问孩子，孩子如何能感受到父母的关心呢？他可能在想：爸爸妈妈对我在想什么不闻不问，他们一点也不关心我。时不时用轻松平和的语气邀请孩子跟你说说话，孩子便能常常感受到来自父母的关心。他知道父母有了解他的欲望和兴趣，就不会再和父母保持着距离了。时间久了，哪怕你不再说这样的话，他也知道，你的心也是向他敞开着的，只要他想说，你都会听他说。在这样的家庭氛围里，孩子能够生活得更快乐，成长得更健康。

主动找孩子交谈，也是你把交往技巧传达给孩子的好机会。教育孩子并非一定要正襟危坐，完全可以在轻松活泼的聊天中，把你对孩子的要求、期待，把应该注意的事项，不经意地告诉他。当你不再是家长式地教导时，孩子反而更容易认同和接受你的想法与观点。这里需要注意的是，你要孩子和你"说说话"，一定不要强迫他。而是先征求他的意见，如果他实在不愿意说，比如心情实在不好，不想理任何人时，比如有其他要紧的事要做时，你都要表示理解，把机会留到下一次。强迫带来的只是孩子更大的反感。

卡耐基曾说过，一个成功者，专业知识所起的作用是15%，而交际能力却占85%。这也就是说，人际关系的和谐，交往本领的高强，是社会判断成功者的重要标准。交往能力强，对孩子来说有百利而无一害。善于与他人交往的孩子在学校，不仅能够从容地与同龄人交往，而且能够从容与老师等成人交往。而孩子是否善于同别人打交道，在人群中人缘如何，对他以后的学习和人生的发展有很大的影响。因此，父母要从小重视培养孩子与人交往的能力。

其实，对于任何一个男孩来说，他们都巴不得希望能够有几个思想上、学习上或者生活中志同道合的朋友，能够从朋友那里获得认可、鼓励、信任和支持。然而家长的一些教育却让他们的交往意识在一点点地减弱。如家长这样告诉爱交朋友的男孩：

"不要和学习不好的同学一块玩呀！"

"不要和女同学来往过于密切呀！"

"不要和那些坏孩子走得太近呀！"

家长的这些教育或者让男孩不知道何去何从；或者让他们封闭自己、不爱与人交往；或者让他们变得人缘不好……

正处在学习知识、了解社会、探索人生时期的男孩，与同龄伙伴交往并建立友谊是正常的心理需要。这时，在不偏离正常人生轨道的前提下，父母不要给他们太多的限制。这些限制会使男孩过早地世俗、功利；或者引起他们的不满，激发他们的叛逆心理，进而影响他们的交往能力，甚至会使他们形成孤僻、抑郁、偏执等心理障碍。

成就孩子一生的能力、习惯，基本上都是在孩子小时候培养起来的，男孩的交往能力更是如此。小时候知道主动与别人打招呼的男孩，长大后往往懂得如何与陌生人成为朋友；小时候懂得与人交往技巧的男孩，长大后往往能吸引更多的朋友；小时候人缘好的男孩，长大后往往会有很多生活、事业上的好帮手……那么，家长应该如何培养小男孩的交往能力呢？

成功地"推销"自己是成功与他人交往的前提，所以家长要有教孩子"推销"自我的意识。

耿舟是个快乐的小男孩，他走到哪里都会认识很多好朋友。这不，今天，幼儿园新来了一个小朋友，自由活动时，耿舟便拿着自己的《恐龙》图书来到这个小朋友的身边，用愉悦的表情对这个小朋友说："我叫耿舟，我讲故事讲得可好了，我来给你讲'恐龙故事'吧。"不一会儿，耿舟便与这个新来的小朋友成了好朋友。

其实，每一位家长都应该让孩子有"推销"自我的意识。要知道，敢于推销自我的孩子一定认识到了自己的优点、别人的需要，这样的孩子是自信的、阳光的。

很多事实都证明，不管是大人还是孩子，每个人都没有办法让自己不喜欢那些自信、阳光的人。所以，父母让孩子学会推销自己，便等于赋予了孩子自信、乐观、阳光的性格，这样的孩子走到哪里都会有人乐意与他交朋友。

如果你的儿子学会了说"让我们做朋友吧"，他们往往已经掌握了人际交往的主动权。其实，让孩子学会说"让我们做朋友吧"，是一种姿态，一种他们乐于交朋友、以交友为乐的姿态。而这种姿态往往有很多的表达方式。

7岁的小男孩听说姨妈全家刚刚从内蒙古大草原旅游回来，在去姨妈家做客时，他与姨妈全家人都聊得不亦乐乎。他问姨妈："内蒙古的烤羊腿好吃吗？它们是怎样做出来的呢？"；他让小表哥给他讲内蒙古的月夜、大草原上的骏马；他缠着姨夫给他讲蒙古包、内蒙古的天气。结果全家人都因为这个小家伙而尽情地分享着愉快。

请别人分享他们感兴趣的内容，是与他人交朋友、表现友好的一种方式，也是与人更好相处的一个技巧。因此，家长可以教你爱交朋友的男孩掌握这一技巧。比如，父母可以告诉你的儿子，想得到更多人的好感，与他们谈话时，就要少说自己、多问问对方的情况，找一些对方感兴趣又有很多话要说的话题来谈，请对方分享一下他的兴趣、他最难忘的经历、他最大的成功等。

父母应教育男孩多参加集体活动，让自己融入集体生活中，加强与同学的交往，增加同学对自己的好感和信任。在集体活动中，父母应教育孩子多干事情、少指挥人。如果一个人自己不做事，却喜欢指挥别人，那么同学就会对他产生反感，乃至讨厌与他交往。因此，父母应教育孩子在集体活动中尊重别人，当别人遇到困难时，主动帮助别人，这样才能赢得更多的朋友；如果有的同学对自己态度冷淡，也不必介意，应该坚持在班里服务于大家，久而久之，同学就会对自己热情起来。

父母还应鼓励男孩参加各种体育活动。体育是一种直接与人正面接触和竞争的群体活动，总是要有两个以上的人参与才有意义。更重要的是，体育活动不但需要智慧和力量，也需要胆量。这胆量，正是人际交往中所必需的一种要素。孩子一旦爱上体育，就会主动寻找对手，这种寻找，就是交际；而合适的对手，往往也就是具有深厚友谊的伙伴。

父母要鼓励孩子带同学回家，并且帮助孩子热心地招待他的同学和朋友。父母的热心会让孩子的同学和朋友增加对男孩的好感，从而愿意与孩子保持良好的朋友关系。父母也可以邀请邻家孩子来家玩，让自己的男孩在与他人的交往中增加信心，学习人际交往的方法。

某市一小学搞了一个有趣的活动叫"一日营"，就是让七八个孩子到其中一个孩子家里去生活一天。这个活动非常受欢迎，不仅孩子们非常喜欢，家长们也非常乐意。孩子们对去别人家住感到非常兴奋，感觉什么都是新鲜的。他们会跟其他孩子一起学习、娱乐、买菜、做饭。在这个过程当中，与人交往的能力也得到了锻炼。

值得注意的是，父母不要规定孩子交什么类型的朋友，应允许孩子结交一些年龄不同、性格不同或者特长不同的朋友。例如，孩子结交了在写作、绘画或者音乐上有特长的朋友后，就等于找到了一位好老师，孩子在这方面的才能也会得到相应的提高。

让孩子独自到同学或邻居家去串门，也是一个锻炼孩子交际能力的不错机

123

会。串门做客，牵涉到寒暄、问候、交谈和有关礼物等问题。孩子一个人去就成了主角，与对方的一切接触都得由自己来应酬，这无疑把孩子推到了前线，促使其考虑如何交际。家里来了客人，有时不妨让孩子出面接待，特别是当客人或朋友与孩子年龄相仿时，家长千万不要包办代替。

许多家有男孩的父母都很苦恼：儿子的听力好像不是很好，他总是听不见、听不到爸妈对他讲话。男孩的听力真的这样差吗？其实，与听话的女孩相比，男孩的听力确实差了点。但是，他们的"听不到"是有原因的。

首先，当男孩很专注地做一件事时，如当他在看他最喜欢的动画片时，他的注意力、兴奋点以及全部精力几乎都放在这个动画片上，他会忽视外界的一切声音，甚至是父母正在和他讲话。

其次，当男孩接到家长的命令时，他会有一个思考的过程，如妈妈对他说："请把那个小板凳帮我拿过来好吗？"他会思考"是现在帮妈妈拿过去，还是一会再帮妈妈拿呢？"而在他思考的过程中，他的身体不会有什么反应，这时家长就会误认为男孩没听到自己的讲话。

另外，我们知道，男孩是有反叛心理的，而且他是很喜欢向父母，尤其是妈妈挑衅的。所以当父母讲的话他不爱听，父母吩咐他做的事情他不乐意去做时，他就会装作没有听到。

看起来，让这些听力"不好"的男孩静下心来倾听他人讲话似乎很难！但在人际交往中，作为尊重他人的一种表现，善于倾听的作用是非常重要的。心理学研究表明，越是善于倾听他人意见的人，与他人关系就越融洽。因为倾听本身就是褒奖对方谈话的一种方式，你能耐心倾听对方的谈话，等于告诉对方"你是一个值得我倾听你讲话的人"。

　　小男孩畅畅是个人人都喜爱的"小大人"，尤其在听别人（无论是大人还是小孩）讲话时，他从不抢话、插嘴，还会不时地用点头对对方所讲的话表示认可。有时，对方说着说着停顿了，他会问"然后呢"，来引导对方继续讲下去。

事实上，在谈话中，任何人都不可能总是处于说的位置上。要使交谈的双方双向交流畅通无阻，就必须善于倾听他人的谈话。善于倾听他人说话的人，懂得"三人行，必有我师"的道理，不仅能够及时地把握对方的信息，弥补自己的不足，不断完善自己，而且能够让对方产生被尊重的感觉，加深彼此的感情，有利于人际交往。

可见，倾听他人的心声是孩子必须具备的美德。孩子要与人融洽相处、流畅地交流，必须要先学会倾听。好的习惯几乎都是从小培养的，因此在孩子小时候，家长就应该有意识地培养他善于倾听的好习惯。在现实生活中，我们往往会发现许多男孩非常善于表达自己，但是却不会倾听他人，无法在交往中体现出真诚，甚至不愿意倾听他人的建议和忠告。作为家长，我们如何让这些听力"不好"的男孩，养成善于倾听他人的好习惯呢？

如果父母对孩子所说的话以冷漠的态度对待，那么，孩子也会把父母所讲的话不当一回事。但是，如果当孩子讲话时，父母能够放下手中的活，看着孩子的眼睛，表现出很大的热情和良好的倾听姿态的话，孩子往往也会成为一个很好的倾听者。

孩子不认真倾听他人说话是不尊重他人的表现，同样，父母不认真倾听孩子的心声也是不尊重孩子的表现。心理学家提示父母说，父母给孩子做出倾听的榜样，认真倾听孩子的心声，这不仅是了解孩子心灵的有效途径，也是培养孩子倾听他人的重要方法。

因此，不论孩子提出的问题是大还是小，父母都要尽可能找时间去倾听，而不要让孩子等你有了时间再说。立即倾听孩子说话，有助于赢得孩子的信任，更有助于培养孩子与人交往、倾听他人的好习惯。

对于容易叛逆的男孩来说，父母高高在上的家长姿态、命令的说话方式，往往会使这些男孩对他们的话充耳不闻。如果父母能够调整自己的心态，把自己置于孩子的朋友这种角色，与孩子平等地交流、平等地对话，孩子反而能够倾听父母的每一句话。例如——

不要说"每天都要我来叫你起床，你到底起不起床？"而要说"一个人应该对自己的行为负责，起不起床是自己的事，不应该让别人来叫。"

不要说"我说的话你怎么不认真听呀？这孩子老是心不在焉。"而要说"妈妈有件重要的事情要跟你说，你要认真听，我讲完后还得让你帮我办个事。"

不要说"我刚说完你就忘记了，是不是不想听呀？"而要说"今天是不是精神不太好，要不要我再重复一遍，你再认真地听一下？"父母调整了与孩子交流的心态，调整了说话的方式，孩子就有可能认真倾听父母说话。当倾听成为一种习惯，孩子自然而然便会认真倾听他人说话。

　　或左顾右盼、或摆弄东西、或不时走动、或突然插嘴打断别人的讲话，这些都是不尊重别人的表现，并且还会影响到孩子与说话者之间的关系。遇到这种情况，家长首先要让孩子知道，他的这种做法是不正确的；其次，家长要采取措施引导孩子学会用心倾听。

　　一个不会倾听他人讲话的小男孩，在他聪明妈妈的引导下，很轻松地改掉了这个坏习惯：

　　　　家里来了客人，客人问男孩话，男孩总是不能认真地倾听，一会儿看电视、一会儿摆弄他的变形金刚、一会儿又和小狗玩起来；爸爸妈妈在与客人聊天时，他还会时不时地插嘴……

　　　　客人走后，妈妈把小男孩叫到身边，小男孩满以为妈妈又会像以前一样教训他一通。让他没想到的是，妈妈不但没有教训他，反而夸他："儿子，刚才那位阿姨走的时候夸你了，说你今天有段时间很认真地听她讲话，她让我转告你，谢谢你能认真地听她讲话！"

　　再调皮的小男孩也有老实的时候，再不懂得倾听的小男孩也有用心倾听的那一瞬间。做父母的要善于发现孩子用心倾听的那一瞬间，并及时对他进行表扬。这样，得到表扬的小男孩在下次就会做得更好，久而久之，善于倾听便成了男孩身上的优点。

　　男孩不能认真地倾听他人讲话，往往与他不懂得如何去听有一定的关系。这时，父母有意识地教他一些倾听的礼仪，对他养成倾听的好习惯有很大的帮助：倾听时，要面带微笑，不要显示出不耐烦的样子；倾听时不要挑对方的毛病，不要当场提出自己的批判性意见，更不要与对方争论，尽量避免使用否定式回答或评论式的回答，如"不可能""我不同意""我可不这样想""我认为不该这样"，等等。应该站在对方的立场去倾听，努力理解对方说的每一句话，并可以对他人的话进行重复。

　　倾听的过程当中要运用眼神、表情等非语言传播手段来表示自己在认真倾听。尽可能以柔和的目光注视着对方，并通过点头、微笑等方式及时对对方的谈话做出反应；也可以不时地用"是的""明白了""继续说吧""对"等语言来表示自己在认真倾听。如果对对方的谈话不感兴趣，可以委婉地转换话题，比如，"我想我们是不是可以谈一下关于……的问题？"等等。

男孩的几个"老毛病"

　　无论姓甚名谁，只要是个小小男子汉，就必然有一些性格上的特征。这些性格特质既让妈妈们觉得娇憨可爱，又觉得苦恼万分，非常担心孩子以后该如何发展？事实上，很多男孩身上出现的"坏毛病"，都只是他们好动的天性在作怪而已。只要耐心调整，让他们学会利用多余的精力，就不会感到苦恼了。

　　儿童教育专家认为，孩子只有先形成一种专心的习惯，才有可能在日后对自己的事业全身心投入，不会被其他事情所干扰。而这个道理对于那些耐心差、永远也坐不住的男孩来说，似乎更加适用。

　　然而，现实中这些调皮的小男孩们的表现却很是让人失望，很多家有男孩的父母都遇到过这样一个问题：自己家孩子很聪明，但就是做起事来没有耐心——刚开始玩积木不到几分钟，又去玩电子游戏；画画才学两天，就扔下画笔闹着要学钢琴；钢琴买了，老师也请了，他却说弹吉他的哥哥很酷，想学吉他……

　　看着孩子这样整天漫不经心，做事有头无尾，三天打渔、两天晒网的样子，每个做家长的都会很发愁：如果孩子一直这个样子，将来只能一事无成。

　　其实，坐不住是男孩的天性，男孩的注意力太容易分散了，他们可能会因为窗外的一只小鸟而跑出去玩，忘记自己正在画画；他们可能会因为要应付体育考试而使学习成绩一落千丈……要改变男孩的这些坏毛病，家长也不要只看问题的表面，还要了解孩子本身所固有的某些特性。

　　儿童心理学家研究认为，人们集中注意力、抑制冲动的能力跟大脑前额叶的发育有关，而大脑要到20多岁才会完全发育成熟。这也就是说，几岁到十几岁孩子的大脑还处在发育阶段，注意力自然比较短。如果小学阶段的孩子读书、写作业二三十分钟，就起来动一动、做点别的事情，尤其对那些好动的男孩来说，是很正常的现象。但是，如果家长期待男孩可以像大人一样，一两个小时都在专心致志地做作业，他们会感觉家长强人所难，并且会以更多的小动作表达自己的不满意。

所以，对待停不下来的男孩，家长千万不能采用强制措施，那样只能让你的男孩或与你对抗、或"消极怠工"、或搞更大的破坏。家长想让活泼、好动的男孩马上停下来进入状态，并且按部就班地去学习、做事，是极不现实的一件事情。因此，做家长的要拿出点耐心来，才能让你的小男子汉学会专注。

一般来说，老师要求孩子在一定时间内完成的作业，只要孩子集中精力，他就可以在规定的时间内完成。因此，家长不妨用"作业"来培养孩子的专注精神，如家长做孩子的"家庭老师"，为孩子完成作业规定一个时间。

研究表明，不同年龄孩子的注意力稳定时间是不一样的，5～10岁的孩子能集中注意力达20分钟；10～12岁的孩子能集中25分钟；12岁以上的孩子可以集中半小时以上。硬是让一个10岁的孩子坐在那里60分钟去专注地完成作业，几乎是不可能的。因此，父母要根据男孩的年龄特点，要求他在相应的时间内集中注意力，力争保质保量地完成作业。

如果男孩的作业量超过了他注意力稳定的时间，家长就应该帮他把作业分割开，让孩子一部分一部分地来完成。这样不仅有利于集中孩子的注意力，而且能够使孩子的学习有张有弛，提高学习效率。研究还表明，开始学习的头几分钟，一般效率较低，随后上升，15分钟后达到顶点。根据这一规律，家长可建议孩子先做一些较为容易的作业，在注意力最集中的时间做较复杂的作业。

另外，家长要对孩子完成作业的情况不定期地进行检查，这样也有助于孩子集中精力去完成作业。

孩子往往有很多作业要做，如果孩子做着语文作业还想着那道解不开的数学题、画着画还想着他的手工小制作……那么，孩子不但什么事情也做不好，而且还会养成三心二意的坏毛病。

孩子学习、做事情最大的"敌人"就是注意力涣散。因此，家长要告诉孩子，不管面临多么多的任务，要想做得最好，最聪明的做法就是：每次只想、只做一件事情。在日常的学习、生活中，为了让孩子养成专注的好习惯，家长可以故意给你的男孩很多任务，让他去完成，然后在他做得一塌糊涂的情况下，再告诉他，每次专注做好一件事情才是捷径。这样，孩子就能深刻体会到专注的重要性了。

　　小笙刚上小学一年级，妈妈对他的管教却很严。由于一年级的功课较少，而且很简单，所以小笙的作业总是做得很快，也不怎么出错。

　　可是，妈妈却不这么想。每当小笙做完作业要出去玩的时候，总被妈妈一把抓住："又要去玩了！作业做完了没有？"妈妈严厉的训斥让小笙很生气，他大声地叫道："当然做完了，不信你看！"小笙把自己的作业递给了妈妈，但是妈妈并不看，他拿起作业本对小笙说："这么多题目你一下就做完了？肯定会有许多错误，你好好检查一遍，半小时后再给我检查！"

　　于是，小笙每天玩的时间就这样被剥夺了。

　　爱玩是男孩的天性，当他们的天性没有得到满足时，他们是不可能专注地做其他事情的。因此家长不能剥夺男孩玩的时间，否则小男孩慢慢就学会了有意拖延时间，明明半小时能够完成的功课，非要花上一个半小时甚至两个小时。这对孩子的学习以及习惯的培养都是很不利的。

　　事实上，小笙的妈妈可能是误解了专注的含义，专注是指在一定时间内高度集中注意力，而不是必须长时间地集中注意力。对于男孩来说，长时间集中注意力并不是一件好事。大多数男孩往往都会这样，他们有强烈的竞争心理，他们不希望自己比别人差；他们有强烈的占有欲和尝试欲，但自制力很差，事后往往对自己的某些行为后悔。于是也就产生了这样一个很严重的问题——男孩往往对诱惑的抵抗力很差。事实也正如此，面对许许多多的诱惑：功能更多的文具盒、更神气的汽车模型、更刺激的电脑游戏……男孩往往会败下阵来，哭着闹着让家长给他买。

　　其次，面对诱惑男孩无力抵抗，除了与男孩的自制力差有关之外，男孩的虚荣心强也是很重要的一个原因。人们常说男人爱"面子"，其实，在男孩时代，男人爱"面子"的这种倾向已经明显表露出来："我的牙齿比你白""我爸爸比你爸爸高""我妈妈的头发比你妈妈的长"。虚荣心强、不愿输给别人的小男孩喜欢攀比。但是，久而久之，这种攀比产生的结果是：他习惯了吹牛、说谎；他习惯了向父母要求一切更高级的东西；他习惯了偷窃……

　　不仅如此，如果孩子一直虚荣攀比，他会过分地追求物质方面的享受，而轻视劳动、学习、道德，这会严重影响孩子价值观和道德观的形成。一个价值观和道德观不正确的孩子，在任何领域都是无法立足的。所以，做家长的千万不能纵容你的小男孩对诱惑毫无"免疫力"。

其实，小孩子攀比心理的形成不能全怪孩子，他们毕竟年龄尚小，生活经历不深，不可能建立起评价事物的正确标准。所以，做家长的积极、及时地引导，孩子虚荣、攀比的坏毛病会很容易改掉。如果家长继续为他传输积极、正确的价值观和道德观，你的小男孩就会变得"百毒不侵"，从此对一切诱惑都免疫。

对诱惑"免疫力"比较低的男孩常常向家长要这要那。面对孩子的这些要求，做父母的如何分清哪些是合理要求，哪些是过分要求呢？

　　10 岁的儿子要求妈妈为他买一个臂力器，妈妈问他："你是'想要'，还是'需要'这个臂力器呢？"

　　"我想要。"

　　"对不起，你'想要'但不'需要'的物品，我不能满足你。"

　　听妈妈这样一说，儿子马上改口："我需要。"

　　"你为什么需要呢？"

　　"……"儿子无言以对。

　　"儿子，如果你说你学习要用一本字典，或者生活中必须要用某一件物品，妈妈会高兴地去给你买。但是，你想要的物品，往往是你的虚荣心在驱使你这样做。妈妈不能助长你的虚荣心，所以不会满足你的这种要求。你能听明白吗？"妈妈一本正经地给儿子讲道理。

　　儿子虽然很不高兴，但仍然点了点头。

　　几岁到十几岁的男孩，虚荣心很强。由于好奇和攀比的心理，他往往会向家长要求很多。这时，家长一定要分析孩子是"想要"还是"需要"，并给他讲明这个道理，才能既不伤害孩子的自尊，又不助长他的虚荣心。同时，还能帮助孩子有效地抵抗诱惑。

　　男孩："妈妈，你给我买个新书包吧。"

　　妈妈："不是刚买了书包吗？怎么又要买？"

　　男孩："我的书包不好，现在有一款新书包，能起到保健的功能，我们班有好几个同学有呢。一个书包有多种功能，多好呀，你就给我买一个吧。"

......

面对男孩的唠叨，这位妈妈不予理睬，继续忙自己的家务。看妈妈不为自己的要求所动，这小家伙一会儿就把买新书包的事情忘记了。

面对男孩的过分要求，做家长的千万不可轻易满足他，否则只会助长他的虚荣心，降低孩子对诱惑的抵抗力。

当孩子提出某些要求时，家长可以先了解孩子想购买该物品的动机，如果孩子只是想显示自己或与别的同学攀比，这时，家长可以对孩子的要求采取冷处理。即对他的要求不做任何回答，给他几天冷静期，等他确定这个物品是否真的需要后，再和他一起讨论是否需要购买。即便家长的观点他不能完全接受，他也不会轻易再向家长提出过分要求。

家长也可借此机会对他进行深入教育，告诉他，其实他花的每一分钱都来之不易。当你的男孩明白了这些时，他对诱惑的抵抗力就会提升一大截。

男孩经常会问家长这样一个问题："每个月的薪水是多少呀？"也许他只是随便问问，但是，家长却要警惕孩子因此去与别的孩子进行攀比。这时，做家长的应该怎样回答呢？也许很多家长会如实回答，也许有些家长会告诉孩子："这不关你的事，别问""问别人的薪水是不礼貌的行为"……但是，最聪明的答案应该是什么呢？告诉孩子：比我们富有的人很多，只有通过努力学习、努力工作才能追上他们。这样，即使孩子问这个问题的目的是去和别人攀比，听了家长这样的回答，他也不会再去比了。

另外，这位家长的回答巧妙之处还在于，他告诉孩子，虽然我们的家庭不是非常富有，但比一般的家庭要好，这样会使孩子因生活在这样的家庭里而感到自豪。同时，他告诉孩子，我们的家庭并不是最富有的家庭，这也增强了孩子的家庭责任感。

小男孩好动、喜欢上蹿下跳，但如果家长想让他真正地去锻炼身体，他往往会找出很多理由拒绝："我肚子痛""我还要写作业呢""我还有更重要的事情要去做"……虽然小男孩体内有过盛的睾丸素，但是任何一个小男孩都很懒，除非他喜欢、他感兴趣，否则他宁可躺在床上睡觉、坐在电脑前打游戏，也不会到户外去锻炼身体。

刚刚放了暑假，小学三年级的小男孩磊磊终于可以随身所欲地玩了，于是他找小伙伴们疯玩了几天。但是，很快他就感觉到了没意思，再加上天气太热，在接下来的日子里，他几乎每天都是在空调屋里度过。

他每天不是看电视，就是上网打游戏，因此他常常会感觉很累，不想吃东西，而且他的眼睛好像开始看不清楚远处的东西了。更让他感到伤心的是，一个暑假过去，班里的男孩都长高了，好像只有他的个头在原地踏步。

男孩往往都特别期待假期，因为假期他们可以好好地玩上一回。但当假期真正来临时，男孩们往往会不知道怎么玩或玩什么，所以假期的大部分时间他们都是在家里度过。因为没有学习压力，又没有体育课，小男孩不是因为缺乏锻炼而变成了"小胖墩"，就是因为忽视正常的生活起居，生物钟紊乱，而引起食欲减退、营养不均衡、精神不振等现象；或者因迷恋电视、电脑、电子游戏，使视力大为下降。

假期本来是孩子调整身心、养精蓄锐的时期，但假期结束后，大多数孩子却以病态的身体出现在校园里，这也正是很多家长担心和焦虑的事情。那么，如何才能让这些有点懒的小男孩过一个健康而又有意义的假期呢？

其实，在不影响孩子学习的基础上，家长不妨和你的男孩一起制定一份合适的假期锻炼计划，让你的男孩真正地参与到运动中来，鼓励和监督他锻炼身体。这样不仅能使你的男孩身强力壮，而且还可以锻炼他的意志和自控能力。

暑假里的一天傍晚，男孩冬冬和爸爸一块去小区旁边的广场上散步。广场上，很多和冬冬年龄相仿的孩子穿着溜冰鞋在自由滑行。他们的技术之高、花样之多，引来了围观者一阵阵的欢呼和掌声。

看着冬冬看得入迷的样子，爸爸想趁机锻炼一下他的身体和意志，便让他也加入了这个溜冰培训班。一开始，冬冬满怀信心地去学，但当他发现自己穿上溜冰鞋根本都无法站立时，有点泄气了。此时爸爸鼓励儿子说："困难并没有你想象的那么可怕，别人能做到的事情，你照样也能做到。"在摔倒了很多次后，冬冬终于迈出了成功的第一步，他能穿着溜冰鞋自由运动了。最后，冬冬终于也能变着花样自己滑行了。

这次学习，对于男孩冬冬而言，他自己能够体会到的收获也一定不少：首先，这个假期，他会觉得过得很充实；其次，他认识了一群新朋友；第三，因为有了一种特殊的"本领"，他可能会成为同学中的"偶像"；最后，从此他有了业余爱好。

所以，对于孩子来说，运动的好处多多。但是，面对那些真不想"动"的男孩，家长真的要费点心思了。

其实，这也没有什么难的，小男孩一般都认"死理"，他喜欢的事情，不用家长催促，他自己就会做得特别好；而他不喜欢的事情，即使在家长拳头的权威下，他也会怀着应付的心态去做。所以，家长不妨选择他喜欢的运动项目，或者想办法调起他的"胃口"，引导他去锻炼身体。

自从家里买了电脑之后，小剑所有的健身计划都被打乱了，晨练放弃了、游泳班主动"弃权"了，甚至连晚饭后的散步也取消了。看着儿子的不务正业，气得妈妈想把电脑送人，但一个偶然的机会，却让妈妈改变了主意。

一次，妈妈与小剑出去，看见大街上有街舞的表演，儿子就迈不动脚步了。于是，妈妈去超市里买了一张跳舞毯，回来之后，小剑就迫不及待地跳起来，并且他还放出豪言："一个月之后，我敢与大街上的那些专业人士比试。"并且，还主动和爸爸妈妈签下了军令状——每天跳舞半小时！这下，小剑的父母再也不用担心儿子的运动量不够了。

面对"懒儿子"，做父母的往往还有很多"妙招"可用，如利用儿子强烈的竞争心理，与儿子比赛跑步；利用儿子喜欢"玩"的心理，将运动以游戏的方式进行；利用孩子的好奇心，带儿子去旅行……其实，世界上没有懒惰的男孩，只有不会引导男孩的父母。只要父母积极地开动脑筋，用心地去思考，即使有点懒的男孩，也会心甘情愿地参加运动。

内向的男孩也可爱

在人们的观念里，男孩子就该大声喊叫、上蹿下跳，活跃得有点聒噪。还有些母亲因为觉得自家儿子性格太过沉静内敛，把孩子带到心理医生甚至精神科医生的面前。其实，内向也是一种性格，并不是缺点。内向的孩子只是更喜欢思考，但他们与大多数男孩本质一样，都是地地道道的"冒险专家"，他们有英雄情结、有攻击性、有表现欲、爱出风头。内向本身没有什么不好，更不需要"变得开朗点"。但如果家长总是在孩子面前纠结、强调这一点，孩子就会真的以为是个大缺点了。这反而才是家长理应极力避免的情况。

焕焕是个男孩，但他从小就跟一般的男孩不太一样：6岁的时候还不敢一个人睡觉；7岁的时候还不敢坐转椅、滑滑梯；9岁的时候还不敢主动跟人打招呼，说话的时候也是羞羞答答的；13岁的时候，妈妈叫他学自行车，他居然还吓得哭鼻子。

他看起来比女孩还要胆小，因此他的父母有些担心，焕焕是不是患了什么疾病？其实，如果父母了解人类性格特征的多面性和复杂性，就不会如此担心了。

对于男孩而言，胆小并不意味着内心的绝对软弱。一位妈妈曾这样谈到自己的男孩："儿子平时看起来有点'窝囊'，可是在一个暑假，他和同学打起背包到内蒙徒步旅行，走了三天，还拍了录像。"这个男孩找到了自己释放能量的突破口，也以行动消除了妈妈的疑虑。因此，家长们没有必要为男孩的胆小而过分担忧。很多看似胆小的男孩，往往是因为他还没有发现真正让他感兴趣的事。

有些孩子的内向表现在不愿意表露出感情，有些小男孩看到令人伤感的情景也无动于衷，显得有些"铁石心肠"。可是，男孩子们很少直接用哭泣、言语来表达感情，而是通过一定的实际行为表露。他们并非没有同情心，只是不知道该如何表达，或者怕自己的表达方式不被认同。

内向的孩子还不愿意和伙伴们一起玩。不过人本来就不必非要合群啊。何况，孩子不合群，往往是由家庭因素引起的。父母感情不和或者家庭遭受挫折、父母对孩子过于溺爱、父母不允许孩子串门等，都会使孩子不合群。在孩子小的时候，如果父母尽早发现孩子的这一现象，对孩子进行正确的引导，孩子很快就会融入到小伙伴中间去。

面对自己"与众不同"的儿子，家长不可表现出异样，切不可用"你怎么就不像个男孩""别整天跟个女孩一样"等语言来刺激他们，这样只会使他们感到更加无助。面对这样的男孩，家长应该做的是：耐心地引导、真诚地帮助，把他们身上的男子汉因素激发出来。

虽然"胆小并不意味着内心软弱"，但男孩只有勇敢起来，才会更加有男子汉气质。所以，胆小男孩的父母，应该着重培养孩子的勇气。既然男孩喜欢用实际行动表达自己的关爱，家长不妨创造机会，有意识地让男孩表达自己。例如对男孩说"花儿渴了，想喝水"，男孩就会主动去浇花，表达对花儿的爱护。

一个冷漠的小男孩在妈妈的耐心教育下，终于有了很大进步。一次，幼儿园举行晚会，小朋友们拿着盘子排起队，去拿好吃的蛋糕。妈妈看见儿子拿了两个盘子，就问："你想吃两份吗？"

小男孩回答说："我想给莉莉带一份。"妈妈回过头，看见幼儿园新来的小朋友莉莉正孤单地坐在角落里，显得郁郁寡欢。

"是她让你带一份吗？"

"不，莉莉的爸爸妈妈都没有来，她好像不太开心，我想帮帮她。"

妈妈对小男孩的表现感到惊喜，她不失时机地表扬了儿子。妈妈发现，爱心让儿子越来越善于表达自己的感情了。

家长不仅要使男孩明白"爱"的真谛，还要鼓励男孩把那些隐蔽的情绪表达出来。被承认和肯定有助于男孩形成健康的心理。

没有朋友的童年是不幸的。对于这一代独生子女来说，他们孤独的心理比任何一代人都强烈，他们求友的欲望也比任何一代人都迫切。当小男孩慢慢长大后，他们渐渐也会有自己的"秘密"。虽然男孩不会像女孩那样，有自己亲密的"小姐妹"，可以互诉心里话，但男孩却有自己的表达方式，他会把"秘密"写进日记里。

小超走在上学的路上，忽然想起昨天晚上忘记把作业本放进书包里了，于是急忙往家跑。当他掏出钥匙打开家门，看到妈妈正从自己房间里走出来，脸上带着不自然的表情。小超走进房间去拿作业本，一推门就愣住了，他看到自己书桌的几个抽屉全部敞开着，自己的日记本、从小收藏的各种玩具手枪、同学们送的生日礼物乱七八糟地堆在桌子上。

小超非常生气地质问妈妈："你为什么翻我的抽屉？"

没想到妈妈却比他还生气："怎么了？我当妈妈的看看儿子的东西还有错吗？"

"可是你应该经过我的允许才能看！"小超也毫不示弱。

"小孩子有什么允许不允许？别忘了我是你妈妈，好了，快去上学吧！"妈妈毫不在乎地对小超说。

后来，小超把书桌的抽屉都上了锁，就连日记本都换成了带锁的。

生活中，这种家长不尊重孩子隐私的现象并不在少数。在大人看来，这些都是些小事，"连生命都是我给的，何况你抽屉里的东西、你的日记本！"可对孩子来说，大人的这些行为，都是对他们的不信任、不尊重，而且严重伤害了他们的自尊心。

其实，在大多数孩子的"秘密"中，很少有什么"不可告人"的事情，更多的是孩子的一些思考和一些心里话。

心理学家表示，儿童期的孩子有秘密，说明孩子有着丰富的内心世界，智商高，主意多。这样的孩子往往是"孩子头"，他常常会编造出一些"小秘密"，以吸引同龄的伙伴。而少年期的孩子有秘密，则说明他正从幼稚走向成熟，善思考，有独立见解，自尊心也在增强。尤其对于男孩来说，他们当"头"的欲望、成就的欲望、自尊心等，都要比女孩更强烈一些。所以，父母应该允许他有"秘密"，并为他有"秘密"高兴才对。然而，令人遗憾的是，父母对男孩隐私的不当处理，小男子汉从此对父母不再信任……

人人都有自己的隐私，孩子也不例外。父母只有尊重孩子，允许孩子有自己的"隐私世界"，才能让你的小男子汉快乐成长。当你用自己的语言和行为去尊重孩子时，孩子也同样会尊重你，从而把你当成他的好朋友。当他们遇到什么事情或者心中有秘密的时候，才有可能主动向你谈起。所以，父母应该知道：你越尊重孩子的隐私，你与孩子的距离也就越近。

孩子的隐私，父母应该尊重。同样，小男子汉的人格、自尊心、求知欲望、探索欲望……父母也应该尊重。家长只有与小男子汉建立一种相互尊重、相互信任的关系，小男子汉身上所包含的巨大能量，才能被最大程度地激发出来，才能更有利于你的小男子汉健康、快乐、速度地成长。

随着年龄的增长，你的男孩对你不再那样亲近，做父母的不要担心；小男子汉有了"秘密"，做父母的也不要着急……用你尊重的态度去赢得孩子的信任吧！只有你尊重孩子，孩子才会更尊重你；也只有尊重孩子，孩子才能健康、快乐地成长。

有句俗话，叫"出门教子"，意思是说，在外面、当着外人的面教育孩子。这种教育方法科学吗？很多家长从来不给孩子留面子，常常在大庭广众之下训斥、指责孩子；也有很多家长常常当着别人的面，唠叨孩子曾经做过的错事，使他感到难堪。

其实，这种教育方式存在严重的错误。孩子是有自尊心的，尤其是男孩的自尊心普遍更为强烈一些，如果家长常在孩子的同伴面前或外人面前数落孩子的不是、责骂惩罚孩子，使孩子在同伴中抬不起头、没有地位，这样不仅达不到教育目的，反而会大大刺伤孩子的自尊心，激起孩子的憎恨、敌对和紧张情绪，促使孩子养成报复、自卑等不健康心理。

那么，如何尊重小男子汉的自尊心呢？

心理学家告诉我们，除了不要当众教训孩子之外，家长还要时刻都记得：小男子汉脆弱的自尊心需要你时刻保护。

一个不足10岁的小男孩放学后独自到一片树林里玩耍。天黑了，这个孩子还没有走出树林，他怕遭到野兽袭击，就爬到一棵大树上躲了起来。父亲见孩子很晚还没回家，就沿孩子放学回家的路去寻找，在一片树林里，借着天空那微弱的星光，父亲隐约看见儿子正躲在一棵大树的树杈上。父亲没有马上喊儿子下来，而是假装没有看见，吹着口哨在离儿子藏身的大树不远处溜达。儿子听到父亲的口哨声好像遇到了救星，马上从大树上溜下来,吃惊地问:"爸爸,你怎么知道我在这片树林里呢?"

"我是独自散步,没想到正碰上你在树上玩耍呢。走,我们一起回家吧!"父亲若无其事地说。

我们不得不佩服这位父亲。男孩放学后因为贪玩而忘了回家,父亲本应该责备他,但这位父亲不但没有这样做,反而凭借自己的智慧巧妙地掩盖了孩子的恐惧心理,维护了孩子的自尊。

人们常说,树怕伤根,人怕伤心。自尊心、自信心是小男子汉成长的精神支柱,是孩子向上的基石,也是他们发展的内在动力。如果家长经常有意或者无意伤害孩子的自尊心、自信心,那么孩子的心灵就会受到打击和摧残,就会失去向善发展的动力和精神支柱。因此,不管什么情况下伤害或者诋毁孩子的自尊心、自信心,都是违背教育规律的愚蠢行为。

孩子年龄再小,也有自己独立的人格。很多教育专家也认为,尊重孩子是教育孩子的前提,没有尊重,就谈不上教育。而事实也正是如此,孩子尤其是男孩往往不喜欢那些动辄便打骂他的父母,而喜欢那些尊重他的人格、但又不失权威的父母。

一个男孩要参加同学的生日Party,他的家长考虑了一会对他说:"你知道家里的作息时间是晚上10时熄灯,你如果10时前能回家,是可以去的。"

这类父母是最明智的,因为他们知道,孩子作为一个独立的个人,他有权利决定去参加同学的生日Party。但从孩子的安全因素等方面考虑,家长的这种回答又不会使孩子超出纪律约束的范围。

好动、贪玩、好奇等是男孩的天性,然而有些家长却认为,孩子的主要任务就是学习,其他一切与学习无关的事物,尤其是"玩",都是"旁门左道"。

然而,一直这样疯狂地让孩子学习,孩子的学习成绩就能好吗?

一个刚刚上小学的男孩说:"爸爸妈妈一天到晚就是让我学习、学习,现在,一听到'学习'两个字,我就会头痛。"事实也证明,家长一刻不停地让孩子学习,只会使孩子的抵触情绪超过对学习的兴趣,从而使孩子厌学。

一位优秀的留美博士回忆他的成长历程时说,是母亲的恰当教育才使他取得了今天的成绩,因为她的母亲从他小时候就对他说:"你是一个有能力的孩子,上学以后,拿出70%的精力认真学习,学出样来;拿出30%的精力好好玩儿，玩出水平来，你就是一个好学生。"

长期被绳子束缚着的鸟儿永远也飞不高，尊重孩子，就要给他一片自由发展的空间。因此，家长不要总是把孩子拴起来学习，解开绳索，孩子才能既快乐地学习，又快乐地成长。

一个小男孩，在商店里注视了一辆带铁轨的玩具小火车很久后，告诉他的爸爸他很喜欢这辆火车，爸爸对他说："这火车太贵了，爸爸没那么多钱买，我们到别处去看看好吗？"孩子想了想说："那好吧，不过我不想去看别的车了。爸爸，等你有了钱再帮我买，好不好？"说着跟爸爸走开了。

周围人都对这个懂事的小孩赞不绝口，有人问他的爸爸："你是如何让孩子这么懂事的呢？"

这位爸爸的回答很简单："从孩子出生的那一天起，我们之间就相互尊重，孩子对的，我尊重他的意见；孩子错了，我决不会迁就他，会找理由说服他，要求他也尊重我，这是习惯。"

多好的习惯！这习惯使孩子从小就学会了讲道理。反过来，如果不尊重孩子，不管孩子提的要求合不合理，都一味地肯定、或一味地否定，那么，孩子长大后不是变得蛮横无理，就是变得畏首畏尾、胆小如鼠。所以只有父母真正做到尊重孩子，但又不迁就孩子，才能使孩子健康地成长。

第四章

男孩的成龙之路

才能既不是源于天生，也并非遗传，一定是后天教育培养出的。人出生的时候，头脑根本就没得到相应的发育，因此根本就没有条件做成十项事业，这样对一个人的成长，后天教育就显得举足轻重了。一个人自他呱呱坠地之日，就不断接受周围环境中各种事物的刺激，这同时也培养着他，他在这个过程中不断接受各种信息，在他的内心这些信息就会积淀下来，慢慢对他产生影响，他的内在的能力也就这样形成了。

如何让男孩保持学习兴趣

　　不少家长都从一两次的早期经验出发，认定孩子是"天才""神童"，将来一定大有出息，于是加给了孩子难以承受的压力，强化训练，希望由此挖掘孩子的天赋，实现自己一厢情愿的梦想。

　　平时的课堂作业、家庭作业本来就够人受的了，可假期也不放过，读书真变成了受罪。当然，这里面存在着个人能力有差别的问题。同样的作业，对有的孩子来讲可能并非什么难事，量也不算多；可对有的孩子或许已经超出了他的承受能力。我认为对这样的问题应该有一种机制，使学生能够同任课老师协商，当作业超出自己的承受能力时，可以让老师相应地减少作业量。

　　每个家长都应该思考一个问题，那就是老师布置作业的意图到底是什么？作业量过多，大致有以下几种情况：对工作特别热心的老师，他们特别希望学生能通过做作业多学一点儿东西，尽快提高自己的水平，可大多情况下，这种热情都有点过头；有时候老师也会单独给功课较差的某一个孩子留作业；还有一种情况是极为少见的，那就是把作业作为一种惩罚的游戏留给学生去做。我们应该了解清楚老师布置作业的意图何在，然后共同来采取对策。如果孩子对作业不堪忍受、甚至想因此去死的话，那作业就失去了其本来的意义，毫无价值可言。

　　许多孩子觉得光在学校学习还不够，还要去上课外补习班，那么完成大量作业确实不是一件容易的事情。为了准备中学的升学考试，有些老师也跟着学生一起用功。然而，苦学习失去了乐趣，只剩下痛苦，那岂不是本末倒置了吗？

　　有一个学校对小学生以"你不希望父母做什么"为题进行问卷调查时，不论何时何地，回答"不希望他们说'学习、学习'"者的人数，都排在前几

143

名。可见，"学习去"是父母们常挂在嘴边的、同时也是小学生们相当反感的一句话。

埋怨或者警告，如果只是说说而已的话，毫无意义。只有去履行它，才能起到相应的作用。根据经验，父母们明明知道毫无效果，可还是动不动就没完没了地冲着孩子大声嚷嚷："学习去，学习去！"自己倒是释然，觉得反正"该说的都说了"，可是产生不了任何实际效果。孩子的确有令人不可思议的一面。父母让他去学习，他反而会产生一种逆反心理："学习，我才不愿意呢！""学习，难道是做给你看的吗？"

与其如此，倒不如保持沉默，考虑用其他途径激发起孩子学习的积极性。这不失为一种明智的做法。

我们知道，电视剧每播15分钟就有广告片，而且动画片每一集播放的时间也大多是15分钟左右。这是因为，从心理上看15分钟的时间是许多孩子精力能够集中的最大限度。在这一心理作用下，许多孩子在书桌前坐上15分钟后就再也坐不住了。到了小学四年级如果仍旧是这样，每次只能坚持15分钟，就显得太短了。家长都希望孩子能多坚持一会儿，可是强行逼迫他们坐在书桌前的话，反而起不到应有的作用。

延长孩子的学习时间，应采取循序渐进的方法，不宜操之过急。比如一开始可以延长到20分钟，然后再延长到25分钟。以此类推。对现在只能坚持15分钟的孩子，可对他说："能坚持20分钟，就让你吃点心"，来点物质奖励。然后用闹钟或者计时器设定好20分钟的时间，与孩子约好："表一响就吃点心。"若孩子果真能坚持20分钟，家长就要马上履约，不仅让他吃点心，还要进行大力表扬。第二天，就可以让孩子向25分钟的时间发起挑战。如果能如此慢慢将时间延长下去，那么一二年过去以后，孩子或许就能坚持一个小时甚至两个小时。

中途变换学习内容也不失为一个较好的方法。一直坚持做同样事情，就是连成人也会感到无聊。不妨先让孩子学习10分钟左右，然后给他换成别的功课。通过改换学习内容，能起到一个转换情绪的目的。大人有时也是这样做的。工作一个小时左右以后，效率往往就会低下来，这时走出书房或踱步到别的房间去；或者去冲一个淋浴，放松一下自己，立刻就会觉得十分惬意，精神也会为之大振。

当然，这时走出户外，呼吸一下新鲜空气、散散步，也是一个很好的选择。孩子同样需要调整情绪、换换脑子。过去家长常常打发正在学习的孩子出去买东西或者让孩子帮着干农活。孩子并没有因此而耽误学习，学习成绩也并不比现在的学生差。这种随时随地的适当的情绪调整，使得过去的孩子能把自己的主要精力集中到学习上来。

还有一种方法，就是先让孩子从自己学得最好的功课做起。这就如同体育比赛中的助跑，助跑是为了跳得更远、更高。成人也一样，当面对自己不喜欢的工作时，总是提不起精神来，没有干劲，磨磨蹭蹭地白白浪费时间。但是，如果从自己擅长的事情做起，结果就不一样了，工作能马上完成得井井有条。孩子的学习也是这样。可先让他们做自己最拿手的，当学习的热情和积极性被调动起来之后，就趁势转向其他的功课。这样做，孩子就不会对学习感到厌倦了。

定期考试，成了学生沉重的精神负担。许多学生由于压力过大而焦躁不安、惶惶不可终日，或者被某种自卑感所困扰着。这种情绪，会降低学习效率，严重影响学习精力的集中。这是由于，当考试临近时，孩子的大脑已经完全被考试的事情占据。缓解这种紧张状态的最直截了当的办法，就是让孩子想些与考试毫不沾边的事情，分散和转移其注意力。可以找一些孩子可能感兴趣的话题同他聊聊，比如："考试完了，带你去吃牛排"，或者"天气转暖后去旅行吧，你想去哪儿"？

这就像在即将胀破的气球上捅一个洞，释放出一部分空气。让孩子想象、描述一下考试完以后的轻松、愉快的生活，也特别有效。有了越来越多的快乐的憧憬和幻想，焦躁不安的情绪就会随之烟消云散。

这种谈话应尽可能地在一种轻松愉快的气氛中进行，比如吃饭时或者喝咖啡休息时。窍门就是一定要把握好时机。

若是定期考试，还会有一定的轻松余地。而升学考试就大不一样了，强烈的紧张和不安会一起向考生袭来。这时若家长不能保持沉着，而完全以考试为中心的话，全家就会处于高度的精神紧张之中。这种紧张气氛反过来又会加剧考生的紧张和不安。

不要把考生当特殊的人来对待，应在他面前表现得同往常一样轻松自如，并且告诉他："不论是考上，还是考不上，我都不太在意。"这样做非常重要。在考试面前乱了阵脚的考生往往过分重视考试，把考试看得比什么都重要。在他们有些人眼里，考砸了就好像意味着失去了一切。为了舒缓这种紧张气氛，周围的人应尽量避而不谈与考试有关的话题，或者装出一副满不在乎的样子对考生说："考试没什么大不了的！"

尊重他的进步幅度

　　希望自己的孩子将来能成为一个优秀的人才，能够成为社会的栋梁，这是所有家长的共同心愿。"望子成才"是普天下所有父母的眷眷之心。关键的问题是怎样望子成才。有的家长把望子成才变成"令子成才""逼子成才"。按理说，望子成才的前提是尊重孩子，在此前提下，对孩子加以诱导、劝说、帮助、鼓励、监督，这才是应当采取的正确态度。可是有的家长不顾任何条件瞎指挥，把自己的主观愿望强加给孩子，让孩子完全按照自己的指令去做，颇似皇帝下圣旨，家长说了不办不行，办不好就逼。

　　由于孩子在小时候没有反抗力，不管心里多么不乐意，表面上也不敢不顺从。虽然孩子会发点小脾气，但真正反抗父母的安排是不大容易做到的。于是，就造成了一种假象，好像家长的"战略部署"一条一条实现得很顺利。家长先是喜在心头，接着是头脑发热，认为自己的伟大计划一定能实现。殊不知孩子已经反感透了，而且正聚积着反抗的力量，一旦长大一点，到了小学高年级，就可能出现"儿大不由爷"的现象，公开与家长顶撞、冲突。所以，家长应学点心理学、教育学的基础知识，了解自己孩子的基本素质情况，不要盲目地把上大学作为唯一的目标，而应恰当地确定对孩子的期望值。

　　现在，名牌大学成为许多家长督促孩子读书的指导思想。在某些家长看来，孩子只有考进重点中学，才有希望进入名牌大学。而只有考进大学，特别是名牌大学，才会有光辉灿烂的前途。反之，就没出息，没前途。所以孩子能否考进重点中学，就成为决定一个人命运的关键。于是，在孩子进入小学时就出现这样一种反常现象：家长宁可舍近求远，每天接送孩子，也要想办法拉关系、走后门进所谓的重点小学。在平时，有意无意以"用功学习，考上重点中学""不好好学习，将来考不上大学就没工作"之类的话来吓唬孩子。这些督促孩子努力学习的方法，使孩子从小就挤入这样一条狭窄的艰难之路：小学重点中学名牌大学，没有第二条路可走。

家长对孩子的期望值如果超过了社会需要和孩子身心发展的内在规律，就会严重影响孩子的性格、社会适应能力的发展及身心健康。在高期望值的驱使下，家长评价孩子好坏的标准会严重失衡，认为学习好就是好孩子，就什么都好。在这种心态驱使下，孩子只要学习好，要什么给什么，极端娇宠。并且，盲目给孩子加"小灶"，认为玩就是浪费时间，因而给孩子出很多题，远远超过了孩子的承受能力，不利于孩子的健康成长。例如，某地有个五年级的小男孩，平时功课是很不错的。但在家长高期望值驱使下，心理压力过大，总认为自己不行，怕考不上重点中学，终日惶惶不安，极度紧张，后来竟悬梁自尽了。造成这种悲剧的根源是家长，当然最后吞食这个恶果的也是家长。

家长愿意让孩子深造成为高级人才是好现象，但不能从自己的主观愿望出发对孩子确定过高的期望值，更不能匆忙地、超前地为孩子做"定向"包办，为孩子选择发展方向。过早地为孩子确定发展方向，不但是主观主义，而且说明家长对孩子缺乏信心。与其说是望子成龙心切，不如说是怕子成虫的表现罢了。

从孩子很小时就为其发展定向，这很不利于孩子的全面发展。强迫孩子去做甚至超负荷地去做孩子毫无兴趣的事情，就如同牛不喝水强摁头，这样做不但效果不好，而且不利于孩子个性和特长的发展。孩子本来可能成为某个方面的人才，却因为驴唇不对马嘴的教育方式而被毁掉了，结果事与愿违。希望自己的孩子成为杰出的人才是正确的，更重要的是要发现他的才能和特长并因势利导，或者成功地将自己的兴趣影响并最终转化为孩子的兴趣，在客观条件允许的前提下创造条件，培养才能，避免孩子在将来一无所长。

必须承认，由于人的生活和受教育条件不同，以及孩子生理、心理的发展水平是不平衡的，因而人们的主观努力也表现为有限性。若家长不承认客观条件的差异性，不承认主观能动的有限性，而是一味地苛求孩子，对孩子的进步和身心健康都将是有害的。因此，家长在确定对孩子的期望值时，一定要考虑自己孩子的实际水平，决不要和别人的孩子随意攀比。如果期望值高于孩子的实际水平，不但会给孩子造成沉重的精神和学习负担，使他们丧失对学习的兴趣，厌倦学习生活，而且还会剥夺孩子本应有的生活乐趣；使他们长期处于超负荷生活状态，影响其身心发育，损害健康。如果期望值过低、也不利于孩子的发展和进步。因此，家长应根据老师的建议，必要时征求心理专家的意见，并合理接受孩子的要求，实事求是地确定恰当的期望值。

有的家长认为，如果我获得良好的教育，一定会成为知名学者或社会活动家。这种假设虽有一定道理，但很多的杰出人才并没有接受良好的教育。在学校中门门功课都优秀的孩子不一定将来会成为杰出的人才。成才应该是以全面发展为基础，在此基础上，充分和自愿地发挥其特长，才能使子女成才；违背孩子的兴趣，苛求其成才，孩子就很难成才。例如，有的孩子在婴幼儿时期，听到音乐时就不哭闹，家长就认为孩子有音乐天赋，将来可能成为音乐家，就不惜投巨资让孩子学电子琴、学钢琴。这种教育，不知摧残了多少儿童，造成了多少悲剧。而现在有数不清的家长认识不到这种教育是束缚了人才发展的有害教育，仍在那里重蹈覆辙，并呈现出日甚一日的趋势，这不能不令全社会深深忧虑。

当前，家长对子女期望值过高几乎成了整个社会的一种特殊症候。这是由于家长们普遍存在望子成龙、望女成凤的心态所致，也是家庭教育观念上的误区。从孩子的角度来看，他也许会这样想：你们家长都不是"龙"，为什么非要让我成"龙"？既然成"龙"光荣，你们自己为何不力争这光荣？因此，望子成龙最切实的途径是家长自己立志成才。孩子看见父母腾飞的英姿，自然跃跃欲试。事实上，无论家长是否是"龙"、也无论家长是否真切地期望孩子成"龙"。最终成"龙"者毕竟只是人群中的一部分。正确的态度无疑应当是引导孩子、鼓励孩子，为他的发展创造尽量好的条件。只要家长尽到了养育的责任，也就可以问心无愧了。

美国著名的成人教育家戴尔·卡耐基曾经带着复杂的心情给儿子写下这样一段话。

儿子，我对你太横戾了。当你穿衣服上学时，我责骂你，因为你没洗脸，只是用毛巾随便擦了一下。为了你没有把鞋子擦干净，我又斥责你。当你把东西随便扔在地上，我又生气地呵斥你。

吃早饭时，我又挑你的毛病。你把东西洒在桌上，你吃东西狼吞虎咽，你把手肘放在桌子上，你的面包涂了太厚的黄油。当你去玩，我去赶火车的时候，你转过身来，摆着你的手说："爸爸，再见！"而我却皱起眉头来回答说："挺起胸来，两肩向后张！"然后，下午又是如此。当我走回来，看到你跪在地上玩弹时，长裤子破了好几个洞。我押着你走在我前面，和我一起回家，使你在朋友面前丢脸。裤子很贵的——如果你自己花钱去买，你就会小心了！儿子，你想，这竟是做父亲的所说的话！你还记不记得，过后当我在书房里阅文件，你走进来的样子怯怯缩缩的，眼中带着委屈。我抬头看到你，对于你的干扰，觉得非常的不耐烦，而你在门口犹豫着。"你要干什么？"我大声责问着。

你什么也没说，只是很快地跑了过来，抱着我的脖子，亲了我一下，而你的小胳膊，带着藏在你心中所给予的热情，紧紧地搂着我，而这种热情，即使没有受到注意，也不会枯萎。然后你就走开了，蹬蹬蹬地上楼去了。

儿子，就在你走开之后，我手中的文件掉了下去，全身浸在一种非常难过的恐惧中，我怎么被这种习惯弄成这样子？那种挑毛病和申斥你的习惯——竟然当你还是一个小男孩的时候，我给你的期望太高了。我是以我的这种年龄的尺度来衡量你。当你疲倦地蜷缩在你的小床里，我看出你还是一个小婴儿，就好像昨天还在母亲的臂弯里。我对你的要求真是太过分了、太过分了！

应当说戴尔·卡耐基的儿子是幸运的，他的幸运就在他遇到的是一位尽管不十分完美，但能随时检查自己、体味自己与儿子的情感交流的父亲。现实生活中家长对孩子的教育往往由于期望过高而操之过急。他们想让孩子成为最好的一个，因而发现孩子有不尽如人意的地方时则缺乏耐心，总想一夜之间就能实现自己对孩子的期望。

对于这样的父母，我们不妨赠上一句俗语："十年树木，百年树人。"人格、品性的塑造不是一朝一夕的事。各种能力的训练也不可能一蹴而就。因而要求家长在教育过程中把握一个尺度、一个循序渐进的原则。要求家长们发展地看待和分析孩子，要看到孩子今天的确比昨天有进步；或者说今年比去年有进步，要认识到孩子毕竟是孩子，他不可能把很多事情一下子都做好。那么家长们能不能不要求孩子把所有的事情都做好呢？能不能在一个阶段内只要求他做好一件事，做好一件事的一个方面呢？

如果你在一个时间同时要求他做好所有的事，那么你不仅会失望，而且会养成挑剔孩子的坏习惯，那么就会如上面卡耐基所体验到的一样，你不仅会伤害孩子，而且也将深深地伤害你对孩子那深深的感情。那样的话，体验到痛苦的不仅是孩子，还有你自己。家长朋友们是不是应该建立起这样的观念：育人的过程是一个复杂漫长的过程，任何急躁情绪和缺乏耐心不仅于事无补，反而会弄巧成拙。

过多的挑剔孩子会使孩子茫然无措，会感到自己很笨，觉得自己举手投足都是错。这样会增长孩子的自卑感，使他失去自信心，极不利于孩子身心的健康发展。不犯错误的孩子是没有的，他弄坏东西，他忘记交代的事情，他没有时间观念，他一塌糊涂，不正是因为他这些幼稚的表现才显得更加可爱，也才更加需要您的引导、您的关怀和您的爱护吗？家长朋友们，千万别养成挑剔孩子的坏毛病。

为了让家长及时了解孩子的学习情况，许多老师在一些比较重要的练习或期中、期末考试后，总要孩子把卷子带回家让家长过目。有的老师还写上名次，目的是让家长了解孩子在班内这次考试中的水平。试卷的分数能反映孩子的一部分学习情况，但并不是衡量孩子学习的绝对标准。卷子让家长看一下，是让家长了解孩子对知识的掌握情况，了解老师的教学动态。许多家长十分了解教师的意图，既关心孩子的考试成绩，也不为难没得高分的孩子，而是认真帮助孩子分析丢分的原因，甚至有的还分析了自己家教的欠缺。

但是，有的家长文化水平不高，便把希望完全寄托在孩子身上，指望孩子将来能够考上大学，最好能考上个名牌大学，希望孩子能有个好前途。在这种心态驱使下，家长对孩子的考试分数比什么都看重，有的孩子考试的分数因没达到家长的要求而常遭毒打。

一个不满10岁的青海男孩夏斐，尽管他聪明好学，学习成绩优秀，一直是学校的三好学生，是一个老师和同学都喜欢的好孩子。但是他的母亲仍因他考试的分数没有达到自己的要求而经常打骂他。夏斐最后竟被自己的亲生母亲活活打死。这个悲剧令人震惊。一个聪明可爱的孩子，竟成了分数至上的牺牲品。

一般来说，分数能反映孩子的一些学习情况，家长关心孩子的分数也是应该的。但是，有的家长望子成龙用心良苦，把学习成绩看得太重，逼着孩子去争高分，殊不知会给孩子带来许多不良的后果。

首先，过分看重分数，导致孩子惧怕考试。有的孩子平时学习很好，但一临近考试就紧张，担心考不好。越害怕就越容易出错，也就越考不好。而家长并不注意这一点，一味地在考前给孩子施加压力、造成了孩子心理上的恶性循环，从而影响了孩子的健康成长。

其次，过分看重分数，损伤孩子的自尊心。小男孩都是天真纯洁的，都有积极向上的愿望。即使是学习差的孩子，他内心深处也有争第一的愿望。有时，孩子偶尔得低分，家长不问青红皂白，轻则辱骂一番，重则毒打一顿，会使孩子感到委屈，自尊心受到伤害。久而久之，很容易使孩子自暴自弃，造成孩子对学习的反感。一个即便是很聪明、学习也很用功的孩子，学习成绩也不可能都是一百分。把分数看得至高无上的父母，对孩子的成绩总是要求好了还要更好，希望都是满分，事实上这又是不可能做到的。

再次，过分看重分数，造成孩子与家长的对立。小学生的认识很直观。没有完全具备透过现象看本质的本领。特别是低年级的孩子，他不知道家长注重分数是要他好好学习，出发点是好的，是爱他的。他只知道自己没有得到满分，被家长训斥、打骂了；而得了满分，受到家长的表扬、奖励，他也不会认为家长这是喜欢他，而是喜欢高分。家长与孩子间的纯真感情被这分数离间了。

因此，对待孩子的学习，过于注重分数有很大坏处。考试的分数不能代表孩子学习质量的全部，考卷也不能决定一个人的价值。家长应体谅一下那些因为分数不好而愁容满面的孩子，使孩子不要成为分数的奴隶。

过于注重分数自是不对。然而，考试和测验是检查孩子学习成绩的手段，二者在一定程度上，考试和测验成绩的好坏反映了孩子的学习水平。那么，应该如何看待孩子的考试成绩呢？

第一，联系考题的实际内容来认识考试成绩。一般说来，分数的高低同考题的难易、孩子的基础、能力等多种因素有关。从考题的难易上讲，考题的难度较大，取得高分就不容易；考题的难度小，取得高分就容易些。如果不考虑考题内容，规定孩子都要考在95分以上显然是不切实际的。例如，有的学校片面追求升学率，为应付统考，平时出题往往超出教学大纲的范围，学生考及格就不错了。"水涨船高"，题简单得高分；题难，得60分就了不起，50分就能属于中等。

第二，应该将分数放在比较中认识。孤立的一个考试分数不能说明问题，关键是要看孩子的分数在班级内的位置。学校的类别不同，年级不同，科目不

151

同，分数的标准也就不相同。小学一年级语文、数学得满分是常事，五、六年级得满分就很困难了。所以，只有在比较中才能发现孩子的真实情况。

第三，要联系孩子的基础。一次考试分数中所反映的不仅仅是孩子的基础知识，还包括基本技能等。做家长的要从孩子原有的基础出发，判定孩子进步与否，同时找出问题的症结，加以指导帮助。孩子知识基础比较薄，想让他大幅度提高成绩也是不可能的，应该是一点一点地进步。有时，教师为了提高学生的学习兴趣，鼓励差生，考题出得浅一些，在这种情况下，孩子可能得高分或满分。尽管孩子考试分数显著提高，但还不是他的学习有明显进步，这应引起家长注意。

第四，正确看待孩子的考试分数。既要重视分数，而又不唯分数。孩子的学习主要从学习成绩上反映出来，但并不是说分数决定一切，分数高不能说明孩子就聪明。思想品德、活动能力、表达能力等在分数中是无法体现的。知识毕竟不是能力。在科学史上有许多科学巨匠，例如达尔文、爱迪生等，在童年时代，甚至到中学时代学习成绩都不很出众。但他们后来都成了闻名于世的伟大科学家和发明家，这些都是大器晚成的典型例子。因此，家长既要关心孩子的学习，重视孩子的学习成绩，又要教育孩子不要满足于现有的成绩，积极鼓励孩子更多地掌握知识。当孩子得到好成绩时，家长不要过分夸耀、以免孩子滋长傲气，对学习产生惰性。如果孩子的成绩由于某种原因下降时，家长不要大动肝火，打骂一通，应耐心帮助孩子分析受挫的原因，提醒孩子今后注意，争取下一次考得好一些。如果孩子在一段时间内学习成绩一直下降，家长必须引起注意，及时与教师联系，适当加强学习辅导。如果孩子学习一直较差，家长则应严格要求，热情辅导，鼓励孩子克服学习上的困难，设法培养孩子的学习兴趣，只要孩子在学习上有一点进步，家长就应予以表扬，强化孩子的学习积极性。这样孩子的学习成绩自然会持续提高的。

总之，家长要记住，分数不是衡量孩子成绩好坏、能力高低的唯一标准。分数低，并不完全说明孩子愚笨，将来没有出息。

孩子的特长怎么培养

　　当了妈的人都心里有数，如果一帮有孩子的人聚在一起，最有意思的保留节目就是孩子们的才艺展示了。你家孩子会弹琴，我家孩子会拉二胡；你家孩子法语流利，我家孩子能同声传译英语小论文。家长们斗智斗勇的最大资本，就是虎头虎脑的儿子的本事。

　　的确，培养孩子成才，不仅是家长的愿望，也是国家的希望。孩子是祖国的未来，如果每个孩子都能成才，我们国家的未来就大有希望。但是，培养孩子成才绝非一朝一夕所能达到的，也绝非仅凭家长的主观愿望就能达到的。

　　例如，有的家长节衣缩食，用多年的积蓄为孩子买了一架钢琴，希望孩子将来成为一个音乐家。家长苦口婆心地教诲，不惜重金聘请家庭教师，让孩子夜以继日地弹唱，真是煞费苦心。可是事与愿违，孩子根本不爱好音乐，却对美术有着浓厚的兴趣。家长的愿望与孩子的兴趣之间出现了越来越明显的矛盾，而且达到了很难调和的程度。家长下达数不清的繁琐条规和禁令，频繁地严厉教诲和恶语相骂，有时甚至伴以冷酷的拳头和棍棒。结果本应和睦与宁静的家庭生活，却因此不得安宁，这是极不值得的。因此，家长在培养孩子的特长时，至少应注意以下几点：

　　在我们国家，国家和人民的利益高于一切。选择培养孩子的特长之路，也应从国家和人民的利益出发。然而，有的家长为孩子选择特长道路的宗旨是"金钱"和"名气"，即哪一行赚钱多，哪一行有名气就选择哪一行。例如，开始是书法、绘画很受家长们的重视。后来，中国运动员在国际大赛中取得好成绩，受到举国上下的赞扬。尤其是现在随着我国体育职业化的进程加快，球市火爆，许多家长就希望自己的孩子成为运动员，能参加国际比赛。有很多家长带着孩子去训练，或送去业余学校。

　　还有的家长发现流行歌曲风靡全国，看到当歌手、演员能赚大钱、出风头，生活又很舒服，于是又一齐转向学音乐风潮。就这样，一会儿涌向这，一会儿涌向那，不根据孩子的兴趣与可能，唯浪头是赶，唯潮流是逐，结果往往事与愿违，不但这方面不成才，而且可能误了其他方面的特长。

俗话说："三百六十行，行行出状元。"无论干哪一行，只要能深入钻研，都能做出成绩，都能成为国家有用的人才。关键是能否发挥自己的特长。

人的智力才能的发展是不平衡的，每个人的智力都有强点与弱点，假如能充分发挥其优势，就能取得最佳的成绩。从某种意义上说，世上几乎无废人，就看能否选准其最佳特长的优势。因此，家长要在孩子成长道路的起点帮助其选准特长最佳点，千万别埋没孩子的特长优势，这对孩子将来能否成才起着至关重要的作用。如果家长的思想里只有文艺、体育行业，眼光的确有些狭隘。若家长拿不准孩子的潜力是什么，不妨请求心理学家帮助鉴定一下。他们的建议或许有积极作用。

培养孩子的什么特长，要从孩子的实际出发，"强拧的瓜不甜"。如果置孩子的爱好、特长于不顾，一味强人就己，势必影响孩子的成长。尽管家长与孩子关系密切，孩子的爱好、特长受到家长的影响，比如有音乐世家、文学世家、医学世家等。但是必须看到，社会影响总要大于家庭影响，尤其是现在，孩子很小就进入托儿所、幼儿园、学校，习惯了集体生活，加上书籍、广播电视等传播媒介的影响，保育员、教师的引导，孩子的视野更广阔，知识面更宽，因而兴趣、爱好也更广泛。作为家长，应该努力为孩子创造一块驰骋的天地，让孩子在自己所喜爱的领域内充分发挥才能，决不可越俎代庖。那样，不但不利于孩子的健康成长，反而会使他的智慧幼芽刚一出土就遭到破坏，在孩子心灵上留下创伤。

孩子年幼，在兴趣、爱好、特长还未形成的时候，家长应给予指导，但不必过早为孩子定向，可以先培养他广泛的兴趣。家长首先要鼓励孩子学好各门功课。小学阶段是打基础的阶段，德、智、体、美、劳都要重视，不能有所偏废，否则对进一步发展特长极为不利。其次，鼓励孩子积极参加学校举办的各种兴趣小组，诸如编织、电子、绘画、音乐、航空航海模型等小组，并从孩子的学习和活动中仔细观察和发现孩子的兴趣爱好和特长，然后进行定向培养。

在日常生活中，我们常会发现，昔日的"淘气包""低能儿"会变成今日的能工巧匠、各路英才。他们的贡献和成绩，就连那些当年凌驾于他们之上的"好学生"都感到吃惊和惭愧。因此，家长应公平地对待孩子，尤其是要正确对待自己"不争气"的孩子，既不可施行"棍棒底下出孝子"的古训，也不可放弃信心而让其放任自流，而要善于发现，顺其自然，诱导孩子成才。

　　每个孩子都蕴藏着自己的特长，关键在于发现它。钢琴前的笨蛋也许是画布前专心操作的小学徒，数学课上的迟钝者也许是手工方面的小能人……因此，发现了每个孩子的特长，就不必仿照攀比，非要把他培养成音乐家、科学家不可。

　　发现孩子特长仅仅是开始，关键在于引导和培养。一旦确认了孩子某方面的特长，就应引导他将特长发挥出来，并制定长远规划，一步一步提高，使其不断发展。

　　家长要在孩子全面发展的基础上，尽量发挥孩子的特长，帮助他实现自己的目标。例如，有一个孩子，大大咧咧，好像什么都不在乎，却整天要纸要笔画画。犯了错误后被打骂、批评都不在乎，但要说不让他画画就会很伤心地哭起来。家长根据他的兴趣和特长，让他进了绘画班。结果在教师的指导下，他的绘画果然有所长进。所以，家长应根据孩子的特长，因势利导，扬长避短地引导、培养孩子。

　　我国人口众多，竞争激烈，随大流是最基本的压线思维，所以显得干什么事情都是一边倒、一窝蜂。别人的孩子请家教，自己也请，别人的孩子上特长班，咱也不能示弱。别人的孩子都考大学，自己的孩子不考就觉得自己无能，没有面子，于是千军万马挤独木桥，孩子自己虽不愿意也要硬着头皮上。也因此，多少本可以在其他方面成才的优秀孩子都被湮没在应试教育的海洋里。这种教育模式培养出来的孩子没有很强的个性，而个性恰正是成才的重要因素。一个唯唯诺诺、人云亦云，干什么都随大流的人是很难成为优秀人才的。

　　在父母的眼里，成才的途径只有读书，一些人甚至把上大学与成才之间划了等号。即使一些家长心里也认为孩子不上大学也能成才，但也不觉得那么理直气壮，似乎自己的孩子不考大学总比别人缺点什么。应该看到，目前的教育实际上是选拔教育、淘汰教育、英才教育，也是失败教育。据调查有95%的中小学生家长希望孩子能上大学，但是，国情决定了只能有5%的同龄人能上大学，那么大多数孩子就成了"失败者"。所以，做家长的要了解孩子、尊重孩子的选择，不要把自己的意愿强加给孩子。

　　说到底，父母的愿望不过是让孩子有出息，成为有用之才。在塑造孩子成才的道路上应培养孩子的个性。因为在一个强调个性的时代，个性代表突破力、创新力、竞争力。如果孩子有很强的成才愿望，但不愿意考大学，而是愿意从事另外一件自己喜欢的事情，做家长的应理智考虑后，也应积极鼓励孩子。

成才的路有无数条，何必非要走考大学这条呢？"三百六十行，行行出状元"。哪个行当、哪个岗位都可以做出成绩，都可以成功，不能片面地把能否考上大学作为孩子成才的唯一标准。许多名人并不是考上大学后成为名人的，一些人根本没有上过大学，同样可以成为国家、民族的功臣，社会的栋梁。韩寒并没有上过大学，但是，谁也不能否认他是一位人才。爱迪生没有读过大学，但他一生发明了上千种事物，没有人不承认他是一个人才。上了大学不见得就等于成才，应该说，上大学只是途径之一，并不是目标，最后的成功才是目标，所以，不应把上大学作为孩子追求的唯一目标。

"万般皆下品，惟有读书高"的思想是过时的。孩子能够上大学自然是好事，但重要的还是应该因材施教。你的孩子也许更适合当一名厨师，若硬逼着他考大学未必对他有好处，也许他在激烈的学校竞争中败下阵来，就扼杀了一位烹饪大师。成功的事例证明，"幸运"不是靠学历，而是靠百分之百的努力和发挥自我能力取得的。高考时的落榜生当上了总经理，曾经是同学的学士、硕士却当起了助理，这样的事情更是司空见惯。

当今中国的市场化经济为孩子提供了多种多样的条件，初中生不应把考重点、上名牌学校作为唯一的愿望，家长们也应让孩子有充分的选择的机会。孩子可以根据自己的兴趣和爱好自主选择专业和个人的发展方向，让他们学习自己想学的东西，做自己想做的事情。他们的主动性和积极性就能得以发挥，想象力和创造力也能得到激发，其个性也随之释放出来。许多国家的学生没有升学的压力，学校不鼓励为获得高分而拼命学习，他们认为过重的负担和压力抑制孩子的活跃的思维，把他们的创造情绪禁锢起来以致消灭，对孩子的身体也没有好处。在没有外界压力时，孩子们脑子里原本丰富多彩的思绪就会变成掌握知识的催化剂。

孩子能否成才，能否在社会上占有一席之地，不能光用是否考得上大学为标准。

有这兄弟两个。哥哥从小学起就一直是优秀生，后来终于考上了一所有名的大学。弟弟成绩一般，但他与哥哥不同的是性格开朗，喜欢交友。他没有考上大学，在父母单位的职业高中学习。读书时，父亲总对哥哥的前途充满信心，对弟弟的前途不是那么乐观。认为爱学习的哥哥将来一定有所成就，对弟弟不抱什么希望。但是，兄弟两个各自毕业后，其结果恰恰与父亲预料的相反。哥哥分配到一家大企业，成绩平平，弟弟找到一家公司，因业绩突出而不断获得晋升。

在人生的旅途中有很多机遇，不能用一时的成功和失败或某一阶段的选择来下定论。从每个人的能力、个性、适应性来看，如何选择适合自己的职业和个人的发展方向，是与成败紧密相连的。

当今的社会是市场经济的社会，21世纪的教育应以培养实干家为己任，而绝不是培养高学历的"书呆子"。随着社会主义市场经济体制在中国的广泛实行，必定推动中国由学历社会向能力社会转变。因为市场无情，效益原则呼唤能力，这与世界的发展一致，同时市场经济也给人们提供了许多机会。成才的路有千万条，行行出状元，不必千军万马去挤高考这一独木桥。

教育方式的选择

教育孩子，方式和愿望，哪一个更重要？诚然，愿望是基础，如果连愿望都没有了还谈什么方式，更谈不上教育孩子的效果了。但仅仅有了愿望是远远不够的。望子成龙心切，但教子成龙无方，同样也是枉然。方法不当，甚至还会适得其反，乃至害了孩子，严重的还可能葬送了孩子的前程和生命。

报纸上曾报道父母恨铁不成钢而误伤孩子的事件：武汉的小学生夏辉，因学习不好，父亲一气之下，把他吊在房梁上，毒打一顿后，父亲扬长而去。当父亲再次回到家后，孩子已经气绝身亡。

为人父母者，哪一个不希望自己的孩子将来有出息，出人头地呢？但是，结果却不一定如愿。有的人经过努力，孩子教育成功了。而有的家长尽管也费了九牛二虎之力，到头来却培养出了次品，甚至是孽子。为什么有人成功了，有人却失败了？原因是多方面的，但很大程度上是父母的教育方式起了作用。所以说，方式比愿望更重要。

当今，中国的父母对孩子的关爱可说是天下第一。家长的心血几乎都花在了孩子身上，但是，其结果却常常事与愿违。父母操尽了心，孩子未必领情。许多孩子对父母十分反感，甚至厌恶。相当数量的孩子把父母列为最不喜欢的人，父母在孩子心目中的地位与父母对孩子的投入反差太大，究其原因也与父母教育子女所采取的方式有关。

有的父母望子成龙，恨铁不成钢，由不满情绪逐渐升级为对孩子斥责、辱骂，以至拳脚相加。因为孩子不争气而将孩子打伤、打死的恶性事件常见报端，这都是专制、粗暴的教育方式造成的恶果。有的父母为了让孩子取得好成绩，或者培养其某种特长，整天把孩子关在屋子里，以封闭的教育方式教育孩子，结果特长没有培养出来，孩子的性情却变得孤僻，甚至由于过分压抑形成心理疾病。有的父母对孩子过分溺爱，过多保护，导致孩子的独立性差，生存和发展能力严重不足。有的父母为了让孩子考大学而一味偏重智力教育，结果培养出来高分低能儿。有的父母忙于个人工作无暇顾及孩子，或者由于夫妻矛盾、夫妻离异对孩子采取放任自由的态度，使孩子的行为失去规范和引导，从而走上歧途。

大量无情的事实向人们发出了警告：教育方式欠妥已成为家庭教育中的严重问题，妨碍了孩子的健康成长。我们必须警醒，必须重视。

事实上，天下所有善良的父母对孩子都怀有一片爱心，都希望自己的辛勤培育能结出美好的果实。然而，当良好的愿望通过不良的方式体现在教育行为上时，则往往事与愿违。

家庭教育方式，是教育者——主要是父母在家庭教育中所采取的方法和形式，对孩子具有情绪传导作用、性格形成作用和行为规范作用。父母的教育行为和家庭教育的效果，都反映了一定的教育方式。

教育方式欠妥，从父母自身分析有多种原因：

1.自我修养欠佳。一些父母以极大的努力不惜任何代价来设法提高孩子的素质，却忽视了自己作为教育者自身素质和自我修养水平的提高。他们不了解家庭教育的特点和规律，不掌握教育孩子的科学方法，而是凭想当然行事，必然表现出不良的教育方式。

2.教育观念偏颇。父母的教育观念对于教育行为有着直接的指导作用和制约作用。例如，一些父母在人才观念上是重智育、轻德育，过分看中孩子的分数，因此往往会以封闭的方式、高压的手段对待孩子。又如，有的父母纯粹把孩子视为自己的一部分，而不是独立的个体。表现在教育方式上必然是专制的，强迫孩子听从父母。

3.对教育对象缺乏了解。孩子是父母所面对的教育对象，有其自身的特点，思想和行为是千变万化的，只有真正地了解孩子，才能知己知彼，有的放矢地施以教育。而一些父母往往置孩子的实际情况于不顾，当孩子有能力自理时，家长仍然过多地保护、照顾，或者让孩子超越其承受能力，去做那些孩子自己并不愿意做的事情。这些都会在一定程度上妨碍孩子的正常发育和发展。

要解决好家庭教育中的问题，提高家庭教育的质量，不能忽视教育方式问题。而要采取良好的教育方式，关键在于教育者，它有赖于对家庭教育特点、规律的深刻理解，有赖于对孩子心理特点的深入了解，有赖于自身素质的提高，有赖于对科学方法的把握。

家庭教育的好坏，不在乎请了多少家庭教师，购买了多少玩具和电脑，或者给孩子学了多少琴棋书画，关键在于父母培养孩子的态度和教育方式。

孩子的教育问题在中国的家庭中是一个重要的问题。我国的家长比较重视孩子的知识和技能的学习与培养，"智力开发"已成为家庭教育的核心内容。每个家庭都把相当一部分精力和财力投入到孩子的学习方面，往往都把孩子考上大学作为家庭教育成功的标志，甚至是唯一的标志。许多家长比较看重孩子的前途，因此在孩子的培养上喜欢按自己的意愿为孩子设计成长的方向和模式。相对而言，孩子个人的兴趣和意愿则常常显得微不足道。这种对孩子定向培养的方式，是不合适的。同时，即便是选择对孩子定向培养的方式，也应该更多地考虑和尊重孩子自身的兴趣和意愿。

顺其自然、因势利导，应当是家长对孩子进行教育的基本原则，作为一个独立的、自然的个体，孩子有权利按照自己的兴趣和愿望去生活。过早地对孩子进行定向培养，往往会出现以下弊端。

首先，为孩子确定发展方向并过早地进行专项训练，往往会出现欲速不达、揠苗助长的弊端。由于家长望子成龙心切，期望孩子今后能成为这个"家"那个"家"，因此往往过早地对孩子进行专项训练。表面看来，孩子小小年纪便取得了一些成就，但由于这种教育方式忽视了教育的客观规律，使孩

159

子片面发展。而且由于孩子在某一方面的"特长"，容易使孩子滋生骄傲自满等不良品质，在以后的发展中反而赶不上那些自然成长的儿童。

其次，在许多家长身上，这种定向培养体现为一种强迫教育。一些家长总认为孩子小，没有自我选择的权利和能力，因此无视或忽视孩子的兴趣与意愿，也不管他们是否在某一方面具有天赋和才能，只是一厢情愿地根据自己的爱好与愿望，擅自做主，要求孩子学这学那，而且硬性规定、强迫执行，否则不准孩子玩玩具，甚至不准看电视、不准吃饭……弄得孩子一想起这些任务心里就厌烦，兴趣索然。更有甚者，这种强迫教育容易扼杀孩子的学习动机与学习兴趣，影响孩子的智能和性格发展。强迫教育由于对客观事物体验少，使孩子可能在遇到困难时畏缩不前，在危险时手足无措，形成胆小怯弱的性格应该说这是教育的失败。正所谓"有心栽花花不发"。

心理学家告诉我们，对大多数儿童来说，智力素质的某一方面优势，总是在身心获得全面发展的过程中逐步显露出来的。在开始时，这种智力优势往往被某些表面现象掩盖着，隐而不露，不容易发现。因此，在没有真正弄清楚儿童的智力素质到底具有什么样的优势以前，仅凭父母的主观意志与满腔热情，过早地对孩子进行"定向培养"，只能是碰运气而已，具有很大的不确定性。

家长对孩子的培养不是代替孩子去选择，而在于引导。父母的职责在于引导孩子怎样进行选择，鼓励孩子"付诸行动""去做""去试试"，把孩子引导到为自己的理想而不懈奋斗的道路上去。父母应该安静地站在孩子身后，给予信心。在孩子的某一方面的智力素质还处于隐而不露的状态时，最好对他们进行多方面的刺激，试探一下对各方面的反应，观察他们对哪一方面具有特殊的爱好与兴趣，然后再因势利导，加以培养，发展成为特长。

英国有一位著名的数学家叫麦克斯威，在他小的时候，父亲本希望他在绘画艺术方面取得成就。但有一次，父亲在叫他画一瓶花的静物写生时，发现小麦克斯威把花瓶画成了梯形，把菊花画成了大大小小的圆形，把叶子画成了大大小小的三角形。父亲并没有因为小麦克斯威这幅粗糙的画而责备他，却从中发现了他的数学天赋，于是因势利导进行教育，终于使孩子在数学领域中获得了巨大的成功。

望子成龙的父母们，不妨超脱一点，将主要精力放在培养孩子对某件事情的兴趣上，顺其自然，因势利导，他们就会获得取之不尽的内在功力，孩子才会自由成长。

当然在某些方面，对某些具有特定素质的儿童进行定向培养也可以，但不要进入误区，一定要尊重孩子的兴趣爱好，不要期望过高，只是强调家长仅仅参与，使孩子产生更大的动力和兴趣。

当前，每位家长都对自己的孩子抱着极大的期望，希望他们能够成为德、智、体、美、劳全面发展和知、情、意、行协调发展的人，希望孩子将来能够光彩照人，"光宗耀祖"。与此同时我们也看到，许多家长的文化知识和各方面的兴趣特长还远远不能胜任使孩子全面发展这一目标，因此许多家长的目光就不约而同投向了社会上名目繁多的培训班，于是这类培训班也就如雨后春笋般纷纷涌现出来。许多家长不惜重金，让孩子上各种各样的培训班。但是，孩子必须要上名目繁多的各种培训班吗？可以说，上培训班有一定的作用，但家长还要根据孩子的兴趣爱好和承受能力，慎重地选择。

我们知道，每个孩子的智商是有高低差异的。学生的学习能力、克服困难的意志是受先天条件和后天条件的限制的。有些家长不了解孩子的学习基础和能力，不懂得学习规律，一厢情愿地提高期望值，给孩子规定分数指标，一旦没有达到，便在责罚的同时，把孩子送进各种培训班。作为孩子，他们的气质、性格、爱好、兴趣是千差万别的，他们的兴奋点也不可能与家长完全一样。孩子的承受能力也是有限的。如果孩子本身学习尚未搞好或勉强应付，最好不要把孩子送到各种培训班，以免加重负担，使孩子身心疲惫，收效甚微，白白浪费时间和精力。我们看到，很多孩子成了名副其实的"上班族"，除了上学校，还要在各种各样的培训班之间奔波，但效果却不十分明显。同时，过多地参加各种培训班，也减少了家长和子女间的交流机会。孩子上小学以后，和家长接触、亲近的机会大大减少。如果这些有限的时间还要被挤出来参加各种培训班，孩子和家长相处的时间就会更少，在一定程度上也疏远了亲子关系，不利于家长和孩子的交流，使对孩子一生产生重要影响的家庭教育的功能被削弱了。

当然，在孩子学有余力、较有兴趣，又能合理安排好家庭教育的相关内容的前提下，孩子也可以选择一些培训班。但必须注意以下几方面：

首先，要善于发现和观察孩子的兴趣爱好。我国著名乒乓球运动员王涛的父亲就善于发现孩子的兴趣爱好。在小王涛还不会走路时，他就发现孩子喜欢乒乓球，见到了就要，拿到手里能玩很长时间，于是他有意地在小王涛刚会走路时就让他对墙练颠球，后来又送他到训练班学习，并由此一步步成长为一个世界冠军。如果王涛的父亲没有敏锐地发现小王涛的兴趣特点，及时培养，那么王涛就不会有后来的成功。家长要观察孩子，多方面考察孩子的兴趣和爱好，只有如此方能成就孩子的未来。

其次，参加培训班要有明确的目的。很多家长送孩子上各种培训班是比较盲目和随意的，也有一些家长是出于从众心理为孩子选择培训班，他们往往对于达到一个什么目标并不是很清楚。这就使孩子无明确的追求，目标不明，直接导致行动上的盲目性。我们认为，如果使孩子在某一方面发展为特长，必须要找一个富有激情的有才能的好教师，"取法其上，得乎其中"。当然，名师、高师是难找的，这一点家长要有所准备。而如果只是让孩子培养一下某方面的素养，对基本的知识比较了解即可，则完全可以选择一个价格合理，交通便利的地方。这样既节省了开支，又使孩子能够开拓一下视野，也便于在孩子学习紧张时，随时抽身回来，没有什么很大的损失。

第三，要持之以恒。既然经过了慎重考虑，孩子也很感兴趣，就应该鼓励孩子坚持下去，不达到一定程度绝不轻言放弃。家长应明确任何事情浅尝辄止是不能做好的，频繁的转班换班，对孩子的成长是不利的。所以应防止这种现象，要积极鼓励，使之持之以恒，才是明智之举。

第四，要引导学生养成自己学习的好习惯。把参加学习班作为一种手段，目的在于培养孩子发现问题、解决问题的能力。鼓励孩子自主地查阅课外资料，做好学习笔记，让孩子在自主学习中，在广泛的知识接触中，在实践中培养创新精神和实践能力。

教会孩子珍惜时间

法国思想家伏尔泰曾出过一个意味深长的谜语："世界上哪样东西最长又是最短的，最快又是最慢的，最能分割又是最广大的，最不受重视又是最值得惋惜的？没有它，什么事情都做不成，它使一切的东西归于消灭，使一切伟大的东西生命不绝。"这是什么呢？这就是时间。

伏尔泰是这样解释的："最长的莫过于时间，因为它永无穷尽；最短的也莫过于时间，因为我们所有的计划都来不及完成。在等待的人，时间是最慢的；在作乐的人，时间对他是最快的。它可以扩展到无穷大，也可以分割到无穷小；当时谁都不加重视，过后谁都表示惋惜；没有它，什么事都做不成；不值得后世纪念的，它都令人忘却；伟大的，它都使它们永垂不朽。"

是的，时间对我们来说是非常重要的。莎士比亚说："放弃时间的人，时间也会放弃他。"歌德则说："善于利用时间的人，永远找得到充实的时间。"事实确实如此，良好的时间观念是一个人成功的前提条件之一。

其实，许多伟人诸如科学家、发明家、文学家，最成功之处就是运用时间的成功，他们都是运用时间的高手。

德国著名的文学家歌德一生勤奋写作，作品极为丰富，有剧本、诗歌、小说、有游记，一生留下的作品共有140多部，其中世界文学瑰宝——诗剧《浮士德》，长达12111行。歌德为什么能取得如此惊人的成绩？原因之一就在于他一生非常珍惜时间，把时间看作是自己的最大财产。他在一首诗中这样写道："我的产业多么美，多么广，多么宽！时间是我的财产，我的田地是时间。"歌德是这样说的，也是这样做的。他一生中把一个钟头当60分钟用，视时间为生命，从不浪费一分一秒，直到1832年2月20日，这位将近84岁的老人在临死前还伏在桌上专心致志地写作。

法国著名科普作家凡尔纳每天早上5点钟起床，一直伏案写到晚上8点。在这15个小时中，他只在吃饭时休息片刻。当妻子来送饭时，他搓搓酸胀的手，拿起刀叉，很快填饱肚子，抹抹嘴，又拿起了笔。他的妻子关切地说："你写的书已不少了，为什么还抓得那么紧？"凡尔纳笑着说："你记得莎士比亚的名言吗？放弃时间的人，时间也放弃他。哪能不抓紧呢？"

在40多年的写作生涯中，他记了上万册笔记，写了104部科幻小说，共有七八百万字，这是一个多么惊人的数字！一些感到惊异的人就悄悄地询问凡尔纳的妻子，想打听凡尔纳取得如此惊人成就的秘诀。凡尔纳的妻子坦然地说："秘密就是，凡尔纳从不放弃时间。"

著名的物理学家爱因斯坦认为，人与人之间的最大区别就在于怎样利用时间。在我们每个人出生时，世界送给我们最好的礼物就是时间。不论对穷人还是富人，这份礼物是如此公平：一天24小时，我们每一个人都用它投资来经营自己的生命。有的人很会经营，一分钟变成两分钟，一小时变成两小时，一天变成两天……他用上天赐予的时间做了很多的事，最终换来了成功。

所谓时间就是金钱，时间有时比金钱还要珍贵，珍惜时间就是珍惜生命。孩子能否安排好自己的时间，与他的学习效率有很大的联系。不珍惜时间，无法合理安排时间的孩子往往缺少自我控制的能力，缺乏不断前进的动力。如果父母在早期教育中让孩子养成了良好的时间观念，就等于给了孩子知识、力量、聪明和美好的开端。因为善于利用自己时间的人将会获得高效率的办事结果，也是最能出成绩的人。

孩子的时间观念并不强，他们往往不能按问题的主次和事情的轻重缓急来安排时间，而是凭自己的兴趣来安排时间，结果不但造成了不必要的时间浪费，而且还会影响处理许多事情。

因此，在孩子不善于利用时间时，父母应该运用一定的方法帮助孩子养成合理安排时间的好习惯。

著名的德国无机化学家、诺贝尔奖得主阿道夫·冯·拜尔，在他的自传里曾提到自己小的时候一次难忘的经历。那是在他10岁生日的时候，前一天晚上，他躺在床上就高兴地预想着父母一定会送他一份大礼物，并为他热热闹闹地庆祝一番，因为德国人对家人的生日是十分重视的。但是，那天早晨起床以后，父亲还是老样子一吃完早饭就伏案苦读，母亲则带着他到外婆家消磨了一整天。小拜尔就有些不高兴了，细心的母亲发现了，耐心地开导他："在你出生的时候，你爸爸还是个大老粗，所以现在他要和你一样努力读书好参加明天的考试呢！妈妈不想因为庆祝你的生日而耽误爸爸的学习，妈妈在为明天我们的生活能够丰富多彩而尽心尽力呢。你也要学会珍惜时间学习呀！"这番教诲从此就成为拜尔的座右铭，他认为，"10岁生日时，母亲送给我一份最丰厚的生日礼物！"

让孩子正确认识时间的价值应该注意以下几点：

（1）告诉孩子时间是最宝贵的，不要浪费时间；

（2）告诉孩子时间是永不停留的，应该及时抓住时间；

（3）告诉孩子时间是神圣的，不要故意浪费时间，否则会受到时间的惩罚。

孩子心理过程的随意性很强，自我控制能力较差。常常是一边吃饭，一边玩耍；一件事情还没有做完，心里又想着另一件事情；做事总是杂乱无章，缺乏条理。这时候，父母如果不加注意，就会让孩子养成"拖拉"的坏习惯，久而久之，这种坏习惯会根深蒂固。

时间对孩子来说非常抽象，所以他们一般体会不到时间的重要性。但是，父母一定要坚持让孩子养成有规律的作息习惯。良好的作息习惯是养成时间观念的前提。父母可以和孩子一起制订一张作息时间表，什么时间起床，洗漱要多长时间，吃早餐要多少时间，放学后先做什么，然后做什么，几点睡觉等，都可以让孩子做出合理的安排。只有把作息时间固定下来，形成习惯，孩子才能对时间有一个明确的认识，才能养成良好的时间观念。

富兰克林是美国著名的科学家、《独立宣言》的起草人之一。有人问他："您怎么能够做那么多的事情呢？而上帝也不多给您一点儿时间呀！"

"你看一看我的时间表就知道了。"富兰克林答道。他的作息时间表是什么样子的呢？

5点起床，规划一天的事务，并自问："我这一天要做好什么事？"

8点至11点，14点至17点，工作。

12点至13点，阅读、吃午饭。

18点至21点，吃晚饭、谈话、娱乐、回顾一天的工作，并自问："我今天做好了什么事？"

朋友劝富兰克林说："天天如此，是不是过于……"

"你热爱生命吗？"富兰克林摆摆手，打断了朋友的谈话，说："那么，别浪费时间，因为时间是组成生命的材料。"

在孩子的作息时间中，学习时间一定要固定下来，父母必须规定孩子在一定的时间内进行学习。中小学生的作业一般需用一个小时左右，周末的作业量会多一些。父母应该事先与孩子商量好做作业时间、中间休息的时间，然后按规定进行。规定孩子在一定的时间内必须学习会使孩子具有一定的紧迫感，集中注意力，从而提高学习效率。

父母一定要注意，在孩子高质量高效率地提前完成学习任务时，千万不可以再追加作业，这样会造成孩子的反感，从而对学习感到厌烦。正确的做法是表扬孩子的高质量学习，并奖励孩子一定的时间来休息和娱乐。

孩子往往分不清自己要做的事情的重要程度，他们的事情往往是由父母和老师来安排的。这是造成孩子不善于利用时间的一大原因。

事实上，只有充分认识到自己要做的事情与自己的关系，才有可能把这些事情都处理好。父母可以指导孩子每天把自己要做的事情按照重要程度和紧迫程序排列顺序，分为以下几类：

第一类是重要而紧迫的事情，如考试、测验；

第二类是紧迫但不重要的事情，如完成家庭作业；

第三类是重要但不紧迫的事情，如提高阅读能力；

第四类是既不重要也不紧迫的事情，如果时间不允许可以不做。

如果孩子能够按照这个顺序来安排学习任务，可以保证把重要的事情都完成，把学习安排得井井有条。

对于读书这种事，应该让孩子明白是最重要而紧迫的。前苏联教育家苏霍姆林斯基曾经说过："要学会强迫自己天天读书，不要把今天的工作搁到明天。今天丢弃的东西，明天怎么也补不上了。"

对于玩耍、逛街等事情，父母要教孩子在做这些事情之前，先问问自己："我有必要做这件事吗？""做这件事会花我多少时间？""有没有比这件事更重要的事情需要我去做呢"通过这种事前思考，可以帮助孩子少做一些不重要的事情，从而提高时间的利用率。

每个人都有生物节律，孩子也是如此。孩子常常会有这种感觉：在相同的时间段，心情好的时候学习效率就高，情绪不稳定的时候，学习效率就低；在一天当中，早晨和夜间学习效率高，下午和傍晚学习效率低。可见，孩子的学习往往存在一个最佳学习时机。专家指出，对一个孩子来说，一天内有四段高效的记忆时间：

第一段：早上6至7点，适合记忆一些新的概念、新的内容。

第二段：上午8至10点，适合记忆大量基础理论知识。

第三段：下午7至9点，适合进行综合性知识的记忆。

第四段：晚上10至11点，适合记忆精确性高、容易出错的知识。

当然，每个人的具体情况又有所不同，有些人早上学习效率高，有些人晚上学习效率高。父母可以让孩子注意观察自己的特点，掌握自己的最佳学习时间，然后把重要的学习内容安排到最佳时间里去学习。

许多父母认为孩子由于作业做得太慢而没有了玩的时间，因此就不断地催促孩子、埋怨孩子，甚至惩罚孩子更长时间地学习，其实，孩子是因为父母把自己的时间安排得满满的，完全没有自己支配的时间，才会不珍惜时间，才会拖拖拉拉的。在这种没有希望、没完没了的学习过程中，孩子的心态是消极的，没有目标，没有兴趣，往往心烦意乱、错误百出，时间又拖得很长，结果造成了恶性循环。

小强期待已久的动画片就要播放了，他怀着无比兴奋的心情坐到了电视机的面前，有趣的片头开始了。这时，爸爸却走过来把电视给关了，并大声呵斥道："就知道看电视，作业还没有做完呢，快去做作业。"

小强无奈地回到了自己的房间，但是，他心里一直惦记着动画片里的人物，根本没有心思做作业。两小时过去了，小强还没有做完作业。爸爸发火了："你看看你，做了两小时还没有做完，是动作慢还是脑子迟钝呀？"

小强怨怨地说："我本来就脑子笨，动作慢的。"爸爸气得要打小强。

事情发展到这种状况，小强的父亲也是有责任的。因此，父母必须给孩子一定的自由支配时间，让孩子去做自己想做的事，注重培养孩子的学习兴趣和主动性。比如，有的家长要求孩子每天放松一小时。在这一小时内，孩子可以玩、听音乐、休息等，不管干什么，家长都不去干涉，等孩子情绪比较稳定和愉快，有了学习的兴趣和主动性时，就会比较愿意开始较长时间的艰苦学习，学习效果也会更加理想。

法国大文豪雨果在文坛上崭露头角的时候，就经常有人来邀请他赴宴，出于礼节，雨果只得接受，但是，他却为此而浪费了许多能够产生创作灵感的时间。

为了避免这种不必要的干扰，雨果想出一个办法。他把自己的头发剪去一半，又把胡子剃掉。当再有人来请他赴宴的时候，他便对人说："你看我的头发多不雅观，很遗憾我不能去了。"邀请者只好只身返回。等雨果的头发长整齐时，他已经完成了一部伟大的文学作品。

对于没有时间观念的孩子，父母要尽量不干扰他的学习，孩子的书桌上尽量不放平日他最感兴趣的非学习用品。家中不要有太多的噪声，要给孩子提供相对安静的学习环境。父母也不要陪读或监督，只需在孩子学习结束后进行检查，一是看孩子是否按规定的时间完成作业，二是看孩子完成的作业的质量如何。如果孩子已经能够在一定的时间内保质保量地完成学习任务，父母就应该及时给予肯定和鼓励，当孩子没有按规定去做时则必须给予应有的惩罚。

1914年的一天，有一位朋友从柏林来看望爱因斯坦。这天，正好下着小雨，在前往爱因斯坦家的路上，朋友看到一个朦胧的人影在桥上慢慢踱步。这个人来回走着，时而低头沉思，时而掏出笔在一个小本上写着什么东西。朋友走近一看，原来是爱因斯坦。

"原来是您呀，您在这儿干什么呢？"朋友高兴地问道。

"哦，我在等一个学生，他说考完试就来。但是，他迟迟没来，一定是考试把他难住了。"爱因斯坦说。

"这不是浪费你的时间吗？"朋友愤愤不平地说道。

"哦，不，我正在想一个问题。事实上，我已经想出了解决问题的办法。"说着，爱因斯坦就把小本子放进了口袋里。

爱因斯坦就是充分利用时间的典型。大人都知道，许多事情是可以同时进行的。但是，对于孩子来说，由于他的时间意识不强，往往每次只做一件事情，这样就浪费了许多时间。因此，父母要教给孩子一些统筹时间的方法，帮助孩子提高时间的利用率。

上二年级的儿子最近常向爸爸抱怨时间越来越不够。原来，儿子下午5点放学后，从学校到家要坐半小时的公交车，而这中间往往要等上十几二十分钟才能等到车。到家往往是6点了，回家后，儿子就需要学习半小时，但是6：30有儿子爱看的动画片。7点吃晚饭，7：30到8：30是孩子的学习时间，8：30，儿子就得睡觉了。这样，孩子实际学习的时间有一个半小时。现在，老师又规定每个学生必须在7点收看新闻联播。这样，儿子的时间就更紧张了。

后来，爸爸帮儿子想了一个好办法。爸爸教儿子把当天要记忆的词语或者英语单词制作成小卡片带在口袋里。在公交车站等车的时候，默默地记忆。这样，在等车的十几分钟里，至少有10分钟的学习时间。然后，上车后，儿子可以继续在车上记忆词语，这样，又多了至少20分钟的学习时间。6点到家后，爸爸让儿子马上复习当天学过的内容，把老师讲过的内容和做的笔记从头到脚地看一遍。

6：30，儿子又看上了喜欢的动画片。同时，爸爸妈妈争取在7点之前做好晚饭，提早开饭。这样，孩子在吃晚饭的同时，可以收看新闻联播。7：00到8：30，照样是儿子的学习时间，这部分学习时间主要是用来做当天的作业和预习第二天的内容。

这样，儿子不仅把所有的事情都做完了，而且学习时间又增加半个小时。

孩子的时间是否浪费了，有时候，他不认真检查是不太清楚的。因此，要想让孩子合理地利用时间，就得让孩子学会检查自己的时间运用状况。怎么检查呢？

前苏联的昆虫学家柳比歇夫是检查时间运用状况的高手，他的方法就是"时间统计法"。柳比歇夫从26岁开始，就把平时的研究、阅读、写作、散步、开会、讲课、说话等各项工作所占用的时间一一记录下来。这个时间统计法一直持续到82岁，整整56年的时间里，柳比歇夫从没间断过统计。

时间统计的目的当然是有效利用时间。柳比歇夫每天对自己记录下来的时间运用情况进行小结，每个月进行一次大结，每年再进行一次总结。在总结的过程当中，柳比歇夫能够及时发现自己的时间用到什么地方了等。这帮助柳比歇夫清楚地认识到了自己各项工作的开展情况。这种时间统计法使柳比歇夫有充足的时间写出了70多部学术著作以及许多论文。

在日常生活当中，父母可以要求孩子每天把自己的时间运用情况记在日记本上，每月分析自己时间运用的规律，找出浪费时间的地方。这样，可以帮助孩子减少时间浪费。

另一种方法是，父母让孩子先对自己每天要做的事情制订一个计划，在晚上再对自己的计划进行总结，看哪些做到了，哪些没做到。为什么会没有做到，是不是哪里浪费了时间。然后，教孩子减少时间的浪费，每天按计划完成任务。

教会孩子克制欲望

理财能力是每一个人都必须具备的素质，是商品社会中人的基本能力之一。而对于男孩来说，理财能力的培养，更是直接关系到他一生的幸福与发展。父母的担心是必要的，但如果放弃对孩子进行正确的理财教育，则是大错特错。随着年龄的增长，孩子不可避免地要与金钱打交道，特别是进入社会以后，理财能力如何，更将直接决定着他的一生是富裕还是贫穷。特别是男孩，当他成长为一个需要承担更多责任和义务的男子汉时，社会考验他的，将不仅限于智商、情商，还有更为重要的财商！

西方国家一般都十分重视对孩子进行理财能力的培养。美国著名的亿万富翁洛克菲勒就深得其中要义。他在孩子7岁以后，每人每周发给3角钱的津贴，同时发给他们一个小记账本，要求他们记载每一分钱的用途和花钱的时间，周末还要孩子们交上自己的账本，以审查其开支的合理性。洛克菲勒在谈到让孩子记账时曾说："要让他们懂得金钱的价值，不要乱花乱用，把钱花在益处。"

这些令孩子受益一生的"理财教育"恰恰是我们现在的中国家庭教育所忽略的内容，也是我们的小男子汉最缺乏的一种素质。

据儿童行为学家研究表明，孩子各种能力的培养，都有一个关键期。比如，2～4岁是训练孩子语言能力的关键期；4～6岁是培养儿童数理能力的关键期；而对于稍具难度的理财能力而言，培养的关键期则为5～14岁。

　　所以，作为新时代的父母，在家庭教育的总则中我们必须加入这样一条：为成长中的男孩不断加重"财商砝码"！和很多能力的培养一样，理财教育也是一个循序渐进的过程。父母对男孩的理财教育，应遵循其智力发展规律，按照其年龄阶段的不同，采取不同的教育方法。实践表明，教孩子理财可分为三个阶段：

　　5岁之前的孩子，大多无法理解抽象概念，他们只对具体的东西感兴趣。因此，此阶段父母只需对孩子传授一些简单的金钱知识。

　　例如，应该告诉孩子：

　　1. 钱币和钱币之间也是有区别的，有的钱币会更值钱一些。

　　2. 金钱可以用来换取他们想要的一些东西，但不是全部。

　　3. 电视上的玩具买回家后并不会像电视上那样漂亮，而且也并非那样好玩。

　　4. 将钱币定期放在储蓄罐里，积攒一定数量后，就可以实现一定的心愿。

　　5. 并不是你想要的每一样东西都能得到，即使这个东西近在咫尺。

　　孩子不良消费习惯的养成，往往在5岁前就初露端倪了。因此，在这个年龄阶段，学会拒绝孩子的无理需要，就是每位父母都必须做到的。

　　如果因为面对孩子的一时哭闹，就心生不忍，进而满足孩子的各种需求，那么无疑这种妥协将一而再、再而三地出现，孩子也会渐渐养成欲望无度的恶习。从表面上来看，父母的这种满足是一种爱的表现，可从长远来看，这对孩子的一生却是一种害！

　　此外，在对孩子进行理财教育时，你还必须考虑到他们的年龄。可能你费尽了口舌，而孩子仍坚持想要那个东西，这没有什么奇怪的。重要的是，要让孩子习惯听到你说不，并解释为什么。

　　孩子进入童年期后，随着主动性的加强，处理有关钱的问题的能力也会有所提高。因此，加强男孩的理智消费观念，尤为重要。

　　例如，在此年龄阶段，家长应教育孩子：

　　1. 每周或每月可以有固定的零花钱，但不可要求预支。

　　2. 用自己的钱买电影票、零食或游戏卡片。

　　3. 学会挑选一些物美价廉的商品。

　　4. 存在银行的钱，银行不会总为你留着，而会将它放贷出去，或进行投资。

5. 如果想要有额外的消费，必须向父母说明是"需要"还是"想要"，并讲出合理的理由。

让孩子接触银行的最好方法就是，当父母到银行办理开户，或是到银行存钱时，把孩子带在身边。这样，孩子就会慢慢学会开户、存款以及提款的流程，并且对储蓄以及利率等知识形成更深刻的认识。

此外，在孩子提出非合理需求时，父母还应帮助孩子区分"想要"和"需要"之间的差别。"想要"大多是一种无理的需求，没有正当理由，得到的快乐是短暂的；而"需要"则是确实对学习或生活有所帮助。当"讲出正当理由"成为了一种固有的消费规则，孩子就会知道，并不是自己的任何需求都应该满足，并渐渐控制自己盲目购买的欲望。

男孩进入中学阶段后，独立意识、思维能力都有所增强，在早期理财教育的基础上，父母还应教育孩子：

1. 你即使减少衣着方面的开支，也能穿出自己的风格。

2. 请留心家庭的财务开支，包括你上大学的费用。

3. 你可以不准备账本，但你必须对金钱有所计划，做到收支平衡。

4. 将平时打工挣的钱省下一半来，充抵学业开销及今后上大学的费用。

5. 多观察生活，只要付出劳动、开动脑筋，你也可以像父母一样赚得金钱。

在教育孩子理智消费、计划消费的时候，除了教孩子一些辨别货物品质的知识外，还应使用一些促进孩子计划用钱的技巧。例如，针对某件物品，可以给孩子规定一个适当的购买价位，并告诉孩子：如果买到物美价廉的物品，多余的差价就是你的。如此，孩子就会积极地进行比较消费，进而养成良好的消费习惯。

有些家长想让孩子健康无忧地成长，这种心情可以理解，但是必须让男孩知道：钱是怎么来的。男孩对于金钱的重视程度至关重要。男孩最初遇到的金钱问题，体现为购买东西的欲望。从刚刚会走开始，他就会要这要那——吃的、玩的，等等。这个时候他还不知道金钱到底是什么，他认为金钱就好像是从父母口袋里冒出来的，可以用它换来很多好东西。因此，父母对男孩进行的第一项金钱教育，就应当是告诉他，钱是怎么来的！

如果此时，父母对孩子不进行必要的金钱教育，只是一味地满足孩子的要求。长此以往，在孩子眼中，父母就会成为无限提款机，他们甚至会对父母说："没钱，就去银行取啊！"在他们看来，只要自己需要，父母就会像变戏法一样拿出钱来……这类孩子长大后，不仅会缺少赚取金钱的能力，更会严重缺乏感恩的心态，一味向父母索取，而不知回报。

每个孩子都是天性善良的，在没有受到教育和影响的时候，孩子的大脑就像一张白纸，必须加以正确引导。而引导的重要方法之一，就是带领你的儿子一同去"消费"！

小明要上幼儿园了，爸爸妈妈为了培养孩子的理财意识，决定带他一道去交学费。在交学费的路上，小明像很多小朋友一样，他歪着脑袋问父母："为什么要把这么多钱交给幼儿园呢？"

爸爸妈妈于是顺着问题，给他讲上学要交的这些钱主要是用于支付幼儿园教师的工资，用于买玩具、学习用品，用于买饮料、水果，还用于给小朋友修建玩耍的场所。同时，爸爸妈妈又给他讲，这些钱是他们工作得来的，跟幼儿园的教师一样，他们只有通过工作才能获取金钱。

虽然只是交学费路上的简单对话，却可以让幼小的孩子明白了这样两个重要的问题：一、为什么交钱才能上幼儿园；二、让孩子意识到，钱是一种货物之间等价交换的中介，是需要付出劳动才能得到的东西，并不是凭空就有的。

男孩的特性之一，就是自控力不强。于是，很多男孩在无形中就养成了花钱随便和爱跟别人攀比的不良习惯。一位父亲就曾沉痛地反思道：

一次，家里发生了意外事件，财产几乎损失精光。就在我和孩子的妈妈一筹莫展的时候，儿子却对我说："爸，明天是我们班长的生日，他和我特好，给我300块钱，我请他到卡拉OK包厢过生日。"

儿子的话，使我惊愕。区区小孩，竟然要拿钱给同学包包厢过生日？儿子的消费观念，令我担忧。我说："儿子，咱家最近出了意外，你是知道的，爸爸哪有钱给你请同学过生日？再说，同学过生日，你为何非要请他到那种场所消费？"儿子不以为然："我知道你最近没钱，可300块总拿得出吧。再说，请班长过生日，我是想让别的同学看看，我哥们多酷多帅。"

听着儿子理直气壮的回答，我只有哀叹不已！

面对家庭困境，儿子不仅不闻不问，而且还理直气壮地跟父亲要钱去消费。想必故事中的父亲此时一定会悔恨不已，后悔自己之前的无度给予，后悔自己之前没有及时对孩子进行适当的理财教育。

生活中，像故事中的孩子一样，不理解父母的苦衷、贪图虚荣、讲究排场的孩子并不在少数。究其原因我们会发现，孩子之所以会形成这种不良的消费习惯，其根源就在于，孩子并不知道金钱来之不易的道理。

因为不知道金钱的获取是需要付出辛劳的，所以孩子学会了不珍惜；因为不清楚父母为这个家庭承担着多大压力，所以孩子学会了不理解；因为不了解生活残酷与现实的一面，所以孩子感觉不到自己的生活多么幸福……

所以，身为父母，就应运用自己的智慧，帮助孩子正确认识金钱，珍惜并尊重大人为此付出的劳动，进而养成从小节约的好习惯。父母每天都会对自己的男孩说："儿子，爸爸（妈妈）上班去了"；每到月末，父母也都会拿回为数不少的工资。孩子尚且稚嫩的思维，还不能明白"工资"究竟是一个什么样的概念。他们对工资最直接的感受只能是，爸爸妈妈用工资为自己购买了自己喜欢的东西，满足了自己的需要，所以工资是个好东西。于是，大多数孩子都会将目光聚焦在金钱之上，而忽略了父母在工作中的辛劳付出。

所以，不管孩子的年龄有多大，父母最应做的一项理财教育就是–带儿子到自己工作的地方去看看。只有让孩子真切地感受到父母的工作是多么辛苦，他才会明白金钱的来之不易，才会明确地知道金钱是从何而来的。正如某位哲人所说的："要让你的孩子知道，你付出了代价，才拥有了现在的生活。"

值得特别提醒的是，即便是一些资金宽裕的家长，也应当在生活中施行这一教育方法。要知道，即使你可以让孩子永远远离缺少金钱的烦恼，但再多的金钱都不能给予孩子一颗感恩的心！孩子看到你的付出是汗水、是辛劳，而非单纯的金钱，才会更加地敬你、爱你！

当你拖着疲惫的身体回家时，你顽皮的孩子很可能会缠着你陪他玩。此时，你会怎样回答他？"妈妈（爸爸）很累，自己玩去！"

"妈妈（爸爸）很累，因为妈妈（爸爸）想在六一儿童节为你实现一个心愿。所以，妈妈（爸爸）要辛苦地工作赚钱。你能给妈妈（爸爸）捶捶背吗？"

很显然，前一种回答实在很糟糕，因为你忽略了孩子的心情，他多么想念一天没见面的妈妈(爸爸)，多么想在你的身边撒撒娇啊，但是你打碎了孩子的梦想。

后一种回答则一举两得，你不仅告诉了孩子，你为什么这么辛苦、为什么不能陪他玩，而且告诉了孩子，妈妈(爸爸)赚钱很辛苦，让孩子体会到你的辛苦，为你捶捶背、揉揉腰。这样，既告诉了孩子挣钱不易，要体会大人的艰辛，而且密切了孩子和你之间的感情。

男孩看到别的小朋友有钢琴，他也想要，于是整天缠着妈妈说这件事。聪明的母亲没有立刻满足他，她不想让儿子成为呼风得风、要雨得雨的"小皇帝"。在她确认了儿子对学习钢琴的确有兴趣后，她认真地告诉儿子："钢琴很贵，要用掉好多好多的钱，妈妈要认真地工作一段时间，把钱攒够后才能给你买，你得等一等。"

一年的时间过去了，儿子一直记着妈妈的话，当他再次向妈妈提到这件事时，母亲故意面露难色，十分抱歉地对他说："对不起，钢琴实在是太贵了，妈妈还没有攒够钱，你能不能再等一等呢？"儿子虽然有点儿失望，但还是答应了妈妈的请求。

到了向儿子履行诺言的时候了，妈妈拿出3万元钱，故意叫工作人员将它们换成每张10元面额的，然后将一大堆钱带回家摆在儿子面前，告诉他要花这么多钱才能买到一架钢琴。孩子看到面前的这么多钱，惊讶得张大了嘴。

就这样，儿子通过妈妈的苦心，理解了一架钢琴的价值，他不仅很自觉地爱护这架钢琴，并且非常认真地学习钢琴，因为这是妈妈辛苦工作很长时间，用"很多很多"的钱买来的。

这位母亲是聪明的。对于孩子来说，买一件东西究竟需要多少钱，他是没有概念的。但当一大堆具体的钱放在他的眼前，他就会突然醒悟，原来要购买的这个东西如此珍贵。这样一来，孩子不仅学会了懂得珍惜，更学会了尊重他人的劳动成果。

让男孩适当吃苦

对于男孩来说，天性使然的易激动、易情绪化，粗线条的思维方式、做事方式，是他们鲜明的个性特征。也正因为如此，一旦男孩养成了花钱随意的习惯，他们就会对"贫穷"和"富有"毫无概念，认为父母为自己花钱是应该的。

在我们的身边经常会出现这样的事情：有的男孩因为父母不能满足他的一个小小要求，就对父母怀恨在心，觉得父母不爱他，于是对父母进行百般刁难和报复，甚至动不动就"以死相逼"；有的父母含辛茹苦、节衣缩食，为的是供自己的"心肝宝贝"就读名校，将来能考上重点学府。谁知那孩子却整日泡在网吧里，对学习根本心不在焉，对父母的教诲也充耳不闻……

很多父母都认为"儿子需要的，我一定满足"，是对儿子的一种爱。可这种太过富足的爱，究竟会给男孩的一生带来怎样的影响呢？

无数的事实证明，如果我们给予孩子太多太好的物质生活和享受，他们就会永不休止地光顾着索取，而忘记了奉献和创造；如果我们时刻为他们遮风挡雨，他们就会变成养在笼子里的"金丝鸟"，永远地丧失展翅高飞的能力……

有句老话说得好——"穷人的孩子早当家"。为什么"贫穷"反会让孩子"早当家"呢？原来在这句通俗的话语中包含着一个很深的教子哲理：

只有"贫穷"，才能让孩子感受到"苦"和"累"的滋味，于是发愤图强，努力想办法摆脱困境；只有"贫穷"，才能让孩子在磨难的生活中得到锻炼，从而成为具有不屈不挠精神的"社会栋梁"。所以，家长不如试试以下的教育方法，让你的儿子"贫穷"一回：

　　某年轻夫妇收入极其丰厚，生活自然过得富裕安逸，他们穿的是名牌衣服，用的是高档电器。但自从他们的儿子出生以后，夫妇俩就故意装扮成"穷苦"人家。

在家庭生活中，他们注意克勤克俭，衣服不再追求名牌、时尚，吃的不再刻意要山珍海味。他们还时不时在孩子面前唠叨：爸爸妈妈工作很辛苦……让幼小的孩子知道父母挣钱不容易，家里的经济并不富裕。

在夫妇俩"贫穷"教育法的培养下，他们的儿子自小就学会了勤俭和节约，从不乱花零用钱。平日，家里没用的纸箱皮，他会一个一个地存起来，积累够一定数量时，就拿去卖给那些收纸箱皮的人。看到"小鬼当家"的一副认真样，夫妇俩心里乐滋滋的，对儿子的行为赞赏不已。

这对夫妇别出心裁的教育方法，我们做家长的是不是也可以触类旁通，借鉴一下呢？

俗话说得好，"由俭入奢易，由奢入俭难"。当孩子习惯了花钱如流水、伸手钱便来的生活，面对父母的拒绝或家境的变故，他又怎么会理解和接受呢？而如果孩子从小就养成了节俭的意识，长大成人的他也必然会对财富倍加珍惜，并感恩父母为自己所创造的一切。

家长们都有这样的体会，对于年纪大一点的孩子，如果我们老是在他面前念叨自己以前生活如何贫苦、如何艰难打拼等等"老掉牙"的事情，不但不能起到教育作用，孩子反而会嗤之以鼻，甚至反驳道："都什么年代了，难道你们想社会大倒退，让我们回到你们那个穿破衣、啃红薯的年代？"

对于这些涉世未深的孩子，我们不如来点"新鲜"的教育方法，让他们亲眼目睹社会中下层人们的穷苦生活情景。比如收集一些报刊、电视、网络等媒体上有关边远山区人们生活工作的图片、报道和录像给孩子观看，以此触动他们的心灵；或带他们到下岗工人的家里、陪他们去孤儿院看看那些孤独无助的孩子，使他们领悟到自己的幸福所在……

一个刚12岁的男孩，平日花钱如流水，小小年纪就好吃懒做、贪图安逸，还总是逃学。父亲对此忧心如焚，于是就安排儿子到一个朋友的工厂里去做调查，让他观察民工的日常工作。在工厂里，男孩第一次体味到了生活的艰辛，也知道了自己生活的优越，明白了的父亲的良苦用心……

子女只有懂得贫富的明显差别，才会调整好心态，在对比中学会知足，在对比中学会珍惜，从而自觉反省自己平日的奢侈行为。

男孩是固执的，他们对事物的看法往往一旦定型就很难改变。因此，如果我们不让其身临其境，不来点"苦肉计"，他们就很难真正感受到"贫穷"的味道。

一位母亲的方法很有独到之处：

放暑假时，妈妈把10岁的儿子明明带到了乡下的大伯家里，让儿子寄居在农村，和农家孩子一起放牛、耕种，吃着油花并不多的饭菜。

从来没有干过什么活的明明自然是十分不习惯，才待了两三天时间，就嚷着要回城里。大伯也不忍心看着白净柔嫩的侄儿受苦，于是劝"狠心"的妈妈来把儿子接回家。可是孩子的妈妈丝毫没有因为电话里儿子的诉苦和哭声而动摇，她还语重心长地教导了儿子一番。儿子明白了妈妈的初衷，于是就安心地住了下来。

两个月的假期生活，明明渐渐爱上了憨直可爱的农家孩子，喜欢上了淳朴宁静的农村生活，而且增长了不少农家知识，学会了很多农活。回到城里后，甚至连他那晒得黑黑的皮肤，也成为了城里小朋友们美慕的对象。

英国的一位文学家曾经说过这样一句话："平静的海洋练不出精悍的水手，安逸的环境造不出时代的伟人。"父母们，如果你们想让儿子早日成才，那就狠心地让你们的孩子"贫穷"一回吧！

曾连续两年排名"财富500强"首位的沃尔顿家族，是世界上最富有的家族之一。可谁能想到，身为这样一个公司的董事长山姆·沃尔顿，竟会叫自己的孩子从小时候起就开始为自己挣零花钱。

在孩子们很小时，老沃尔顿的四个孩子就都开始给父亲"打工"，干一些力所能及的活。他们跪在商店里擦地板，帮忙修补仓库的房顶，晚上帮助装卸简单的货物。父亲按照他们的劳动量，根据一般的工人标准付给他们"工资"。

人们常说：对富孩子的教育，要比对穷孩子的教育难得多，因为这些孩子从小生长在黄金窝里，他们并不理解金钱来之不易……今天，我们的孩子大多衣食无忧，作为父母，我们更应从小对孩子进行正确的理财教育。而"要花钱，自己挣"正是身为父母的我们，要教给男孩的第一个"理财之道"。

　　美国孩子经常从父母那里听到的口号是："要花钱，自己挣！"许多儿童通过修剪草皮或照看小孩等工作挣钱，不仅有了劳动的体验，而且对金钱的价值也理解得更深了一些。中国并不缺口号，"自力更生""奋发图强"的意义绝不逊色于美国的"要花钱，自己挣"。但是，中国父母们所缺乏的，往往是实施这些口号的勇气。

　　生活中并不缺少让孩子自己赚取零用钱的机会，孩子们也并不缺少勇气和力气，他们只需要来自父母的一点点正确"引导"。

　　　一个小男孩家境很好，可是父母给他的零用钱却很少，因为父母总是告诉他，赚钱要靠自己付出劳动，因为他现在什么都不能干，所以零花钱自然就少。有一天，妈妈对他说："儿子，你不是想有更多的零用钱吗？你可以试试这个办法。"

　　　"什么办法？"小男孩急切地问。

　　　"我们这里的垃圾箱里有很多的饮料瓶，你可以捡来卖啊。"

　　　从此以后，小男孩就利用空闲的时间去捡饮料瓶，有时还到邻居家上门收购。靠着卖饮料瓶，小男孩已经挣到了一笔小钱。

　　读了这个故事，很多父母可能会想，家里并不缺少这点钱，我才不会让孩子干这么"没面子"的工作。持有此类想法的父母需要反省了，难道教育一个孩子从小热爱劳动，懂得用自己的付出去换取收获，是一件不光彩的事情吗？在此，父母应该知道，人为地扼杀孩子赚钱的想法，无异于在孩子的一生中播下了"无能"的种子。

　　一位爸爸在他的教子日记里介绍了这样一种教育孩子自己赚钱的好方法：

　　　儿子自从上幼儿园大班就开始向我要钱，"我想要5角钱去买棒棒糖""我想买水彩笔，给我两元钱"……每天都要钱，有一天我不耐烦了，一本正经地对他说："如果你想要钱，自己来挣。"

　　　"可是，我不会呀。"这小家伙还很委屈。

　　　"你可以帮父母做一些力所能及的活呀，比如倒垃圾、扫地、擦桌子，这些都可以挣到钱。"

　　　"这样也可以呀？太好了。"儿子对这种新鲜的协议很感兴趣。

可是，有一天，儿子又对我说："爸爸，我干了半天，累得腰酸背痛才得到两元钱，怎么样才能少出力多挣钱呢？"

我想了想，告诉他："你可以用脑力赚钱，只要你给家里提一个好的建议并被采用，就给你体力劳动3倍的工资。"

结果儿子的建议非常多，并且确实提出了许多好建议。现在儿子上三年级了，在零用钱方面，我们一直对他采取按劳取酬的政策。现在这小家伙不仅爱劳动，还变得很爱动脑筋，"鬼点子"一直向外冒。

"要花钱，自己挣"，做家长的必须对你的小男子汉从小就灌输这种思想。这样不仅能够很快地促使他经济独立，而且还会使他的心理更早地成熟起来。对金钱没有概念、身上有钱就想花、看上的东西就想要、买了不久又后悔，这是很多男孩甚至成年人都存在的不良消费倾向。

究竟该如何冷却男孩们这"想要就买"的消费欲望，让他们正确看待花花绿绿的世界，合理消费呢？其实，引导你的小男子汉进行"正确消费"并不难。

一位母亲带着6岁的儿子到超市买东西。当孩子看中一样东西的时候，母亲并没有禁止孩子，而是亲切地对儿子说："来，让我们看看这个东西的价钱是多少，哦，八块钱，你觉得是不是太贵了？如果我们买旁边的那一个，省下一半钱可以买2包你爱吃的奶片，你看要哪一个呢？"

儿子想了想，选择要后一个。

购物结束的时候，母亲又拿出了一些钱给儿子，对他说："小男子汉，帮妈妈结账好不好？"

在购物的过程中，母亲既给了儿子充分的选择权利，又控制了孩子的非理性消费。这样，在尊重孩子意愿的前提下，不仅教孩子学会了比较后再购买的理财道理，更在结账的过程中锻炼了孩子对金钱的认知能力。

除此之外，在引导孩子"正确消费"方面，还有这样三点需要父母注意的总原则：

1. 不可以大量减少甚至停止儿子的零花钱，或用粗暴责骂的方式来控制他的消费欲望。因为突然间收入的减少会使得男孩对物质的欲望更加强烈，转而力图通过其他途径来取得零花钱，进而满足自己的购物需求。

2. 父母不应用金钱来衡量一切，平时老用钱来和儿子谈条件。金钱至上的观念会让孩子缺乏责任感和同情心，形成狭隘、自私的个性。

3. 不提倡为住校的男孩办理各种各样的银行卡。让孩子过早成为"有卡族"，会养成孩子随随便便就刷卡的坏习惯，增加很多不必要的消费。

因为家庭环境的不同、个性特征的不同，男孩们在消费的过程中出现的问题也各不相同。

小涛是个学习成绩优秀的孩子，由于家庭条件不错，所以父母对孩子的零花钱管理得非常宽松，这让他从小养成了花钱无度的习惯。每次上街，只要喜欢的东西小涛就往家里搬，一个月要问父母要好几次零花钱。但究竟花了多少钱，它们都用在了什么地方，小涛自己也说不清楚。

"花钱无度"的孩子对金钱没有具体的概念，手里有钱就花掉，花完就伸手向家长要，全然不知道所买的东西究竟实用与否，也说不出来钱究竟用到了什么地方。把金钱置换成自己喜欢的玩具和物品，对这类孩子来说只是一种神奇的体验。

针对儿子的花钱无度，父母可采取"定期定量发工资"的策略，并且申明平时不再随要随给。父母还可帮儿子建立小账本，以确定零花钱用在了什么地方，大人定期做"财务审核"，让孩子管理自己的零花钱。

此外，当孩子提出无理购物要求时，还可以用缓兵之计，不即时答应，但也不完全否定，利用这段时间的冷却，随时向孩子灌输"可买可不买的东西不要买"的购物原则，让孩子学会暂时放弃。

冲动购物型孩子看见自己想要的东西就立即会作出购买决定，而过后不久又会觉得自己并不是十分喜欢或发现不值，感觉自己吃了亏，并后悔自己的冲动。很多孩子甚至还会因此而情绪沮丧，对自己产生怀疑和自责。

一位妈妈曾这样描述了儿子的一次冲动购物经历：

由于脸上冒出了几颗惹眼的"青春痘"，儿子便天天嚷着要去痘，于是要求我给他买一支去痘产品。但我担心孩子会过敏，而且长几颗痘痘本来就是正常的，哪用得着那样价格不菲的化妆品，所以拒绝了他的要求。没想那小子居然用自己一个月的零花钱把它买了回来，但用了一段时间不见效果又大呼上当。

男孩的个性特征之一就是易冲动，因此"冲动购物"也是他们常犯的一个消费错误。值得提醒的是，当孩子购物后悔时，家长一定要及时安慰孩子，不让孩子因此而产生不自信和自责的情绪。

针对孩子容易"冲动购物"的问题，家长最好的方法就是教会孩子"货比三家"的消费道理。一位爸爸带着儿子逛了3家商店，目的是为了买一辆物美价廉的自行车，最后爸爸把省下来的20元钱买了一个孩子向往已久的乒乓球拍。

这位爸爸的聪明之处在于，他用行为给孩子做了很好的示范，使孩子了解了什么是价格差、什么是理智消费。这样，孩子在自己支配钱的时候，不但会精打细算，而且还会有很强的计划性。

某男孩聪明活泼，但唯一令人感到头疼的就是，他一出门就要买这买那。有时父母觉得外面的零食不卫生不给他买，他的小脸马上就会"晴转阴，阴转雨"！

"无限索取"型男孩大多受到亲人的宠爱，大人经常给他带一些小礼物回家，让他习惯了父母给自己买礼物。所以这类男孩一出门就会向父母索要东西，包括玩具、食品等等，受到拒绝则难以接受，大哭大闹。

这时，如果父母为了平息孩子的哭闹而满足了孩子的欲望，这对孩子学习自我节制是相当不利的。在坚持立场的同时，父母可以告诉孩子："你'需要'的东西，我们一定为你准备；你'想要'的东西，可以告诉我们，我们会斟酌情况，决定要不要买给你；但如果你用哭闹或发脾气的方式来争取，我们一定不会给你买。"

此外，在应对孩子"无限索取"的同时，父母还要保持统一战线。有些孩子会问妈妈要钱去买爸爸说不能买的玩具，或者父母要他做事情的时候，以金钱作为要挟条件，这是孩子逐步在利用自己不断增长的谈判技巧增加自己的"收入"。对于这种现象，父母要反省教育孩子夫妻态度是否保持一致，并警告孩子，抵制他的不诚实行为。

攀比型的男孩一般比较好面子，很少考虑家庭实际的经济承受能力和商品的实际价值，喜欢花很多钱买高档的商品。对他们来说，拥有别人羡慕的眼神就是莫大的快乐和成就。当一个男孩攀比之心严重，那么随着年龄的增长，他们攀比的方式就会逐步升级，最终令父母难以承受。

孩子思维单纯，会在礼物贵重程度与心意之间画等号，认为赠送的礼物越贵重，关系越亲密。作为家长，此时就要给孩子一个正确理念：礼物的意义在于表达心意，有时候，一些切实的帮助或亲手制作的礼物，反会令对方倍感珍惜；且过分贵重的礼物还可能会给对方带来很重的心理压力和经济负担。此外，家长还应指导孩子不要随意收取别人过于贵重的礼物。

在当代社会里，教给你的儿子一定的科学理财方法是每位父母义不容辞的责任。所以父母不应仅仅满足于孩子对钱的了解认识，还要在实践生活中培养、训练男孩的理财能力。而培养理财能力的重要方法之一，就是教你的小男子汉养成储蓄的好习惯，并教给他一些投资的技巧。

一位上小学四年级的小男孩，在家长的帮助下，他把自己的积蓄分成两部分。因此，他在银行有了两个属于自己的账户，其中一个定期账户是用于存放不常用的钱，这样利息高；另一个是活期账户，用于存放日常的零用钱。后来，在爸爸的指导下，他开始用积蓄的一部分定期购买债券。

在未来的社会，男孩是否能够掌握一些理财投资的方法，对其成长和成功尤为重要。因为，只有学会了储蓄，他才能养成节省"自己的钱"的习惯；只有学会了投资，他才能在竞争日益激烈的社会中，率先学得生存和发展的本领。在孩子小的时候，家长就应有意识地培养孩子的理财能力，指导孩子熟悉掌握基本的金融知识与工具。从短期效果看是养成孩子不乱花钱的习惯，从长远来看，将有利于孩子及早具备独立的生活能力，使其在高度发达、快速发展的时代中，具有可靠的立身之本。

孩子的储蓄意识，是应当从小培养的，例如-，有的小孩喜欢吃冰淇淋，如果买一杯要花6元的话，家长就应告诉他："你想吃可以，但是今天只能给你3元，等到明天再给你3元，你才能买来吃。"这就是孩子储蓄观念的萌发。

在一些节日，家长或亲戚朋友常会给小孩一些零花钱，或者让孩子得到一些劳动报酬。这时，家长就应帮孩子在银行开一个存款账户，让他把所有得来的钱都存入这个户头，每隔一段时间就和孩子坐下来算：这个户头得了多少利息，并教孩子一些利息的计算方法。

男孩到了六七岁时，父母就应给予他一个懂得为短期目标存钱的思想。比如，孩子要买一件自己喜欢的、并不太贵的玩具时，父母就可以利用这个机会教孩子存钱。父母可以为孩子订一个明确的计划：每天应该存多少钱，存多少

183

天就能买到自己想要的东西。这样，孩子就会有目的地把父母给的零花钱积攒起来。让孩子用"自己攒的钱"得到这个玩具，会比轻而易举地从父母处得来更加珍惜，还可以懂得积少成多的道理。

需要提醒的是，这种年龄段的孩子存钱的耐心至多只能有3个星期，时间太长会使孩子感到灰心，失去存钱的兴趣。大约到了9岁，孩子才能懂得为远一些的目标而存钱的道理。

美国著名的教育专家戈弗雷在谈到储蓄原则时指出：

孩子可以把自己的零花钱放在3个罐子里，第一个罐子里的钱用于日常开销，购买在超级市场和商店里看到的"必需品"；第二个罐子里的钱用于短期储蓄，为购买较贵重物品积攒资金；第三个罐子里的钱则长期存在银行里。

为了鼓励存钱，父母可以陪孩子一起去银行存钱，并以孩子的名义开一个户头。当孩子在铅印的存单或存折上见到自己的名字时，会使他们感到自己长大了，变得重要了。

银行的另一个好处是：它能使孩子充分理解钱并不是随便就可以从银行里领出来的，而是必须先挣来把它存到银行里去，然后才能取出来，而且还会得到多出原来存入的钱的利息。

方法三：教给孩子一些让钱升值的投资方法

当储蓄积累到一定的金额，适时地教给男孩一些投资的方法，是十分必要的。男孩的探索欲望是很强的，当他知道用适当的方法可以使金钱变得更多时，他就会对此项理财活动充满了兴趣，并为此而变得积极努力起来。

在国外，很多家长都会让自己的儿子早早地接触股票、基金、债券、拍卖等理财知识。千万不要认为你的儿子还小，给他讲解关于投资的知识他也不明白。只要巧妙地将投资的意识融会在生活中、融会在游戏中，孩子自然会对此产生浓厚的兴趣。当你的小男子汉在投资的过程中获得了一定的收益，就没有什么能阻挡他对金融知识的热爱和钻研！

书本以外的世界

当今的时代，不少年轻父母都十分重视从小培养孩子的"世界化"眼光。于是，在我们的生活中，常常充斥着这样的育子心声："从两三岁起，我就让孩子开始学习英语了。这未来社会，英语不好的话连工作都找不到。"

"我的孩子长大了，一定送他出国留学。出去长长见识，回来以后就是不一样。"

随着国际交往的日趋密切，越来越多的爸爸妈妈清醒地认识到，在新世纪背景下成长的孩子将面临越来越激烈的国际竞争，而要想让他立于不败之地，必须对异国文化和历史拥有全面、深入、准确的了解。

与家长们的深谋远虑不谋而合，很多教育专家也指出："只有让下一代学会理解不同政治制度、文化背景和宗教信仰的民族，才能与他们和平共处，从而拥有更大的生存空间。"所谓的高瞻远瞩，就是说我们要立足现在的生活，对未来社会的发展、未来的世界，有着更深远的认识，并积极做好适应的准备。

因此，对于男孩的父母来说，积极培养男孩的"世界化"眼光，就是刻不容缓的一项教育重任。要知道，对于男孩来说，他在未来取得多大的成就、能有多大的作为，将很大程度上取决于他是否具有"国际化"的视野。

除了让孩子学好外语，或者出国留学外，还有没有什么其他更加简单便捷的教育方式，可以让我们的小男子汉从小就成为"世界化"公民，具有"世界化"的眼光呢？

不管你的男孩多大，都请马上在家中挂一幅世界地图吧！这个方法看似简单，却是让孩子随时了解世界各国的最好方法。

明明还不识字时，爸爸就在家中的墙上挂了一幅世界地图。为此，妈妈还曾和爸爸争论过，妈妈说："把我们生活的这个城市的地图挂上多好，对出行还能有所帮助。"爸爸笑着说："先让儿子有了世界的眼光，自然就有了中国的眼光、家乡的眼光。"

后来，每当爸爸带明明吃日本寿司回来，都会引导他在地图上找到日本，有时还会和孩子进行比赛，如果谁先在地图上找到日本，就将赢得一份小奖品；爸爸带明明吃麦当劳快餐时，也会给他讲一些美国的历史故事，以及美国发达的科技和享誉全球的迪士尼乐园等，因此每次明明从麦当劳回到家，要做的第一件事情就是在地图上寻找美国。

除了在家中挂上一幅世界地图外，如果孩子喜欢绘画，家长还可以鼓励孩子画地图。画出地图，是教孩子从小心中装着世界的最好方法。当孩子的画笔慢慢伸展，他在画地图的同时，也就熟悉了不同的国家。

相比世界地图而言，地球仪也是个不错的选择。好奇心重、喜欢新鲜事物的男孩一般都会对新买来的地球仪倍感喜爱。

买个地球仪的好处就是，只要在电视等媒介上看到某个陌生的国家，爸爸妈妈就可以随时和孩子一起在地球仪上寻找、对照。孩子习惯了这种方式，自然就会形成一种习惯。例如，新买的玩具上印有"印度制造"字样，孩子就会地球仪上寻觅印度这个文明古国；美伊发生了战争，孩子就会比对伊拉克和美国的地理位置等。

为什么很多人学习外语特别困难？这并不是学习一种新的语言很难，而是我们很多人在学习外语时，只注重单词的记忆、发音的方式，却忽略了对这种语言背后的文化的学习。

学习外语自然是熟悉世界的一条途径。但学习外语的时候，却并不意味着只是单纯地让孩子学说外国话。

小伟刚刚9岁，就已经熟练地掌握了两门外语——日语和英语。当周围人向小伟妈妈请教经验时，她这样介绍了自己的经验："其实也没有什么特别的，只是我在让孩子学习外语的同时，也相应地学习了一些其他的东西。比如，学习日语时，我让小伟学习了一些日本的历史、民俗，并学了一些日本的乐器；学习英语的时候，我常让小伟通过阅读书籍和观看录像，观察美国人和英国人在生活方式上的某些差异。"

任何一门语言，都起源于一种相应的文化。只有让我们的男孩从小去接触不同的文化历史、不同的风俗习惯，他才能更好地把握这个国家的语言，进而具有"世界化"眼光。男孩小的时候，父母可引导他多读一些不同国家的童话书。随着孩子年龄的增长，父母还应在男孩的床头摆放一些可以更直观了解世界的精美图书，比如《各国国旗》《国家地理》等图文并茂的书籍和刊物。这样的书籍，不仅内容丰富有趣，而且图文并茂，是引发男孩对世界各地产生强烈向往的最好媒介。

电脑的普及，让世界各国之间的距离越来越近。因此父母可以定期抽出时间，与孩子一同上网浏览，通过网络了解各国的风土人情，并对世界各地发生的重大事件有所掌握。如果孩子的外语比较好，家长还可以引导孩子到国外的一些网站上去看看，这对培养孩子多元化的思维十分有好处，并且可以辅助孩子学习外语。

王女士有个4岁多的儿子。孩子特别好动，而且好奇心很强。她发现孩子有"改造"玩具的天赋。比如买回来的积木，孩子可以按照自己的想象堆出奇形怪状的东西来，而不是玩具制造商所设计的本来玩法。刚开始她总是先教孩子怎样玩，后来，买回积木后，她索性把自主权交给孩子，随便他怎么玩。每当孩子让她欣赏自己的"杰作"时，她都会给以称赞："哇，又有了新玩法，真不错！"并且鼓励孩子："还有更好玩的玩法吗？"这时孩子又一个人开始了新的尝试。张女士发现在这个过程中，孩子的脑子越来越灵活了。

其实很多孩子都有发现的能力，只是大人往往忽略了，或者并未为孩子提供这样的机会。所以，建议父母不论在家里，还是带孩子出去玩，都要不失时机地引导孩子去发现。不用费多大的劲儿，只要问问他："有没什么新发现？"孩子就会动脑筋去想，动手去做了。

孩子看完一本小人书，随手一丢，家长也不问一句。或许他看过了也就看过了，没有什么收获，也懒得去思考什么。要是你问他看书的时候有没有发现有趣的事，他就会去回忆自己看过的内容，及看书的过程中曾一闪而过的想法。通过回忆，他也许有了新的看法，新的疑问。许多知识，就是这样无形中增加的。孩子有时会主动向父母要求做某件事。这个时候，父母不但要给机会让孩子去尝试，还应该及时询问孩子："发现什么问题没有啊？""有新发现吗？"这其实是在提醒孩子，不光是做事，还要观察和思考。孩子的探索的兴趣也会因此慢慢被调动起来。

有的父母带着孩子出门去玩的时候，最喜欢警告孩子："不许到那个地方去！""别跑远了。""不要到处乱跑。"看到孩子盯着一群蚂蚁，赶紧呵斥："一群蚂蚁有什么好看的。爬到你身上就有你受的。"孩子的好奇心和探索的兴趣往往就这样被扼杀了。可是，如果你问一句："看什么呢？发现了什么好玩的？"孩子也许真能说出他的"高见"。经常这样，孩子会形成一种习惯，看到新鲜有趣的事，他都会留心观察，有什么疑问，他自己去找答案。这有利于培养孩子的观察力和探索能力。

当然了，你不能强迫孩子去探索和发现。父母提供的，只是一个契机，一条线索，一种启发。适时表扬孩子的发现不要说提醒孩子去发现，有时就是孩子有了发现，父母通常也就随便打发了。

孩子："妈妈，我发现树上有个奇怪的洞。"

妈妈："一个洞有什么好奇怪的。"

孩子："爸爸，我终于发现那只鸟为什么老不愿意离开了。"

爸爸："哦。你去玩吧，爸爸很忙。"

这是生活中很普遍的现象。父母们要么对孩子的一个小小发现不以为然，要么因工作繁忙而对孩子敷衍了事。简单一句话，就把孩子因为有了发现而产生的勃勃兴致全浇灭了。如果父母老是对孩子这样，他以后再也没兴趣去探索什么东西了，或者有什么发现，也懒得跟父母说。

孩子是需要有人回应他的。要是他做了一件事，而没有任何人来关注，他会觉得失落和无趣。特别是孩子有某个发现的时候，他心里是很惊喜和得意的，迫切需要与人分享自己的"成就"，尤其需要获得父母的重视和肯定。父母的冷淡，会让一团兴趣的火花瞬间熄灭。对孩子的发现给予一点关注，有那么难吗？能耽误多少时间呢？除非你根本不关心孩子的成长。

观察力是创造力的源泉。而这两者又是需要让孩子从小就开始培养的。父母就是培养孩子这些能力的"助手"。不需要付出太多精力，有适当的机会就提醒他一句，在他有发现的时候，表示出兴趣，并给予赞扬，孩子就会得到非常大的鼓舞了。

辅助学习的能力

有句俗话说，"心急吃不了热豆腐"。这正说明耐心是成功的关键因素之一。在心理学上，耐心属于意志品质的一个方面，即耐力。它与意志品质的其他方面，如耐性、自制力、观察力、记忆力等有一定的关系。

齐白石是中国近代画坛的一代宗师。齐老先生不仅擅长书画，还对篆刻有极高的造诣，但他也并非天生具备这门艺术，他也经过了非常刻苦的磨炼和不懈的努力，才把篆刻艺术练就到出神入化的境界。

年轻时候的齐白石就特别喜爱篆刻，但他总是对自己的篆刻技术不满意。他向一位老篆刻艺人虚心求教，老篆刻家对他说："你去挑一担础石回家，要刻了磨，磨了刻，等到这一担石头都变成了泥浆，那时你的印就刻好了。"

于是，齐白石就按照老篆刻师的意思做了。他挑了一担础石来，一边刻，一边磨，一边拿古代篆刻艺术品来对照琢磨，就这样一直夜以继日地刻着。刻了磨平，磨平了再刻。手上不知起了多少个血泡，日复一日，年复一年，础石越来越少，而地上淤积的泥浆却越来越厚。最后，一担础石终于统统都被"化石为泥"了。

这坚硬的础石不仅磨砺了齐白石的意志，而且使他的篆刻艺术也在磨炼中不断长进，他刻的印雄健、洗练，独树一帜。渐渐地，他的篆刻艺术达到了炉火纯青的境界。

耐心被认为是一个人心理素质优劣、心理健康与否的衡量标准之一，也是孩子未来成功的关键因素之一。培养孩子的耐心不仅对他在学习上有帮助，而且对他今后的人生道路也有很大的影响。但是，孩子毕竟是孩子，许多孩子都不够有耐心。只要想到了或者听到了，他们便要求立刻兑现。否则便不停地纠缠、吵闹，直到父母满足他们的要求为止。

这其实并不奇怪，因为孩子的耐心并不是与生俱来的，而是需要后天的培养。当孩子不停地用哭闹强迫父母满足他的要求时，父母要沉得住气，一定要注意对孩子进行耐心训练。只有父母付出耐心才会培养出孩子的耐心。那么，怎样培养孩子耐心的习惯呢？许多孩子没有耐心，是因为家长自己做事也是虎头蛇尾。所以，要想让孩子有耐心，父母首先要有耐心地去做每一件事情。

比如，晚上父母可以跟孩子一起学习。当孩子不断地起身、坐下时，做父母的要坚持看书，孩子见父母能够耐心地看书，也能受到一些感染。

另外，父母在要求孩子做一件事情之前，要先跟孩子约好这件事必须耐心地做完；如果没有完成不仅需要补上没做完的，而且还得再增加时间来处理相关的事情。这样，孩子就能够有计划地去做事，也能够在一定的时间内耐心地把事情做完。

父母一定要让孩子明白，耐心执着是成功的秘诀。著名生物学家童第周的父亲为了让童第周从小就明白耐心的重要性，让他能够执着地学习和做事，特意给他题了"滴水穿石"的条幅，告诫童第周世界上没有穿不透的顽石，只有没有耐心的人。父亲去世后，大哥安排童第周到宁波师范预科学校读书。只读了一个学期，童第周就提出要考当时全省著名的效实中学。哥哥对他说："效实中学是用英语讲课的，你的英语根本不行，肯定考不上的。"童第周却认为"滴水能够穿石"，只要自己耐心学习，肯定能够考上的。

为了准备考试，童第周坚持自学英语，每天除了吃饭外很少离开书房。终于，童第周考上了效实中学。在效实中学，童第周又用滴水穿石的精神，使自己的成绩从刚入学的倒数第一上升到了全班第一。这就是因为童第周对耐心学习有深刻的理解。

家长要以身作则，教育孩子时就要有耐心。孩子做错了事，要给他讲道理，耐心地告诉他错在哪里。不要不分青红皂白地打骂；就是拒绝他的不合理要求，也要让他心服口服。孩子毕竟是孩子，他们似乎没有多大的耐心，只要想到一件事情，他们总是希望立刻去做，否则便会不停地纠缠。

　　妈妈正在厨房里做蛋糕，小慧心在一边看着妈妈不停地忙碌。看见妈妈拿出香香的巧克力和新鲜的水果。小慧心说："妈妈，我要吃蛋糕。"

　　妈妈说："蛋糕还没做好呢，妈妈要把粉调好，再加入慧心最爱吃的巧克力和水果。"

　　3岁的小慧心仍然纠缠妈妈："我就想吃蛋糕！我就要现在吃！"

　　妈妈有些不耐烦了："蛋糕还没做好怎么吃呢？你怎么这么不听话呀？"

　　小慧心开始讨价还价："那我要吃巧克力，吃水果！"

　　妈妈说："你吃了巧克力和水果，妈妈还怎么做蛋糕呀？"

　　"我不管，我现在就要吃！"小慧心开始耍赖起来。

　　妈妈无奈，只好让小慧心先吃巧克力和水果。

　　现在，慧心已经上小学了，但是，她做事似乎永远都是三分钟热度，想的时候好好的，真要做的时候，总也坐不住。

　　事实上，父母如果从小教孩子学会等待，不事事都满足孩子的要求，孩子的耐心就会慢慢被培养起来。

　　刚刚吃完晚饭，妈妈正忙着收拾东西时，7岁的雨帆就开始叫道："妈妈，我要到公园去玩。"

　　妈妈说："等一下，等妈妈收拾完东西一起去。"

　　"不要，我要现在就去，你回来再收拾吧。"雨帆开始坚持。

　　"不行，做事情就要一件一件做，妈妈要先收拾完才能跟你一起去。你先等一会，看一会今天的报纸，妈妈很快就收拾完了。"

　　这时候，雨帆已经拿起报纸看起来了。等妈妈收拾完东西走到客厅的时候，发现雨帆已经看得津津有味了。原来，他看到了一篇自己喜欢看的小故事。

　　可见，遇到孩子没有耐心的时候，父母一定要坚持，不能因为孩子的要求而做出让步。如果父母每次都是只要孩子一要求就做出让步，孩子得到的经验就是"妈妈总是听我的，我想怎样就可怎样"，那么，孩子就会越来越没有耐心。当然，父母也不可以用生硬的态度来命令孩子，如"不行，你给我等着"，这样孩子就会产生逆反心理。因此，聪明的父母应该让孩子明白，等待是有原因的。

在日常生活中，任何小事情都可以用来培养孩子的耐心。例如，洗碗、擦桌子、收拾房间等。刚开始，孩子会漫不经心地边做边想玩，这时家长可以站在一边督促孩子，让孩子用心地去做，直到他把碗洗干净、饭桌擦干净、房间收拾整洁。要让孩子明白，任何事情都要耐心去完成。

在经历过小事的锻炼后，家长应该再有意识地给孩子设置点障碍，为孩子提供一些克服困难的机会。因为耐心是坚强意志磨炼出来的，越是在困难的环境中，越能锻炼孩子的耐心。这时，父母要鼓励孩子做事不半途而废。孩子经过努力完成一件事时，父母应当及时给予表扬，强化孩子耐心做事的好习惯。

如果孩子对学习没有耐性，总是沉迷于玩耍当中，父母可以试试其他的方法。安吉娜·米德尔顿在《美国家庭的卡尔·威特教育》一书中介绍了一种"三分钟"耐性训练法，这种方法被证明是训练孩子耐性的好方法。

皮奈特是一个缺乏耐性的孩子，他只爱看电视和玩游戏，对书本不感兴趣。

一天，父亲拿着个沙漏，告诉他说，这是古时候的钟表，里面的沙子全部漏下去时，整好是三分钟。皮奈特想玩玩这个沙漏，这时父亲说，以沙漏为计时器，你和爸爸一起看故事书，每次以三分钟为限。皮奈特很高兴地答应了。

第一次，皮奈特果然静静地坐下来听爸爸讲故事。但事实上他根本没有留意看书，而是一直看着那个沙漏，三分钟一到，便跑去玩了。但是皮奈特的父亲没有气馁，他决定多试几次。这样数次之后，皮奈特的视线渐渐由沙漏转移到故事书上了。虽说约定三分钟，但三分钟过后，因为故事情节吸引人，皮奈特听得特别入神，他要求延长时间，但父亲坚持"三分钟"约定，不肯继续讲下去。皮奈特为了早点知道故事情节，就自己主动阅读了。

在这里，皮奈特的父亲用了一种循序渐进的训练，对孩子进行了潜移默化的教育。这实际上是通过孩子感兴趣的东西，使孩子的注意力在一定时间内专注于某一对象，久而久之，孩子形成了习惯，也就提高了耐性。

三分钟的时间，正好适合孩子注意力的特点，三分钟后立即打住，这样不仅使孩子觉得父亲守信，而且还利用了孩子的好奇心，引发了他主动学习的动力。当然，培养孩子的耐性父母要有耐心和恒心，不要试了一两次后觉得没效果就放弃了。

专注是指一个人的注意力高度集中于某一事物的能力。注意力的集中与否直接关系到一个人的某项工作或事业是否能够取得成功。学习专注是所有学者的共同特征。著名的科学家牛顿就是个注意力高度集中的人。

牛顿一生中的绝大部分时间是在实验室度过的。每次做实验时，牛顿总是通宵达旦，注意力非常集中，有时一连几个星期都在实验室工作，不分白天和黑夜，直到把实验做完为止。有一天，他请一个朋友吃饭。朋友来了，牛顿还在实验室里工作。朋友等了很长时间，肚子很饿，还不见牛顿从实验室里出来，于是就自己到餐厅里把煮好的鸡吃了。

过了一会，牛顿出来了，他看到碗里有很多鸡骨头，不觉惊奇地说："原来我已经吃过饭了。"于是，牛顿又回到了实验室工作。牛顿注意力高度集中到了做实验上，竟然会忘记自己有没有吃过饭。正是这种高度集中的注意力，使牛顿在科学的领域建立了丰硕的成果。

著名物理学家李政道博士年轻时，没有静心读书的环境，他就在人声鼎沸的茶馆里找一个角落读书。开始，嘈杂的人声使他头昏目眩，但他强迫自己把思想集中在书本上。经过磨炼，再乱的环境也不能把他从书本上拉开了。

一个人只有专注于一个目标，才能在这个目标上取得成功。法国著名作家巴尔扎克年轻的时候，曾经营出版、印刷业，但由于经营不善，他的企业破产了，并欠下了巨额债务。债权人经常半夜来敲他的家门，警察局发出通缉令，要立即拘禁他。那时的巴尔扎克居无定所，后来实在没有办法，在一个晚上，他偷偷地搬进了巴黎贫民区卜西尼亚街的一间小屋里。

他隐姓埋名，躲进这间不为外人所知的小屋子里。周围的难民根本没有注意到这位有些落魄，却踌躇满志的年轻人，他终于从原先浮躁不安的心境中平静下来。他坐在书桌前，认真地反思着，多年以来，自己一直游移不定，今天想做做这，明天又想改行做别的，始终没有集中精力来从事自己最喜欢的文学创作。想着想着他顿悟，蓦地站起来，从储物柜里找出拿破仑的小雕像，放在书架上，并贴了一张纸条："彼以剑锋创其始者，我将与笔锋竞其业。"拿破仑想用武力征服全世界，他没做到，而巴尔扎克却要用笔征服全世界。果然，巴尔扎克在文学上取得了巨大的成就。

因此，一个人做事一定要专注。今天想当银行家，明天又想做贸易家，后天又想成为艺术家的人，注定一生无所适从，一事无成。对于孩子来说，培养做事专注的习惯，也会对他的一生产生重大的影响。

注意力是人对一定事物指向和集中的能力，它在各种认识活动中起着主导作用。"注意听"是听觉对声音的指向和集中；"注意看"是视觉对所观察的事物的指向和集中；"注意想"是思维活动对有关问题的指向和集中。不管做什么事，只有保持注意力，聚精会神，才能事半功倍。

注意力分散是孩子的一个普遍问题。父母要认真对待这个问题。孩子的注意力有一个发展的过程，不同年龄段的孩子的注意力是不同的，同一年龄段的孩子的注意力也是不同的。一般来说，孩子注意力集中时间的长短，取决于孩子的年龄、性格和其他个性。例如，五六岁的孩子，其注意力只能维持15分钟左右。而八九岁的孩子则可以维持半小时左右。一般来说，孩子的注意力是不太稳定的，往往对什么事都感兴趣，注意力容易随兴趣转移；同时，孩子的注意范围较小，注意受情绪影响较大，注意分配能力也较差。针对孩子的这些特点，父母要帮助孩子克服这些困难。

培养孩子的专注力十分重要，父母在孩子小的时候就应该把孩子的专注力激发出来。当孩子做某事时，应要求他在规定的时间内完成并帮助他排除外界的干扰；让孩子对感兴趣的问题不断寻根问底，深入思考；让孩子在兴趣广泛的基础上，选择最着迷的对象深入下去，父母应有意识地强化孩子这方面的兴趣。

孩子的注意力与周围的环境有很大的关系。要孩子在学习时注意力集中，父母就应该给孩子一个安静的、无干扰的学习环境，孩子的房间布置不要有太多刺眼的干扰物，物品的摆放也要整齐有序。如，孩子的房间墙壁上除了张贴公式、拼音表格外，不应布置图画或照片等与学习无关的东西，以免使孩子被无关的刺激所吸引；书桌上除了摆放文具和书籍以外，不应摆放其他与学习无关的东西，以免分散孩子的注意力；在孩子学习或做作业时，父母应拉上房间的窗帘，不要开电视或收音机，以免打扰孩子学习；在孩子学习时，家长之间最好也不要说话，以免孩子把注意力放在大人的对话上，而不专心学习。

另外，一旦孩子开始学习，父母最好不要和他说话，也不要在孩子周围走来走去或者询问孩子学习进展的情况，这些都会干扰孩子的学习。

许多父母常犯的错误便是要求孩子在房间里学习，自己却在客厅里看电视，并且将电视的声音开得很大；有些父母甚至自己还打麻将，这不仅会影响孩子学习时的专注程度，而且会给孩子带来其他不良的影响。

　　一般来说，老师和父母严格要求在一定时间内完成的作业，孩子会集中精力在规定的时间内完成。因此，父母应该要求孩子在规定的时间内集中注意力，认真完成作业，然后让孩子适度地放松。

　　根据研究表明：不同年龄的孩子的注意力稳定时间是不一样的，5-10岁的孩子能集中注意力达20分钟；10-12岁的孩子能集中25分钟；12岁以上的孩子可以集中半小时以上。硬是要让一个10岁的孩子60分钟坐在那里去专注地完成作业几乎是不可能的。因此，父母要根据孩子的年龄，要求孩子在相应的时间内集中注意力，力争保质保量地完成作业。

　　如果孩子的作业量超过了孩子注意力稳定的时间，应该让孩子分割作业，一部分一部分地来完成，这样不仅有利于集中孩子的注意力，而且能够使孩子的学习有张有弛，提高学习效率。如果父母不允许孩子中途休息，长时间地让孩子做作业，甚至在孩子的旁边唠叨没完，容易使孩子产生抵触心理，从而失去学习的兴趣，注意力自然也不能集中。

　　研究表明，开始学习的头几分钟，一般效率较低，随后上升，15分钟后达到顶点。根据这一规律，可建议孩子先做一些较为容易的作业，在孩子注意力最集中的时间做较复杂的作业，除此之外，还可使口头作业与书写作业相互交替。

　　8岁的小刚最近非常苦恼。原来，小刚刚上小学一年级，爸爸对他的管教就严格多了。由于一年级的功课较少，而且很简单，许多都是小刚在上幼儿园的时候已经学习过的，因此，小刚对于老师布置的作业总是做得很快，也不怎么出错。

　　可是，爸爸却不这么想。每当小刚做完作业要出去玩的时候，总被爸爸一把抓住："又要去玩了！作业做完了没有？"爸爸严厉的训斥让小刚很生气，他大声地叫道："当然做完了，不信你看！"小刚把自己的作业递给了爸爸，但是爸爸并不看，他拿起作业本对小刚说："这么多题目你一下就做完了？肯定会有许多错误，你好好检查一遍，半小时后再给我检查！"半个小时过去了，小刚根本没有检查他的作业，他认为自己做的肯定是对的。结果，爸爸检查的时候发现小刚在抄答案的时候居然把7抄成了2！

　　爸爸生气地一把拽过小刚说："你看看！这叫做好了？只知道图快，

只知道玩！给我重抄一遍！"于是，小刚每天玩的时间就这样给剥夺了。

这种情形经常发生在每个家庭里，父母总是希望孩子能够固定在书桌上认真学习，而且花在学习上的时间越多越好。事实上，玩是孩子的天性，当孩子的天性没有得到满足时，他是不可能专注地做其他事情的。事实证明，小刚在以后的日子中，慢慢学会了有意拖延时间，读书、做功课的时间故意拖得很长。明明半小时能够完成的功课，他要花上一个半小时甚至两个小时。为了取悦父母，他学会了在学习时走神、发呆、玩铅笔等。

事实上，家长们也许误解了专注的含义，专注是指在一定时间内高度集中注意力，而不是必须长时间地集中注意力。对于孩子来说，长时间集中注意力并不是一件好事。

比尔·盖茨的父亲威廉·盖茨就非常重视给孩子一定的游戏时间。他平时没有太多闲暇时间，因此，就让比尔·盖茨的外祖母陪他一起做游戏，尤其是做一些智力游戏，如下跳棋、打桥牌等。玩游戏时，外祖母总是对小比尔说："使劲想！使劲想！"她还常常为比尔下了一步好棋而拍手叫好。这些游戏都极大地激发了比尔·盖茨的专注力。

培养孩子的有意注意很重要，小学低年级学生学习成绩不好往往并非智力落后，而是由于注意力涣散，精神集中不起来。我们知道，对于学生来说，听讲是很重要的，如果孩子在上学初期不能形成良好的听讲习惯，即他以后的学习生涯会遇到很大困难。因此，家长要在学前多与孩子一起看看书，下下棋，玩玩拼图游戏，这些活动都是需要集中注意力才能进行的，对培养孩子的有意注意很有益处。

例如老师上课的时候，孩子必须注意听老师所讲的内容。但是，许多孩子往往对老师所讲的内容不感兴趣，因此注意力涣散，不能专心听讲。针对孩子的这种情况，父母要教育孩子听老师讲课的重要性，教孩子努力找出老师讲课有趣的地方，提高自己听课的兴趣。如果老师讲课确实不怎么有趣，很难提起孩子的兴趣，这时候，父母不妨教孩子从听课的目的性等方面去考虑。比如，告诉自己，听了这堂课，下次考试就能考得好一些，或者，教孩子告诫自己，如果今天能把这位老师枯燥的课认真听下来，表明自己的控制能力是非常强的。这都可以促进孩子的有意注意。

许多父母给孩子交代事情时，生怕孩子没记住，总是重复好几遍，直至孩子感到厌烦，这就容易使孩子在听别人说话时漫不经心，无法一次性地抓住别人所讲的主要内容，习惯于不断重复。因此，父母对孩子交代事情时最好只讲一遍，让孩子在第一遍听的时候就集中注意力，抓住父母所交代的内容，这样不断的训练可以提高孩子集中注意的能力。

常听有些父母说："我的孩子做事效率低，做作业动作慢，一边写一边玩。"父母要注意培养孩子在某一时间内做好一件事的能力。对于家庭作业父母要帮他们安排一下，做完一门功课可以允许休息一会儿，不要让孩子太疲劳。有些父母觉得孩子动作慢，不允许孩子休息，还唠叨没完，使他们产生抵触心理，效果反而不好。

孩子学习的最大"敌人"就是注意力涣散。有的孩子在做作业时，脑海里想到的是电视机里正在播放的他们最感兴趣的动画片。有的孩子做作业时，无意识地东张西望，心猿意马，摆摆这，触触那。有的甚至是一边看电视，一边做作业。很多父母向老师抱怨，孩子只需十分钟完成的作业却两个小时还完成不了。因此，父母要引导孩子养成良好的学习习惯，不要让孩子一边学习一边做其他事情。

观察力既是人通过眼、耳、鼻、舌、身感知客观事物的能力，也就是孩子完成学习任务的必备能力。孩子学习知识需要从观察开始，即使是间接地从书本上获得知识，也离不开眼睛、耳朵等感官的观察活动。许多孩子学习成绩不好的原因就是观察力极差，从而导致思考能力和判断能力低下，由此可见，培养孩子的观察能力是非常重要的。

孩子在观察当中，往往目的性不明确，喜欢凭自己的兴趣观察那些自己感到好奇的事物。事实上，孩子的观察任务，直接影响观察的效果。观察目的越明确，孩子的注意力就越集中，观察也就越细致、深入，观察的效果就越好。指导孩子明确观察目的，不仅要教育孩子树立观察的意识，认清观察对于发展自身智力的好处，而且要教育孩子在观察任何事物时，都要有明确的目的，即观察什么，为什么观察。

例如，父母和孩子一起去公园，父母若没有要求孩子观察确切的东西，回来后问孩子，孩子往往回答得不如意；如果父母明确地要求孩子观察公园里的湖泊，孩子就会比较全面地描述湖泊，包括湖面的情况，周围的环境。因此，父母指导孩子观察事物时，可以随时指定一种观察对象，进行有目的的观察。

对于幼小的孩子，可以通过看图说话来训练观察力。看图时不要仅仅让孩子自己去看，父母也要参与进来，与孩子一起观察，并指点讲解，让孩子随着父母的讲解进行有目的的观察，如，图中画的是什么地方，有什么事物，图中的人物在做什么，当时是什么时间，天气怎样，人物的神态怎样，为什么要做这些事等。通过这样的指导，孩子就能够得到观察目的性训练，更快地掌握观察的要素。

对于年纪大一些的孩子，可以让他观察做饭、做菜的全过程；观察公园的山水、花草等；观察居住地的环境等。为了提高观察效果，父母可以要求孩子边观察边用语言描述，父母则对孩子的描述进行评价，看观察得是否仔细、描述得逼真。这样让孩子有目的地去观察事物，定会提高孩子的观察力。

当代著名物理学家李政道博士说："好奇心很重要，要搞科学离不开好奇。道理很简单，只有好奇才能提出问题，解决问题。可怕的是提不出问题，迈不出第一步。"

一个人对各种事物的好奇心越强烈，就越具有探索的眼光。如果一个人对周围的事物都熟视无睹，就不可能发现新事物。正如爱迪生所说："谁丧失了好奇心，谁就丧失了最起码的创造力。"

一位男孩问父亲："爸爸，为什么咱家阳台里的花和卧室里的花的叶子颜色不一样呢？"父亲为了让孩子更深刻地明白其中的原理，特地找来碘酒，给孩子做了一个实验。他把碘酒滴在经过光照的叶子上，叶子变成了蓝色。父亲对孩子说："这是因为叶子上有个光合作用的产物——淀粉。"然后，他把碘酒滴在没有经过光照的叶子上，叶子的颜色保持不变。父亲告诉孩子："这就是光合作用，阳台上的花经过阳光的照射，叶子上产生了淀粉；而卧室里的花由于缺乏阳光的照射，就没有产生淀粉。对植物来说，空气、水和阳光都是必需的。"由此，孩子学到了许多知识。

这位父亲的聪明就在于及时抓住了孩子的好奇心，通过实际行动让孩子感觉到观察的重要性。在现实生活中，当孩子学了新的知识后，如果对某些内容持有怀疑的态度，父母这时不要直接告诉孩子答案，因为答案太死板，孩子接受起来比较机械。事实上，可以让孩子通过实验观察自己去寻找正确的答案，这样不仅可以锻炼孩子的观察力，而且孩子从中学到的知识会更多，记忆会更深刻。

当然，在观察之前，父母应该教孩子做好充分的准备。做好充分的准备，可以激发孩子的观察兴趣，在观察的时候就会主动地去认识事物、观察事物。

因此，在要求孩子观察某个事物时，可以让孩子先做准备，特别是知识上的准备，比如，在孩子观察猫的习性时，让他先看一些猫的相关资料，这样有利于孩子根据已有的知识去辨别事物，取得有效的观察效果。

父母要帮助孩子拟订观察的计划，让孩子明确观察的对象、任务、步骤和方法，有计划、有系统地进行观察。让孩子观察的事物应该从简单到复杂、观察的范围从小到大、观察的时间从短到长，这样有计划地指导孩子观察事物，有利于逐渐提高孩子的观察能力。例如，父母可以鼓励孩子自己种一盆花或其他植物，每天观察其变化，并写观察日记，父母则不断给以指导。这样，孩子由于在观察过程中充满了兴趣，因此，往往可以观察到丰富的内容，效果很好。再比如，父母可以让孩子观察父母怎样做菜，然后让孩子一边观察，一边学着做。这样，孩子不仅提高了观察力，而且还锻炼了动手能力。

许多孩子观察后就把观察的过程放在一边，这时，如果父母能够在孩子观察后进行提问，不但可以检查孩子观察的结果，而且可以促进孩子确定观察的内容和重点。

有一个12岁的孩子非常喜欢养鸽子，妈妈允许了。男孩非常高兴，从此他天天观察鸽子的习性。

三个月后，妈妈想对孩子的观察能力进行检查，于是，他问男孩："你坚持每天在观察鸽子吗？"男孩说："是的，妈妈。""那么，你肯定观察了鸽子的生长发育过程，现在我来问问你。""好的，妈妈。"男孩显然非常高兴，因为他观察的事物终于有人感兴趣了。

妈妈问："你观察到鸽子每隔多少时间产一次卵？"

男孩回答："差不多一个月产一次卵。"。

妈妈问："那么每次产卵产几个？"

男孩回答："两个。"

妈妈问："鸽子产完卵要不要孵卵，一般是雌鸽还是雄鸽来孵卵？"

男孩回答："雌鸽来孵卵，不过，我好像看到雄鸽也孵过卵，是不是雌鸽雄鸽接替孵卵的？

妈妈问："孵卵一般需要多少时间？"

男孩回答："20天左右。"

妈妈问："刚出壳的小鸽子有什么特点吗？"

男孩回答："小鸽出来的时候很弱小，闭着眼睛，羽毛还没长好，走起路来摇摇摆摆的。"

妈妈问："那小鸽子怎么进食的？"

男孩回答："小鸽子刚孵出来的时候，不会自己找食物吃，都是大鸽子喂给它吃的。"

妈妈问："大鸽子是怎么喂的？"

男孩回答："大鸽子好像先自己嚼碎了再喂给小鸽子吃。"

通过这种发问，妈妈不仅检查了孩子的观察能力，而且启发了孩子应该观察事物的全过程，在观察过程中注意细节，讲究方法。

在培养孩子观察能力的同时，父母要引导孩子在观察中积极思考。只有在观察的同时积极地思考，孩子才会更有目的、有针对性地去观察。

达尔文从小就对动植物很感兴趣，喜欢观察动植物。年幼的达尔文出于对观察的兴趣，已经对自己搜集的标本做了一些简单记录，有的还附有简单插图。有一天，舅舅看了达尔文的摘记后，对他说：

"只做摘记是不够的，你要把自己当作一个画家，但不是用颜色和线条，而是用文字。当你描述一种花，一种蝴蝶，一种苔藓的时候，你必须使别人能够根据你的描述立刻辨认出这种东西来。为了搞好科学研究，你必须进一步提高你的文字表达能力，要像莎士比亚那样用文字描绘世界、叙述历史、打动人心。"

听了舅舅的话，达尔文专门准备了一个记事本，在以后的观察中每次都把观察结果认真地记录下来，并加入了自己的想法。20年后，达尔文根据多年来的观察记录写出了进化论的著作，成为世界著名的生物学家。

观察后要对观察的结果有所记录，这不仅是对观察的总结，也是巩固知识点，积累知识的一种好方法。随着观察材料的不断积累和丰富，简单的随感式摘记显得过于简单，就需要写观察日记来总结观察结果。

正确的观察方法可以帮助孩子提高观察的效果。从不同角度观察事物，会获得不同的信息和感受。因此，父母要教给孩子一些观察事物必须掌握的方法。

常用的观察方法有：

1直接观察和间接观察

直接观察是让孩子亲自去观察，以获得第一手资料；间接观察是在他人直接观察所获资料的基础上，进行分析、概括，从而得出相应的结论。

2.全面观察和重点观察

全面观察是让孩子对某个事物的方方面面都进行观察，以求得比较全面的认识；重点观察是让孩子根据特定的目的和要求，对某个事物的某个方面做有针对的重点观察，这样可以对事物的某个方面有比较深入的认识。

3.自然观察和实验观察

自然观察是让孩子在自然的条件下观察事物；实验观察是让孩子在人为的实验条件下进行观察，如观察物理、化学等现象。

4.长期观察和定期观察

长期观察是让孩子在较长的时间内，对某个事物进行系统的观察；定期观察是让孩子在预定的时间内对事物进行间隔性的观察。观察对象不同，观察目的不同，都要求孩子事先考虑好用什么样的观察方法，有时则是几种方法同时使用。因此，父母要教给孩子一些观察方法，让孩子正确地观察事物。

记忆是指人的大脑对经验过的事物进行贮存和再现的能力，通俗地说，就是把某东西记住，在某个时候想再次知道的时候就想起来。就好像把某件东西放在抽屉里，需要的时候再取出来一样。许多著名的人物都有着非凡的记忆力。

著名的桥梁专家茅以升小时候看爷爷抄古文《东都赋》，爷爷抄完，他就能够背出全文了。茅以升晚年的时候，还可以背出圆周率小数点后面百位精确的数字。著名植物学家吴征镒在十年动乱中，在缺乏资料和标本的情况下，全凭记忆力完成了近70万字的两部著作。拿破仑对于当时法国海岸所设置大炮的种类与位置，都能正确记忆，并且能轻而易举地指出部下报告中的错误。他甚至对各邮政驿站的距离也清楚记得，比当时法国的邮政大臣还厉害。拿破仑还可以记住见过的每一个士兵的名字和面容。他说："没有记忆力的脑袋，等于没有警卫的要塞。"

亚历山大是马其顿国王，在他33岁之前，就已经征服了大片土地，建立了横跨亚欧非三大洲的大国。亚历山大的记忆力也非常好，他的老师就是有名的思想家亚里士多德。亚里士多德对记忆力非常重视，他用各种方法教亚历山大增强记忆力。

世界记忆力冠军佐治是吉尼斯世界纪录的创造者，他的记忆力非常强。1989年，他在打破吉尼斯纪录后这样说道："我记了30副牌共1560张。那些牌在证人面前洗了2个小时。我用20小时看了那些牌并记住次序。我可以记错8张，但我只记错了2张。我用了两个小时43分钟讲了1560张牌的点数。于是，我创造了吉尼斯纪录。"

佐治的这种超强记忆力是怎么形成的呢？原来，有一次，佐治去听一堂课时，发现自己老是记不住。于是，他就去图书馆找来一些可以帮助记忆力的书来看，从中总结出了记忆规律，再通过训练，他才有这么好的记忆力。

事实上，一个人的记忆潜力是非常大的。据美国科学家研究，如果一个人始终好学不倦，他的大脑所能储存的各种知识，将相当于美国国会图书馆藏书量的50倍。而美国国会的藏书有一千多万册。可以想象一下，一个人的大脑能够装下多少知识呀！

前苏联的一家杂志说："如果我们能迫使我们的大脑达到其一半的工作能力，我们就可以轻而易举地学会40种语言，将一本苏联大百科全书背得滚瓜烂熟，还能够学完数十所大学的课程。"

其实人脑就像是一个图书馆，一个人学习的、记忆的东西都会保存在这个图书馆内。当他需要用的时候，就可以用。但是，如果图书馆的书库中根本就没有进过那本书，怎么可能借给你呢？记忆就是过去经验在人脑中的反映。一个人只有先去记，才可能在脑海中再现。

许多父母认为，孩子的记忆力是天生的。事实上，这种说法是错误的。每个孩子都是妈妈生的，但是，没有一个孩子在生下来的时候就认识他的妈妈。他之所以能够认识自己的妈妈，是因为妈妈经常和他在一起。因此，孩子记忆力的好坏不仅与遗传因素有关，更重要的是和记忆的条件、记忆的方法有关。许多父母以为孩子记忆力不佳是资质比较愚钝，其实不然，大多数孩子记忆力差，只是没有掌握记忆的规律，缺乏正确的记忆方法。只要家长有意识有目的地培养，孩子是能够提高记忆力的。

影响孩子记忆力的因素是很多的，如动机、兴趣、记忆方法、睡眠、情绪、疾病等，但是，最关键的还是记忆方法。那么，应该怎样培养孩子擅长记忆的习惯呢？

父母应该懂得，良好的记忆需要有发育良好的大脑和良好的环境。因此，要增强孩子的记忆力，父母要合理科学地安排孩子的饮食结构，安排好孩子学习的环境。

在饮食方面，要保证孩子摄入足够的蛋白质，如蛋黄、瘦肉、海鲜、豆制品等，同时，要合理搭配蔬菜、水果等。另外，要控制孩子的饮水。据科学家研究表明，当一个人大量饮水时，他血液中的水分就会增多，渗透压下降，血容量增大，从而会使下丘脑合成及神经垂体释放抗利尿激素减少，这是不利于记忆活动的。因此，父母让孩子保持平衡的饮食结构，保证大脑的营养供应，控制孩子饮水量。

在起居方面，应该选择蓝色、灰色等色调来布置孩子的房间，这样可以让孩子的情绪趋于相对稳定的状态，能够集中注意力去记忆事物。房间内东西的摆放要整齐，杂乱无章容易干扰视线，影响记忆。在为孩子选择台灯时，一定要注意不要选择灯泡太亮的，而且最好不要让灯光直接照射到桌面，可以使用间接照明，比如，让灯光照射到墙壁，然后再反射过来。这样，光线就比较柔和，不会刺激孩子的眼睛，有利于他集中精力学习。

记忆的过程是识记、保持、理解、再认、再现的过程。在这个过程中，识记是记忆的开始，保持是记忆的中心环节，理解是保持的基本条件，再认和再现是记忆水平和质量的反映。

记忆有自身的规律，这是由遗忘规律所决定的。专门研究记忆的心理学家艾宾浩斯做过一个著名的实验。实验的结果是：熟记13个无意义的音节后，仅过1个小时，就遗忘了7个；2天后，又遗忘了1个；6天后，虽然遗忘还在进行，但是速度更慢了。可见，当记忆过程一结束，遗忘就开始了。遗忘的速度是先快后慢，记忆刚结束，在短时间内就会遗忘很多，越往后则遗忘越少。

正是因为已经记住的东西在遗忘的时候有先快后慢的特点，所以父母要教育孩子掌握记忆的规律，针对遗忘的特点来进行复习。一般来说，刚学过的东西要多复习，以后的次数可以逐渐减少，间隔时间可以逐渐延长。对于年级较低的孩子来说，最好间隔一天，如果孩子要准备考试，则父母要强调平时经常复习，多熟悉教材，进行有意识的背诵，这样可以提高孩子的记忆效果和对记忆的信心。

每个人的最佳记忆时间是不一样的，一般来说，早晨和晚上睡觉之前是记忆效果比较好的时间。因为早晨头脑最清醒，记忆起来相对比较轻松；而根据心理学研究，在睡眠中的记忆力是不会下降的。因此，睡觉之前记忆材料，可以减少其他事物的干扰，从而减少遗忘。

父母要帮助孩子找出最佳的记忆时间，如果孩子在早上记忆效果好，可以让孩子在早上听一些英文歌谣、诗歌、散文等，然后引导孩子学习一些知识，但要注意引起孩子的兴趣。如果孩子在晚上睡觉之前记忆效果好，可以让孩子在睡觉之前记忆一些内容，然后让孩子在第二天醒来后进行回忆，这样效果是比较好的。可以让孩子在他的最佳记忆时间里固定地识记、背诵、理解，直至完全记住。

兴趣是学习的老师，孩子对有兴趣的东西能表现出很强的记忆力。有位教师为了让孩子明白"笑嘻嘻"和"笑哈哈"的不同，故意在讲课时露出笑嘻嘻的表情，然后问学生："你们学习很努力，老师很高兴，你看老师的表情是怎样的？"

学生们都说："老师笑嘻嘻的。"接着，学生们也都笑嘻嘻的。

老师看学生们高兴的样子，哈哈笑了起来："老师说你们学习努力，你们很高兴吧？"

学生们回答："是的。"

老师又问："那老师刚才的表情是怎样的？"

学生们说："笑哈哈的，老师都高兴得笑出声了。"

"是的，老师真的很高兴有你们这样努力学习的学生。"老师接着问，"那么笑嘻嘻和笑哈哈有什么区别呢？"

一位学生回答："笑嘻嘻是咧着嘴笑，主要表现在脸上，并不发出笑声；而笑哈哈就是高兴得笑出声来。"

可见，老师引起了学生们的兴趣，学生们在记忆这两个词语的时候肯定记得很牢。因此，要激发孩子对记忆的兴趣，父母首先要给孩子创设一个轻松温馨的氛围，让孩子在心情舒畅中来记忆。孩子在精神放松的状态下进行记忆不仅记得快，而且记得牢。因此，父母应该想办法诱导孩子高高兴兴地去学习，而不要一边责骂孩子，一边呵斥孩子去学习，这时的记忆效果肯定是不好的。同时，父母也可以教育孩子运用一些方法，把枯燥无味的知识进行特殊的加工，从而变成感兴趣的东西来记。

所谓"欲要记，先要懂"，说的就是记忆要在理解的基础上进行。毛泽东说："感知的东西不一定能理解，但理解的东西则一定能更好地感知到。"理解记忆的基本条件是对材料进行感知和思维加工。有些材料，如概念、定理、法则、历史事件、文艺作品等，都是有意义的。记忆这类材料，最好让孩子先理解其基本含义，即借助已有的知识经验，通过思维进行分析综合，把握材料各部分的特点和内在的逻辑联系，从而使所要记忆的内容纳入已有的知识结构，保持在记忆中，而不要采取逐字逐句死记硬背的方式。孩子只有理解了学习过的内容，才能较快较牢地记住。

因此，父母应该让孩子在充分理解学过内容的基础上进行记忆，如果孩子对所学材料不是很理解，父母应该担负起老师的职责，耐心给孩子讲解，及时帮助孩子弄懂。父母应该有意识地教育孩子掌握一些正确有效的记忆方法。

1.归类记忆法

归类记忆法即把许多同类的事物归为一类，归类过程其实是一个理解的过程，本身就已经具有记忆的功能，孩子在边归类边理解的过程中，就已经在记忆了。

2.协同记忆法

协同记忆法即在记忆某种东西时，让孩子边读、边写、边听，让多种感官都参与到其中来，这样有利于增强记忆效果。现代科学研究表明，人由视觉获得的知识，能够记住25%，由听觉获得的知识，能够记住15%，若把视觉与听觉结合起来，能够记住65%。协同记忆法就是通过动员孩子大脑的各部位协同合作，来接收和处理信息。如，让孩子上课记笔记，力求在听懂的基础上，边听边思考，总结出老师讲课内容的要点，记下几个关键的字或句子。

3.联想记忆法

联想记忆法即让孩子在记忆时，发挥想象，根据材料的特点，形成记忆的组织。如：接近联想，即把时间、空间、状态、特点等比较接近的事物联系在一起进行记忆；对比联想，即把具有相反特点的事物联系在一起记忆。

4.开头结尾记忆法

从心理学来说，每一个人对开头有一种好奇感，对结尾有一种结束感，而对中间最容易出现松弛麻木的状态。因此，父母可以让孩子有意识地记忆事物的开头和结尾，同时注重两者之间的连接，把要记的东西连成一个整体。如果要记忆一整篇材料，可以先分割成若干部分，然后再运用开头结尾记忆法。

5.歌诀记忆法

可以让孩子把需要记忆的材料采用谐音、诗歌比兴的手法，制作成歌谣或口诀等形式来加强记忆。如把圆周率 π=3.141592653589793284626用与数字发音相近的谐音字编成一首歌谣。

思维能力的培养

世界著名的成功学家拿破仑·希尔曾写了一本名为《思考致富》的书。这本书出版后，重印了许多次，深受广大读者的喜爱。因为这本书深刻地揭示了如何运用我们的大脑去获得成功。任何人要取得任何意义上的成功都必须运用我们的头脑去思考。

拿破仑·希尔有一次去见一个专门以出售主意为职业的教授，结果却被教授的秘书拦住了。拿破仑·希尔觉得很奇怪："像我这样有名望的人来见教授，也要挡驾的吗？"

秘书回答："这时候，教授谁也不见，即使美国总统现在来，也要等2个小时。"

拿破仑·希尔犹豫了一阵，虽然他很忙，但他仍然决定等2个小时。2个小时后，教授出来了，希尔问他："你为什么要让我等2个小时？"

教授告诉希尔：他有一个特制的房间，里面漆黑一片，空空荡荡，惟有一张躺椅，他每天都会准时躺在椅子上默想2个小时。此时的2个小时，是他创造力最旺盛的2个小时，很多优秀的主意都来自于此时，所以这时他谁也不见。

听着教授的讲述，拿破仑·希尔内心突然涌起了一股意念：运用思考才是人生成功的要诀。由此，拿破仑·希尔写下了使他名扬世界的著作《思考致富》。

思维是人们思考问题的过程，是人脑对客观事物的认识过程。思维力就是解决问题的能力。日常生活中所说的"让我想一想"，"我再考虑考虑"中的"想""考虑"指的就是思维。

拿破仑·希尔说："思考能够拯救一个人的命运。"事实正是如此，有思考力的人才会有创造力，才会掌握自己的命运。据说，诺贝尔奖获得者英国物理学家约瑟夫·汤姆森和欧内斯特·卢瑟福一共培养出17位诺贝尔奖获得者，这些天才们不仅懂得如此去思考，改变了自己的人生轨迹，而且为我们的社会发展作出了巨大的贡献。

英国剑桥大学的迪·博诺教授说："一个人很聪明或智商很高，只是说明他有创造的潜力，但并不说明他很会思考。智力和思考的关系，就好比一辆汽车同司机驾驶技术的关系，你可能有一辆很好的汽车，但如果驾驶技术不好，同样不能把车开好。相反，你尽管开的是一辆旧车，然而驾驶技术高超，照样能把车开好。很显然，这里在智商高和会思考之间画上了不等号。"

思维能力主要包括分析、综合、比较、抽象和概括、具体化。孩子的思维发展趋势是从形象思维到抽象思维。以前的孩子，他的思维方式主要是动作思维，是依靠感知和动作来完成的。他们在听、看、玩的过程中，才能进行思维。比如，婴幼儿常常边玩边想，但一旦动作停止，思维活动也就随之停止。3岁后，孩子的思维就从动作思维向形象思维过渡，他可以依靠头脑中的表象和具体事物的联想展开思维，他能摆脱具体行动，运用已经知道的、见过的、听过的知识来思考问题。但他的思维活动必须依托一个具体形象来展开。5岁后，孩子的形象思维开始占主导地位，并已经初步出现抽象逻辑思维。孩子能够从理解事物个体发展到对事物关系的理解；能够从依靠具体形象的理解过渡到主要依靠语言来理解；能够对事物进行比较复杂、深刻的评价。比如，五六岁的孩子在看电视时，可以说出谁是好人，谁是坏人，还会用各种理由来说明他的看法。

一个人智力水平的高低，主要通过思维能力反映出来。有一句话是这样的："教育就是叫人去思维"。孩子学习有双重的目的：一是掌握知识，二是发展思维技能。大多数父母和教师往往只注意前者而忽略了后者，因此出现了许多学习成绩较好，但思维能力较差的"高分低能"的孩子。可见，培养孩子广阔、灵活、敏捷的思维能力，对开拓孩子的智慧极为重要。

许多孩子在遇到疑难问题时，总希望家长给他答案。如果父母对孩子有问必答，虽然解决了孩子当时的问题，但从长远来说，孩子会养成依赖父母的习惯，遇到问题时不会独立思考，不会自己去寻找答案，这对发展孩子智力没有好处。

聪明的父母在面对孩子的问题时，会启发孩子去想，去分析，去运用自己学过的知识和经验，看书，查参考资料等，让孩子自己去寻找答案。孩子在寻找答案的过程中，思维能力就会得到提高。如果孩子实在无法独立解决问题，父母可以示范，通过请教他人、查阅资料、反复思考等方法，让孩子学习思考的方法，这对孩子的影响是非常大的。

问题是思维的起点，如果孩子经常面对各种问题，大脑的思维就会比较活跃。因此，父母要想提高孩子的思维能力，就要多向孩子发问。

著名理论物理学家费曼获得了1965年诺贝尔物理学奖。他的父亲就非常善于向孩子提问。为了引导孩子思考关于地球的问题，父亲让费曼设想自己遇见了火星人，而火星人肯定要问费曼许多关于地球的问题，比如："为什么人要在夜晚睡觉呢？""地球为什么会有引力呢？"父亲甚至把自己扮演成火星人，与孩子一起来讨论这些问题。

当费曼长大一些时，父亲就带他去博物馆参观，引导孩子对博物馆的事物产生好奇，父亲则通过提问来激发孩子的兴趣。后来，父亲还让儿子读《大不列颠百科全书》，然后再向儿子提问，对于儿子没有理解的，父亲再用自己的语言耐心地解释。后来，费曼愉快地说道："没有压力，只有可爱的、有趣的讨论。"这些提问和讨论极大地激发了费曼的兴趣，费曼对百科全书上的科学和数学文章产生了极大的兴趣，很快就开始自己学习《大不列颠百科全书》了，他还找到一本旧的课本，自己学起了几何。

这些使费曼在24岁时获得了博士学位，28岁时担任了美国康奈尔大学教授，47岁时获得了诺贝尔物理学奖。

有一天中午，北宋著名哲学家邵康节与12岁的儿子邵伯温正在院子里乘凉。这时，院墙外边突然伸出一个人头，朝院子中瞅了一圈，又缩了回去。

邵康节问儿子："你说这个人在瞅什么？"

儿子说："八成是个小偷，想偷点东西，看见有人就走了。"

邵康节却说："不对。"然后，他启发儿子道："如果这个人是小偷，他见到院子里有人，肯定会立刻缩回头去。但是，他明明看到院子里有人，却还是瞅了一圈，这说明什么呢？"

儿子想了一会说："哦，他恐怕是在找东西吧。"

邵康节又问道："是的，但是他只瞅了一圈，那是找大东西，还是找小东西？"

儿子回答："是在找大东西。"

邵康节又启发儿子道："那么，什么大东西会跑到我们院子里来呢？那个人又是农民打扮，他会来找什么东西呢？"

这回，儿子坚定地回答："他肯定是来找牛的。"

邵康节满意地点头道："说得对，他是来找牛的。以后，你要多动脑筋才是。"

向孩子发问，不要只问对或错的封闭式问题，最好依据孩子的能力，问一些答案不是唯一的开放性问题，如：回形针有些什么用途？如果让你去郊游，你会选择哪里？为什么要选择这个地方？可见，向孩子发问还要有一定的技巧。

某些学者认为良好的发问应该掌握十个方面，他总结的"十字诀"就是：假、例、比、替、除、可、想、组、六、类。

"假"：就是发问时以"假如……"开头，让孩子进行思考；

"例"：就是让孩子在回答问题时多举例子；

"比"：就是让孩子比较两件事物的异同；

"替"：就是让孩子思考有什么是可以替代的；

"除"：就是多问孩子"除了……还有什么"；

"可"：就是让孩子思考可能的情况；

"想"：即让孩子想象各种情况；

"组"：教孩子把不同的东西组合，并思考组合在一起会如何；

"六"：就是"六何"检讨策略，即为何、何人、何时、何事、何处、如何。

"类"：让孩子类推各种可能性。

在平等的家庭氛围中成长的孩子，敢于发表自己的意见，思维比较活跃，分析问题也比较透彻。而在专制的家庭气氛中成长的孩子，则不敢畅所欲言，容易受家长的暗示而改变主意，或者动摇于各种见解之间，或者盲从附和随大流，这就影响了其思维独立性的发展。

来自南京的绘画神童周小松有一次跟着爸爸一起去看石鲁的山水画展。事先，爸爸并没有告诉小松这是一个个人画展。小松看了一圈后对爸爸说："这好像是一个人画的，每幅画都好。"

爸爸有些奇怪地问小松："是吗？你觉得好在哪里呢？"

小松回答："布局好，气魄大，大胆，用笔也好。"爸爸满意地笑了。

一般的孩子往往不敢发表自己的意见，小松敢于发表自己的意见跟爸爸平时鼓励孩子积极思考，大胆表述是分不开的。

因此，父母要鼓励孩子敢于发表自己的看法，在孩子发表自己的意见时，哪怕是错误的，父母也应让他说完，然后再给予恰当的指导。对于孩子的正确意见，父母应该肯定、表扬，让孩子增强发表意见的信心。

许多孩子都有较强的好奇心，喜欢"打破砂锅问到底"，每当见到一个新事物，总想更深入地去了解，往往会不自觉地摸一摸、问一问、拆一拆、装一装。许多父母对孩子的这些行为很是烦恼，经常批评孩子甚至恐吓孩子，其实，这些都是孩子喜欢探究和旺盛求知欲的表现，父母的呵斥会挫伤孩子思维的积极性。

正确的做法应当是因势利导，鼓励孩子的探索精神，并启发孩子"异想天开"。例如，让孩子突破常规的思维模式，从另一个角度去思考问题，孩子就会发现平时盛饭的碗可以用来当乐器，平时装热水的暖瓶还可以用来煮粥，这就是"发散思维"或"求异思维"。这种发散性的思维模式可以让孩子在学习时不盲目听信，解决问题时善于从多方面考虑，从而提高孩子的学习兴趣和思维能力。

孩子的学习、生活中，经常会出现各种各样的问题，对于孩子的问题，父母不要一味地包办，应当与孩子一起讨论、共同设计解决方案。在这个过程中，孩子需要分析、归纳，需要设想解决的方法与程序，这对于提高孩子的思维能力和解决实际问题的能力大有好处。

15岁就考上了中国科技大学少年班的施展从小就受到了父母的这种培养。

从咿呀学语时起，父母就很注意培养施展动脑的习惯。

父母去商店买油盐，就带上了小施展，让他去看售货员打算盘，做计算。很快，施展对奇妙的阿拉伯数字感到了兴趣。回到家，父母便教他学简单的加减法。

过春节，父母忙着做汤圆，母亲问施展：

"数一数，做了多少个？"

"28个！"施展数完了，响亮地回答。

"再做几个，每人才能吃到10个汤圆呢？"母亲启发他。

"再做两个就够了！"

当施展再长大一些，父母就让施展独自到店里买油打醋。每次买东西回来，施展报账一清二楚。就是这种让施展处理问题的方法培养了他的思维习惯，并使他顺利地考上了中国科技大学少年班，成为了一名15岁的大学生。

许多孩子之所以不能很好地思考，不是不知道思考的方法，而是在逻辑思考或者推理的时候，孩子们往往因为知识和经验有限而无法得出准确的结论。因此，父母要注意丰富孩子的知识与经验，让孩子拓展思维的领域。

著名的化学家门捷列夫，因制定了元素周期表而对化学研究的发展起到无法替代的作用，但他不仅仅是懂化学，还对物理、气象等科学领域都有涉及，这些知识帮助他制定出元素周期表。孩子的知识越丰富，思维也就越活跃，因为丰富的知识和经验可以使孩子产生广泛的联想，使思维灵活而敏捷。

推理能力是思考能力中比较重要的一个方面。推理需要对概念等有深刻的理解才能进行。父母平常要对孩子解释一些概念性的事物。

有一则笑话是这样的：有个爸爸问儿子："儿子，你长大了想当什么呀？"儿子神气地回答："我要当兵！"爸爸问："为什么要当兵？当兵会被敌人打死的呀？"儿子一听，就说："那我就当敌人！"这个孩子就是由于搞不清楚敌人的概念，作出了错误的推理。这种关于思维的故事能够训练孩子的逻辑推理，父母不妨在生活中给孩子也创造一些类似的游戏来培养孩子的思维能力。

有一个淘气的小男孩，他的父亲为了让他保持安静，就想出了一个办法。

父亲把他叫过来，拿出100元钱，对他说：

"只要你能猜中我心里在想什么，我就把这100元给你。"

"真的吗，爸爸？"小男孩高兴地问。

"当然是真的，只要你能猜中。"父亲得意地说。

父亲心想，这下孩子可以安静一段时间了。果然，接下来的几天里，小男孩安静地想着这个问题。

第三天，小男孩认真地对父亲说：

"爸爸，我猜到你心里在想什么了！"

父亲有点惊讶地问："我在想什么呀？"

男孩说："你不想把这100元钱给我。"

真是个聪明的男孩，他的推理是正确的，父亲只好把100元给了男孩。

著名发明家爱迪生常被采访的记者围住，回答他们提出的各种习钻古怪的问题，显示了非凡的智慧与幽默。

一次，有人问他是否需要给某个修建中的教堂安装避雷针。爱迪生回答说："一定要装，因为上帝往往是很大意的。"记者问他是如何想象上帝的，爱迪生回答："没有重量，没有质量，没有形状的东西是不可想象的。"

想象也是人的一种思维活动，它是人脑对已有的表象进行再创造，而创造出新形象的过程。想象不是凭空产生的，想象所需要的材料都来自生活，来自人的经验。无论多么新奇、多么古怪的想象，都建立在已有的信息基础之上。想象在发明创造中起了至关重要的作用，直接推动了人类的进步。

马可尼发明了无线电，是惊人想象的实现。这个惊人想象的实现，使得航行在惊涛骇浪中的船只一旦遭受到灾祸，便可利用无线电，发出求救信号，由此拯救万千生灵。电报在没有被发明之前，也被认为是人类的想象，但摩尔斯竟使这想象得以实现了，电报一旦发明，世界各地消息的传递，从此变得便利。

著名理论物理学家、1969年诺贝尔物理学奖得主盖尔曼说："作为一个出色的理论物理学家，想象力很重要。一定要想象、假设，也许事实并不是这样，但是这样可以使你接着往前研究。但是想象力需要可信来作支撑，他们需要确立大家已经接受的公理，然后悄悄地溜进这些公理中去，然后寻找新的发现，只有这样才能取得进步。同时，理论科学家也必须忍受你当初假设的理论不能获得论证的结果，这样你就要怀疑过去的事情。创造力是最为重要的一个方面，这样你才可以有新的角度去观察事物，重新来创立一些东西。要让你的思想摆脱以前创立的理论，这才是最重要的。"

爱因斯坦说："想象力比知识更重要，因为知识是有限的，而想象力概括着世界的一切，推动着进步，并且是知识进化的源泉。"孩子在学习各门课程中都要借助想象力，没有良好的想象力，就无法正确理解教材的内容。而且，想象力还直接关系着孩子创造力的发展，现实生活中的许多发明创造，都是从想象开始的。

一般来说，想象包括无意想象和有意想象。无意想象是没有自觉目的，不需要付出努力的一种想象，对孩子的智力发展意义不大。有意想象是有自觉目的，需要孩子做出一定努力的想象，它是孩子智力的一部分，能直接促进孩子智力的发展。

有的父母认为，孩子会想象没什么意义，这种观点是不正确的。鲁迅是这样评价孩子的想象的："孩子是可以敬服的，他们常常想到星月以上的境界，想到地面下的情形，想到花卉的用处，想到昆虫的言语，他们想飞上太空，他们想潜蚁穴……"事实上，孩子的想象力有时候是足以让我们这些自以为是的成人感到惊叹的。曾经有一位6岁的小姑娘因为作出一幅畅想未来到月亮上荡秋千的美术作品而荣获了联合国举办的世界儿童绘画比赛一等奖。因此，父母一定要重视培养孩子想象力的好习惯。

那么，有什么好方法来培养孩子的想象力吗？以下是一些好建议。人的想象总是以自己头脑当中的表象为基础。表象是外界事物在孩子头脑中留下的影像，它们是很具体的、很形象的，是想象的基础材料。想象就是大脑在外界条件的刺激影响下，对头脑中所存储的表象进行加工改造，从而形成和创造新形象的心理过程。比如，当老师朗读一篇优美的风景散文时，每个孩子的脑子里就会出现一幅非常美丽的画面，但是，每个孩子脑子里的画面是各不相同的。

这是因为，每个孩子在想象的时候，需要借助各自存储在脑子里的表象进行加工和创造。如果头脑中的表象积累越多，孩子能够用来进行想象的资源就越多。

因此，父母在日常生活中要引导孩子多观察、多记忆形象具体的东西。父母要根据孩子的年龄大小和生活环境，经常利用节假日，带着孩子去接触新鲜的事物。例如，带领孩子去博物馆参观，参加各种公益活动，带领孩子去郊外游玩，指导孩子观赏各种事物，仔细观察各种事物，都可以让孩子记住许许多多的表象。尤其值得注意的是，农村的父母要多带孩子到城市去，让孩子认识城市的建筑、交通设施等；城市的父母要多带孩子到农村去，让孩子认识农作物，欣赏美丽的田园风景，了解花鸟虫草的生活习性等。

1995年诺贝尔生理学/医学奖获得者克莉斯蒂安·福尔哈德由于小时候经常到乡村的外祖父家度假，而对大自然产生了浓厚的兴趣。在外祖父住的那个乡村，克莉斯蒂安·福尔哈德认识了许多好玩的事物。

回到自己家里后，克莉斯蒂安·福尔哈德非常想念外祖父那个乡村，但是，她知道自己不可能一直呆在乡村。幸运的是，她家屋后有一个相当大的花园，于是，克莉斯蒂安·福尔哈德把业余时间花在了这个花园里。她观察着花园里的一草一木，并把每一种植物的名称及其生长情况都记录在自己的记事本上，包括什么时候抽芽、什么时候开花、什么时候凋谢，等等。她还对花园里的各种动物包括蜗牛、蚂蚁、蜜蜂和蝴蝶等进行了观察。为了更好地了解这些生物，克莉斯蒂安·福尔哈德制定了一个研究计划，努力去寻找答案。

事实上，孩子认识的事物越多，想象就越广阔。如果父母只指望孩子通过课本来学习，是无法养成良好的想象习惯的。为了让孩子记得又多又准确，父母可以引导孩子用语言描述出来，或者以日记的形式记下来，这些都是孩子进行想象的重要资源。

想象虽然以形象形式为主，但是需要用语言将想象的内容表述出来，词汇在这时起重要作用，词汇量大的孩子能很顺利地表述一件事情，词汇量贫乏的孩子则常常由于找不到合适的词汇而中断想象。如，一个孩子如果词汇量不大，他在自己极度兴奋的时候，只知道用"高兴"来表达，再也找不到其他的词语了。

因此，父母应该引导孩子有意识地积累词汇。比如，多给孩子提供一些富有幻想色彩的书籍，如童话、科幻作品、神话、寓言等。父母可以让孩子准备一个专门用来记录文学名句、名段的摘记本，随时把阅读中遇到的名句、名段摘抄下来，在空余时间多翻阅摘记本，巩固这些词汇。这样，孩子的词汇量就不知不觉扩大了，在想象时就可以顺利表述心中的想法，从而促进想象力的发展。

在家庭中，可以搞一些诸如故事接龙之类的游戏。美国著名儿童智力发展研究专家简·海丽认为，鼓励孩子编故事不仅是一种语言训练，更重要的是帮助孩子运用自己的想象与推理能力，得到出乎意料的结论。家长给孩子讲故事时，不妨在讲到一半时，让孩子根据前面的情节续接故事。父母要鼓励孩子编故事，并把故事记录下来。这种海阔天空的想象可以帮助孩子建立良好的自我形象，也可以提高孩子们的想象能力。

讲故事能促进孩子的想象能力。父母要从小就鼓励孩子自己编故事、讲故事。可以讲给同学听，也可以讲给爸爸妈妈听，这样不仅锻炼了语言表达能力，而且也促进了孩子想象力的发展。父母也可以引导孩子按照某个主题想象，并适时地给孩子以赞扬，提供一些建议。

如果孩子已经识字，父母要重视让孩子自己去阅读，这对孩子想象力的发展是大有好处的。因为，依靠父母讲解，想象的余地总归有限，自己阅读则可以主动地进行再造想象的训练。因此，只要孩子达到一定的识字量，能够自己阅读了，父母就应该指导孩子阅读，并给孩子购买一些童话、神话、民间故事书等能够启发孩子想象力的作品。

父母也应该鼓励孩子记日记，把好的故事记录下来，不断修改。通过不断想象，孩子的想象能力就能不断提高。

图片很能激发孩子的想象能力，父母就可以有意识地让孩子多接触各种图画。例如，父母可以购买一些景色优美的风景图片和知识性趣味性较强的图片，让孩子认真观看，并在此基础上画出来。当然，孩子画什么，父母不应该限定，应该让孩子想画什么就画什么，这样，孩子才能充分发挥他的想象能力。通过不断的锻炼，孩子的想象能力必定有所提高。

爱做游戏是儿童的本能，对于孩子的自发游戏，父母应该给予关注，善于引导孩子通过做游戏来发展想象力及其他能力。

据说，犹太人家庭中最常用的游戏就是让孩子玩圆豆。这种方法是把小豆、黄豆、大豆或其他圆形的、体积小的、颜色不同的植物混合在一起放在一个盘子里，再准备四至五个不同颜色的小碗，让孩子从大盘里面取出豆子或其他植物，并将它们分类后分别放入不同颜色的杯子里。这个游戏可以让孩子通过辨别各种颜色和形状大小来激发想象力。

一位老师在给一群9岁的学生们讲解轮船的发明时，也充分运用了游戏来启发孩子的想象力。老师先问孩子们有没有见过轮船，孩子们都说见过。老师再问孩子们："那么你知道轮船有什么用吗？"孩子们回答："可以载东西。"

然后，老师端来一盆水，并把一只鞋子放到装满水的盆子里，鞋子漂了起来。老师问孩子们："如果我们把水盆看成大河、大江和大海，那么鞋子就是什么？"孩子回答："轮船！"老师又问："你们知道古人是如何发明轮船的吗？"孩子们都摇了摇头，于是，老师给孩子们讲了古人如何看到漂浮在水上的木板后，想到用木板来制作小船，并由此发明了轮船。后来，人们又学会了运用钢板来制造轮船。

孩子们在老师的讲解中，想象力也随着老师的讲解而调动起来，这对他们想象力的培养也是非常有利的。

创新性思维是想象力的基础。父母要积极培养孩子的创造性思维能力。首先，父母要培养孩子独立思考能力，让孩子敢于打破陈规，敢于标新立异地提出自己的见解。其次，父母要鼓励孩子提问，碰到自己无法解答的问题，要努力弄懂，或者向其他的人请教，然后再向孩子解答。

再次，父母要鼓励孩子求异思考，比如，当孩子在做数学题时，父母可以问孩子："除了这种做法以外，还有没有其他的解法？"阅读文学作品时，鼓励孩子不断问"为什么是这样？""为什么不可以是那样？"这些都有利于培养孩子的想象力。

爱因斯坦13岁的时候对光速问题十分着迷。有一次，爱因斯坦躺在一个小山头上，他眯起眼睛向上看，这时，有千万道细细的阳光穿过了他的睫毛，射进了他的眼睛。爱因斯坦好奇地想，如果能乘一条光线去旅行，那将是什么样子呢？

他想象着自己在做一次宇宙旅行。想象力把他带进了一个神奇的场所，这个场所无法用经典物理学的观点来解释。回到家里，爱因斯坦对舅舅说："我努力想象自己在追赶一束光线，如果能追上，我想看看这种波是什么样子的。"

在这个想象的指引下，爱因斯坦发现了接近光速运动的物体在空间上缩短和在时间上变慢的效应，并提出了一种新的理论以解释他的想象。这就是震惊世界的广义相对论。

　　幻想是创造想象的特殊形式，它往往脱离现实，能跨越时空创造出未来事物的新形象。幻想越大胆，可能出现的错误也越多，但是其创新价值也是不可估量的。其实，幻想是十分可贵的。正如郭沫若在《科学的春天》一文中指出的："科学需要创造，需要幻想，有幻想才能打破传统的束缚，才能发展科学。"

　　因此，父母要鼓励孩子进行幻想，哪怕有时候孩子的幻想具有常识性的错误，例如，孩子想让鱼在天空飞翔，让人在海底生活等，父母没有必要非要去纠正孩子，因为，孩子正是受缺少常识的限制才可以想出一些成人想不出的想法来。

　　德国哲学家恩斯特·卡西尔的一个基本思想就是：人只有在创造文化的行动中才能成为真正意义上的人。人的本质体现于人不断创造文化的辛勤劳动之中。人们总是认为只有科学家、发明家、文学家和艺术家才具有创造力。事实上，每一个人都具有极大的创造力。正如美国心理学家詹姆斯所说，我们所知道的只是"我们头脑和身体资源中极少一部分"。每一个人的创造力宛如大海底下的冰山，有时候你只可以看到它隐隐约约露出来的一角，有时甚至看不到，但是，冰山却是存在的，创造力也是存在的。如果一个人对自己充满信心，有意识地去开发自己的创造力，创造力就会像火山一样爆发出来。

　　创造力是一个人智力的重要方面，实际上，创造力是一种思维能力，但它并不是漫无边际、天马行空式的想法，而是一种发现新问题、创造新方法、帮助人更好地适应环境的能力。有创造力的人肯定是聪明的人，他能够把学到的知识灵活运用，创造出新的东西。创造、创新对一个国家和民族来说尤其重要，父母要想让自己的孩子取得成功，就要重视培养孩子的创造习惯。

　　儿童处在创造力的萌芽阶段，他们好动、好问，对周围的环境有强烈的探索欲望和好奇心。创造力主要取决于后天的培养，青少年时期是培养孩子创造力的关键时期，现在很多家长都注意发掘孩子的智力，事实上，如果父母注重培养孩子的创造力，孩子的智力也能极速提高。

　　处于宽松、和谐家庭环境中的孩子，往往具有较强的思维能力和创造力，而处于专制、压抑或者过分溺爱的家庭中的孩子，往往缺乏创造力。这是因为，在专制的家庭中，孩子往往没有发言权，不能充分表达自己的想法，因此也就缺乏创造力；在过分溺爱孩子的家庭中，由于父母都围着孩子转，孩子怎么说，父母就怎么做，也不利于孩子形成创造力。

在宽松和谐的家庭氛围中，孩子的人格受到尊重，家庭成员之间的关系是平等的，民主的，有什么事情，父母与孩子一起商量，共同想办法。如果孩子的意见比较中肯，父母就应该听从孩子的意见，这样可以鼓励孩子积极开动脑筋，培养孩子的创造力。

1941年，休伯尔家的院子里传来一声巨大的爆炸声。爆炸惊动了四邻，警车呼啸而至。

经过调查，原来15岁的休伯尔想用砂糖等原料造一颗"炸弹"。他担心会把实验室炸坏，特意在院子里进行试验，果然产生了巨大爆炸力，还把他击倒在地，幸好没有受伤。

休伯尔从小就喜好做化学实验，并把家中的地下室变成了小实验室。爆炸发生后，休伯尔非常担心受到父母的责骂。出乎意料的是，父母并没有处罚和责骂他，更没有禁止他做实验，而是对他说："既然是做科学实验，就必须要讲科学，要严谨，容不得半点侥幸和想当然。"父母的话极大地激发了休伯尔的创造信心。后来，休伯尔专心于科学研究，并以严谨的科学态度取得了巨大的研究成果，荣获了诺贝尔奖。

1995年诺贝尔生理学/医学奖获得者克莉斯蒂安·福尔哈德从小就生活在一个宽松和谐的家庭里。她的父亲总是耐心认真地听取她的意见，对于女儿不拘一格的独特想象力与创新思维，父亲给予了最细心的呵护，每次听完女儿的新想法，父亲都会给予一定的肯定及最大的鼓励。父亲的赞许给了克莉斯蒂安·福尔哈德极大的信心，使得她无论做什么，都试图用自己的新的观点去做。每当冒出什么新想法时，她首先想到的便是告诉父亲，父亲一直都是她的"忠实听众"。在父亲的鼓励下，克莉斯蒂安保持了自己的独立见解和大胆的怀疑精神。正是这种精神，使克莉斯蒂安·福尔哈德在科学的领域取得了巨大的成功。

事实上，许多荣获诺贝尔奖的科学家在少年时代都不是"安分守己之辈"，他们经常会冒出一些奇思怪想，有时还会闯祸，因为他们总是喜欢去做一些别人没想到的实验。由实验导致的爆炸也非常多。1962年诺贝尔生理学/医学奖获得者克里克，1972年诺贝尔物理学奖获得者库柏，1981年诺贝尔生理学/

医学奖获得者休伯尔，1991年诺贝尔化学奖获得者恩斯等人，都曾是爆炸事件的"肇事者"。令人费解的是，这些科学家的父母并没有如我们想象的那样去呵斥孩子，而是采用一种宽容的态度，既使孩子从中接受了教训，又保护了孩子的科学爱好与创新意识。

由此可见，要培养孩子的创造力，父母一定要营造一个宽松和谐的家庭环境，容忍孩子作出一些不可思议的事情，允许孩子坚持自己的"奇谈怪论"，因为这些正是孩子创造力的来源。

好奇是孩子进行创造活动的动力，好奇心愈强，想象力愈丰富，创造性就愈高。孩子通常对许多事情都感到好奇，凡事都想弄个明白，他们是无所畏惧的，他们喜欢冒险，做危险的游戏，并能从中获得乐趣。父母不要抑制孩子的探索活动，而应该引导孩子大胆去想，允许他们创造性地尝试。

1962年诺贝尔化学奖得主鲍林从小就非常喜欢到从事药剂师工作的父亲的实验室里去玩。他非常崇拜父亲调配药物，非常想亲自动手做实验。

父亲很早就注意到儿子对实验的浓厚兴趣，慢慢开始教鲍林怎样调配药品，怎样做实验。鲍林高兴极了，每天放学后就到父亲的实验室去做实验。这段时间里，他学到了许多知识，更重要的是，父亲教给他自己去探索的精神。

鲍林9岁那年，父亲因病去世。鲍林一度陷入对父亲的深深怀念当中。后来，他从消沉中走了出来，重新走进了实验室。当他知道好友杰弗里家有个小实验室时，就经常到好友家的实验室去。有一天好友的父亲做的"高锰酸钾产生气体"实验，让鲍林对化学产生了浓厚的兴趣。从此，鲍林迷上了化学。他一直在做各种各样的实验。正是父亲的鼓励让鲍林走上了探索科学的道路，后来鲍林在化学领域中取得了巨大的成就。

儿童文学作家严文井说："人应该有探索，有追求。这些都要从幼小时培养独立性和主动性做起。"家长们总是对孩子说："太危险了，你可不能玩呀！""这么可怕的事情你想参加吗？""我看你还是在家看看动画片算了，这种危险性太大的活动不要参加了。"

事实上，孩子们在探索活动中得到的不仅是乐趣，还有思维和能力的发展，创造力的发展。美国幼儿教育就非常注重让孩子们在各种冒险活动中去体验各种情境，探索新奇的世界。

在日常生活中，家长可以根据孩子的年龄大小和生活环境，经常利用节假日带领孩子接触各种新鲜事物。认识事物越多，想象的基础就越宽广，就越有可能触发新的灵感，产生新的想法。那种只想把孩子关在家里，只想让孩子写字、画画的方法，只会把孩子培养成书呆子，绝不可能培养成有创新能力的人。

在孩子的天性中，有一种求知的欲望，他们心中有着无数个"为什么"，想了解这个奇妙世界的本来面目。提问就是一种思考和钻研，是具有探索意识的表现。孩子从会说话起，就开始会提问。由于年幼，所提的问题往往十分荒唐，有的可能无法回答，但不管问得怎样，说明孩子是在思考和探索。如果成人用习以为常的姿态和不以为然的态度来对待，孩子的这种求知冲动就会被逐渐扼杀。

爱因斯坦从小就是一个喜欢问"为什么"、喜欢刨根究底的人，他经常会对人们习以为常的自然天气情况提出疑问，问父母"风是怎么来的？""为什么会下雨？""雪为什么是白的？""太阳为什么总是从东边升起来？""月亮为什么会时而圆时而不圆？"对于爱因斯坦的各种疑问，父母并没有嫌烦，而是尽可能地回答他。这些给了爱因斯坦极大的求知欲和创造激情，他的一生中取得了很大成就，这也许正是从小善于提出问题，善于创造性地思考问题的结果。

因此，作为家长，应该心平气和地、认真地对待孩子的各种问题，不能因为有的问题显得太幼稚而一棍子打死，是要有意识地引导孩子，保护好孩子的好奇心，鼓励孩子积极思考，对孩子的提问表现出自己的兴趣，与孩子一起去思考，去寻求未知的答案，这样，孩子提问的欲望就会不断增强。

天才往往善于从他人想不到的角度去思考问题，发现他人没有发现的办事角度。达·芬奇认为，为了获得有关某个问题的构成的知识，首先要学会如何从许多不同的角度重新构建这个问题。他发现自己看待某个问题的第一种角度太偏向于自己看待事物的通常方式，他就会不停地从一个角度转向另一个角度，重新构建这个问题。随着视角的转换而对事物从不同角度进行理解，从而理解得更加深入，最终抓住了事物的本质。

在日常家庭生活中，要经常引导孩子多角度看待和分析事物，逐渐养成换一个角度想问题的好习惯。例如，纸张除了写字外，还有别的用途吗？椅子除了可以用来坐，还有什么作用吗……其实，社会生活和家庭生活中的每一个事物，都可以作为启发孩子多角度思维的内容。

事实上，多角度思考是一种发散性思维。科学家哈定说："所有创造性的思想家都是幻想家，而幻想主要是靠发散性思维。"确实，发散性思维是突破原有的知识圈，从一点向四面八方扩散，沿着不同方向、不同角度进行思考的方法，它是通过知识、观念的重新组合，找出更多更新的可能的答案、设想或解决办法。在生活中，父母可以加强对孩子进行发散性思维的训练。

比如，回形针的用途有哪些？回形针的用途非常多：可以用来把纸和文件别在一起；可以用做发夹；可以代替别针；可以拉直了用作粗织工的织针；可以当鱼钩等。

比如，怎样才能达到照明的目的？方法有许多，可以开电灯；也可以点蜡烛；还可以用镜子反射太阳光以及用手电筒、点火把等。

比如，折叠桌子给我们带来了很大方便，那么这种折叠的结构可以运用在其他哪些事物上呢？可以是折叠椅子；折叠床；折叠自行车等。

经常性地培养孩子进行发散性思维，他就能够学会从多角度来思考问题，从而提高创造力。

经常带孩子到大自然中去玩，去学习，一方面可以让孩子感觉大自然的美，另一方面，大自然能教给孩子无穷无尽的知识，激发孩子创造性思维。

爱因斯坦小的时候，一家人住在慕尼黑郊区，那里浓林茂密，绿茵环抱。爱因斯坦的父亲非常喜欢带一家人出去郊游。

小爱因斯坦对于父亲的这种安排非常喜欢，他经常瞪着两只好奇的大眼睛，紧闭嘴巴，默默地注视着大自然的美丽景色。大自然的静谧养成了爱因斯坦沉思的思维习惯，也给了他无穷的灵感和启迪。爱因斯坦日后的无与伦比的创造性思维，正源自于他对生生不息的大自然的感应和醒悟。直到以后，爱因斯坦在思维枯竭的时候，总是喜欢寻求远离繁华都市的乡村作为居住地。

一位父亲是这样评价大自然的：

"我认为森林对孩子来说是最好的教科书，也是最好的游玩场所，在这样一个广阔的天地里，孩子想怎样玩就怎样玩，在草地上、在阳光下，他会感到自由自在。我经常带孩子到这样的地方去，告诉他各种各样的树木和鸟类的名称。我们经常会摘一朵昙花，共同研究花朵的构成；我们还会敲下一颗成熟的果子，与孩子一起解剖果子；我们经常砸下一块岩石进行观察；我们经常观察昆虫的生活习惯，窥视鸟类在树上做巢；我们经常拍摄一些孩子未曾见过的花草、树木和风景等。这些都启发了孩子的好奇心，锻炼了他们的注意力，激发了孩子创造性思维。"

想象是创造之母，没有想象能力就没有创新能力。

达尔文小时候是一个喜欢"说谎"的人，当他捡到一块形状奇怪的石头，他就会煞有介事地对同学们说："这是一枚宝石，可能价值连城。"同学们往往哄堂大笑。有一次，达尔文在泥地里捡到一枚硬币，他神秘地对姐姐说："这是一枚古罗马的硬币。"姐姐接过来一看，发现这分明是一枚十分普通的18世纪的旧币，由于受潮生锈，显得有些古旧。姐姐非常恼火地把这件事告诉了父亲，希望父亲教训达尔文，让他改掉说谎的坏习惯。谁知，父亲听了以后，若无其事地对女儿说："这怎么能算是撒谎呢？这正说明了他有丰富的想象力。说不定有一天他会把这种想象力用到事业上去呢！"结果，达尔文真的把他的想象力用到了事业中，完成了《物种起源》，提出了生物进化论。

第五章

不必苛求孩子做硬汉

似乎在人们的观念中，男孩子就必须要勇敢、坚强、独立。甚至很多小男孩哭的时候，他的父母会说："小男子汉也要哭，丢不丢脸？"其实这是不对的。诚然，作为要在社会上立足的人，坚强的品质是不可少的，但在养育孩子的阶段，父母必须明白：无论怎样的负面情绪，都是人的正常感情宣泄，不必打上性别烙印。有哭有笑，照样是男子汉。

适合孩子的学习方法

如果孩子在你的诱导下开始学习读书，那你应该给他准备一本简单有趣的书，一方面他能理解书中的意思；另一方面他能获得乐趣，刺激他继续学习的激情。三天打鱼，两天晒网是学习的大敌。可是有些父母在管教孩子时，特别是在抓孩子的学习时，时紧时松、阵风阵雨，造成孩子学习情绪不稳，甚至对学习产生逆反心理。

一些家长经常抱怨："我们的孩子学习不稳定，狠抓他一阵，成天督促他的学习，就好一阵，学习成绩也就上去了。不抓他，学习成绩就降下来了。"为什么孩子会这样呢？通过查找心理学书籍和深入学生中去调查发现，原来，学生也很抱怨父母这种时紧时松的教育方法。

一个学生拿出了一份练习题诉苦道："您看，我妈妈平时对我的学习不闻不问，可是不知她什么时候心血来潮，也不知她从哪里抄来这么难的习题，硬逼着我把它都做对。"问及这位学生对这份练习题怎么办，她诚实地说，只好让学习好的同学帮助做。学生们还大胆地分析和解释为什么有的同学的学习忽上忽下、忽高忽低。

老师教给学生的知识是有计划有目的地进行的，知识结构是一环扣一环的，系统性极强，就像一条索链，少了哪一个环节都难以发挥作用，需要每一个环节都扎扎实实。时紧时松的教育，使孩子有些地方学得扎实，有些地方松懈，当孩子把所学的知识系统地用起来时，必然会出现问题。

对孩子学习抓得时紧时松，打乱了孩子的正常的学习节奏。紧时，孩子们一方面要完成正常规定的作业，一方面又要服从父母的安排，加重了孩子的负担，使孩子很反感；松的时候，孩子感到父母不管了，可以放松放松，于是学习开始走下坡路。

低年级的孩子，年龄小，大脑发育不完善，自制力差。到了初中后，他们的生理、心理发育迅速，他们面临外在的和内在的矛盾，情绪很容易波动，有时会过高估计自己，变得过于自信，有时候又过低地估价自己，对学习、对自己缺少信心。这两种情绪都对学习不利。父母一方面要不断调整孩子的学习情绪，增进孩子的自信心、稳定感。一方面要更加广泛的关心孩子，了解孩子的变化。父母忽紧忽松地对待孩子的学习，容易引起孩子情绪的极大波动，使孩子不能持之以恒地面对学习。孩子对父母的管教具有主观能动的反应，忽冷忽热地对待孩子，会使孩子产生逆反心理，使用各种办法对付父母。

对孩子的学习和成长就像我们培育花朵一样，要按时施肥和浇水，常抓不懈。调查发现，即使是处在反抗父母时期的少年学生，也渴望父母不断关心自己的学习。父母每天可以抽出一点时间关心、了解孩子的学习和生活。如果没有条件，可以阶段性地、有规律地检查孩子的学习情况。

在对子女教育中，家长的角色很重要。如果父母扮演的角色不对，则会影响教育的效果，有时是事倍功半。那么，在教育孩子过程中、父亲和母亲应该扮演什么角色呢？

许多父母认为，要管教孩子，必须是一个家长要"严"，另一个要"慈"；一个"唱红脸"，一个"唱白脸"；或叫做"父严母慈"。以为只有"一严一慈"，"一软一硬"，相互配合，"软硬兼施"，才能教育好孩子。这种说法，乍一听，似乎有一番道理，好像这是家庭教育最好的搭配和组合。所以一旦孩子出现问题时，都是父亲先打骂，母亲来庇护；有的家庭是父母严格管理，爷爷奶奶阻拦。当然，父亲对儿子比较容易严厉，母亲对儿子比较容易溺爱。有的时候可能是母亲对女儿比较容易严厉，父亲对女儿容易溺爱，这就造成了主观和客观上的教育态度的不一致。

其实，红脸白脸相配合这种方式是不可取的，这是一种不良的教育方式。如果一个家长对孩子较严厉、苛刻，另一个家长过于温和、宽容；或者一个要求特别严格，另一个又特别迁就、姑息、放任，不难想象，就会出现下列情形：孩子在严厉家长的面前，很老实，战战兢兢，唯唯诺诺，有话也不敢说，有理也不敢申辩，有事也不敢做。而当着温和的家长的面，则像换了一个人似的，言行放肆，为所欲为，一点规矩也没有。这样的家庭教育，肯定造成孩子心理上的不正常状态，养成不良习惯。比如欺软怕硬，见风使舵，看人脸色行事，容易形成当面一套背后一套的两面作风等。

夫妻态度不一致，还可使孩子学会钻空子，谁能答应他的要求他就去磨谁，并且把父母分成谁好谁坏。一些孩子就是在这种搭配组合中钻空子，出了事只告诉护着的一方，使家长在教育时采取迁就的态度。长此以往，孩子在家里找到了保护伞，以致家庭教育失去了约束力。

另外，这种角色的不一致，也很容易造成家庭矛盾和彼此间的不信任。

　　星期天，一家三口逛商店，孩子看中了一个玩具要买，爸爸不给买，于是孩子哭闹，爸爸讲道理讲不通，孩子就躺在地上哭闹不起来。妈妈要哄，爸爸要打，妈妈心疼，就与爸爸吵起来，结果孩子没管好，夫妻俩倒弄了一肚子气。

因此，夫妻在管教孩子方面，步调不一致是不利于孩子的成长的，久而久之，还影响夫妻的感情。

再者，如果父母教育孩子时出现矛盾，母亲这样说，父亲那样说，孩子就无所适从。孩子分不清谁是对的，不知道应该听谁的，干脆谁的也不听，也就用无所谓的态度对待自己做的错事。

"态度不一致"还会影响孩子的心理健康。调查表明：在有心理问题的儿童中，父母采用"态度不一致"的方式的比例为17.3%，显著高于正常儿童家长所采取该教育方式的比例9.24%，所以家长要在子女教育中扮演好角色，并不是说两者的角色不能一样。相反，父母也好，爷爷奶奶也好，教育态度必须步调一致，互相合作，否则就是无效的。

父母对孩子的态度不一致，也会影响到父母在孩子心目中的威信。夫妻一定要注意维护彼此的威信，绝不能为了提高自己的威信而故意贬低另一方。即使是一方对孩子的要求不合理，也不能自己单方面出面更正，而是应该与对方交换意见，由他自己出面更正。这样，既有利于孩子，也有利于维护家长的威信。

有老人的家庭或是老人带孩子的家庭最容易出现的问题往往是老人喜欢袒护孩子，常常阻挠孩子的父母管教孩子，这也许是因为"隔代亲"的缘故，这就造成了两辈人在孩子教育问题上的不一致。

实际上，老人惯孩子，父母也是有责任的，这是因为老人和孩子的父母之间缺乏沟通所致。如果从孩子小的时候父母与老人就都很关心孩子，经常探讨教育方法，也不至于使老人一味地娇宠孩子。等到孩子长大了，出现了一些毛病，才发现老人带孩子的方法不当，这就说明父母在孩子小时候对老人的教育方式是不够关心的。

发现问题怎么办？要达成一致，要与老人沟通，讲清道理，耐心开导，使老人心悦诚服，同心协力把孩子教育好。一般来说，老人与孩子的父母发生分歧，有几种情况：一种是老人的旧思想太多，给孩子施加不好的影响，如教孩子撒谎、骂人等；一种是老人的教育方式不当，如无止境地满足孩子的一切要求；再一种情况是老人分担的家务重，对孩子撒手不管。具体事情应具体分析，然后耐心帮助。帮助老人要讲究方法，避免出现婆媳或丈母娘与女婿不和。

父母双方教育孩子的态度应该一致，要严都严，不该严，就不严。需要严的时候严得起来，需要慈的时候能真正有慈。每位家长都应该是有严有慈，集严慈于一身。

孩子：爸爸，给我讲个故事吧？
爸爸：找妈妈去！
孩子：爸爸，明天是星期日，带我到公园去玩好吗？
爸爸：找妈妈去。

教导孩子时还需要注意一点，就是如果他们在学习中遇到困难，不能把困难丢给他们，父母要尽量给予帮助。孩子提出了问题，比如句子的主格是什么，如果他们实在是不知道，那你就告诉他们。还有，当他们问"已经带走"是什么意思，你没必要去问他们"带走"是什么意思。这种教导方法徒然浪费时间，只能使他们更迷惑。

学习本来就是一件快乐的事情。他们无论学习什么都应该感到容易，感觉快乐。不管他们在什么地方停下来，而又想前进的时候，你应该立刻帮助他们去克服困难，不可加以任何斥责。如果老师用了严苛的方法，那就说明这个老师不够细心，没能为孩子设身处地地考虑，认为自己能懂的事，孩子也会懂。而且这位老师应该反思，他的责任是帮助孩子养成好习惯，不是愤怒地用规则教训孩子。毕竟规则之于人生没什么益处，况且孩子学了规则转头又会忘记。

其实，教授某些需要创造力的知识时，老师可以故意提出一些难题，并鼓励孩子开动脑筋。但这种方法在孩子幼时不适宜使用，因为那时所有的事情对孩子来说都是困难的，老师的重大作用就是尽量使一切事情变得简单。

尤其在文字方面，最不应该让孩子感到窘迫。因为学文字就得记忆，如果孩子感觉很困难，他们很可能会丧失信心，半途而废。至于动脑钻研文字，那是大人该干的事，不该把这些负担加到孩子肩上。

老师要帮助孩子排除困难还有一个理由，就是孩子的接受能力有限，通常一次只能接受一种思想。一个孩子的头脑中无论有什么事情，那件事情就能占据他的心，尤其是当有了那件事带来的某种情感时更是如此。所以，老师要想孩子专心致志地接受想让他们学习的思想，那么老师就要帮他们排除其他一切烦恼。否则，孩子心情烦躁什么都消化不了。

况且孩子生性爱好新鲜事物，一旦遇到好玩好看的事物就急于尝试，尝试过后立刻就又腻了。孩子只有对能带给他们持久快乐的事情保持关注。所以老师要想让孩子学习，就不能让他们遇到太多困难和痛苦，并且想办法增添学习的快乐。

如果学生在学习时有一点儿走神，一般老师都会轻则训斥，重则惩罚，强迫他们把心思放到学习上，但这种方法一定会产生相反的结果。学生受到了训斥或鞭笞后，他的心理上产生了恐惧，身体上产生了痛苦。他肯定口服心不服，表面上学习就是为了做给老师看，至于心思放在哪里，反正不是在学习上。

对于这种情形相信好多人都有同感，回想起自己以前受了父母或导师的训斥后，思想是何等混乱，心里充满了恐惧，导致不会再集中注意力学习任何东西。父母和导师为了使孩子畏惧自己，进而服从自己，一般会用成人的威严和专制去管教他们。当父母和导师俘虏了孩子的意志后，就应该少用训斥或鞭笞，免得让自己成为惊吓小鸟的稻草人，使得孩子一见自己就害怕。

严酷的方法可以克服孩子的顽固，纠正他们的过失，但对他们的学习是没什么好处的。因为严酷会给孩子带来身体上的痛苦和心理上的恐惧。这不仅会在肉体上留下伤痕，还会对脆弱的精神产生强烈的影响。他们的思想被扰乱了，就不会心平气和地学习。你要想让孩子从内心接受你的教导，或认真学习，你就应该使孩子保持一种平静的心情。

老师成功教导孩子的关键是保持他们对学习的兴趣，进而将注意力持续地倾注在学习上。要达到这个目的，需要做到以下两点。

第一，以各种方式明确地告诉孩子或暗示孩子，老师所教授的东西能帮助他们成为优秀的、有能力的成功人士，否则他们只能碌碌无为，做一个平庸的人。

第二，以和蔼的态度对待孩子，让他们知道老师做的一切都是出于爱，一切都是为孩子。

只有当孩子无视老师的劝诫，顽固地犯错误时，老师才能用粗暴的惩罚来改变他们的这种心理。而对于其他过失老师都应用温和的方式对待。但孩子为什么有时候很倔强呢？这不仅与他们的本性相关，还与老师不必要的、不适当的惩罚有关，性情暴躁的老师容易教出性情恶劣的孩子。

爱玩、没有定性、见异思迁，都是孩子的天性。只要他们不是故意犯错，父母和导师就宽容些，只需平时温和地提醒，逐渐帮助他们克服缺陷。如果孩子每次犯错都招致一顿臭骂或鞭笞，那么这些本意为孩子好的家长和师长在孩子眼中会变成凶残的动物。

一旦孩子产生了这种心理，他们更不会服从家长的命令，一切计划中的教育目标都会泡汤。父母和导师对孩子的温和与对他们的严厉应该保持平衡。严厉帮助孩子改正错误，克服顽固的心理；温和可以让孩子与大人亲近，孩子知道大人做的一切都是出于爱，从而懂事地做大人吩咐做的事。

当父母教育孩子到了这种境界，孩子无须斥责和鞭笞就能出色地学习，父母也省去了很多麻烦。学好文字要依靠广泛的阅读和交流，岂是熟知多位作家就能轻而易举学好的？背过这些知识，只是徒增外表的装饰，于内心的修养无益。一个没有真才实学的人，在比他们更无知的人面前还能炫耀，到了真有学识人的面前，那真是班门弄斧，对比之下，自己知识匮乏，精神空虚。

记住那些花里胡哨的知识是没用的，而那些结构紧凑、文字优美的文章是可以记忆的，一方面增强记忆力，另一方面增进学识。所以，老师要有选择性地为学生挑选文章记忆，不能不论好坏全背了，这样会增加学生对书本的厌恶。

社会上有一个普遍的共识，就是只要让学生熟记书本知识，就能增强他们的记忆力。但凡有一点儿科学常识的人都知道，熟记或许能暂时性地帮助学生记住大量的东西，比如，可以帮他们应对考试，但考完后以前记住的又都忘了，所以这种不能从根本上增强记忆力。记忆的强度根源于体质，不是通过普通的记忆就能改变的。

薛西斯以自己超凡的记忆力闻名，因为他能记住军队中十多万士兵的名字，他的这种非凡的能力绝不是小时候通过熟记课本得来的。总对某些事情刻骨铭心，因提醒着自己一定不能把它忘记，于是每天都要把它回想一次，渐渐地我们对这件事的印象越来越深。

既然这种方法能帮助我们长久地记下某些事，那我们可以用这种方法来锻炼记忆力。就是对你要记住的东西给予充分的注意力，从心理上重视它，如果事务繁杂，那你就摸索出规律，按照一定的方法和顺序来记忆。

孩子记忆书本知识的初衷是为了应对考试，等考试结束不久，他们就会把这些知识忘得一干二净。这样既无益于增强记忆，也无益于训练孩子的心理。对于一些表现智慧或强调做人做事原则的句子，孩子要铭记在心。父母可以通过经常给他们讲句子中蕴含的道理，从而帮助他们时时回想，进而让他们熟练地记住并实践。这是增强记忆的唯一方法。

时不时地回想一些哲理，就像有一位圣人给予提醒或指点，帮助偏离正轨的思想重回轨道。所以，父母不妨每天都为孩子选一些有益的事情来记忆。这些事能指引孩子走上正途，能帮助养成孩子运用心智的好习惯。

在这里需要再次强调一下前面提到过的观点，就是在孩子的教育中，德行和善良的品质最重要，而学问和文字次之。父母和导师的主要精力也应该放在如何培养孩子端正的品行和谦逊的性格上面，学问方面不用急于求成，因为孩子的人格基础没打好，渊博的学识最终会助长恶劣的品行，毁掉自身，危害社会。

自我管理与反思

一个人之所以能够不断地进步，在于他能够不断地自我反省，找到自己的缺点或者做得不好的地方，然后不断改正，以追求完美的态度去做事，从而取得一个又一个的成功。英国著名小说家狄更斯的作品是非常出色的。但是，他对自己却有一个规定，那就是没有认真检查过的内容，绝不轻易地读给公众听。每天，狄更斯会把写好的内容读一遍，每天去发现问题，然后不断改正，直到六个月后读给公众听。

与此相同的是，法国小说家巴尔扎克也会在写完小说后，花上一段时间不断修改，直到最后定稿。这一过程往往需要花费几个月甚至几年的时间。正是这种不断自我反省、自我修正的态度，让这两位作家取得了非凡的成就。

古代著名的学者曾子说："我每天多次自我反省：为别人办事是不是尽心竭力了？和朋友交往是不是做到诚实了？老师传授的学业是不是复习了？"孔子认为曾子能够继承自己的事业，所以特别注重传授学业于他。

一次，曾子对他的学生子襄讲什么是勇敢，就直接引用孔子的话，他说："你喜欢勇敢吗？我曾听孔子说过什么是最大的勇敢：自我反省，正义不在自己一方，既使对方是普通百姓，我也不恐吓他们；自我反省，正义在自己一方，即使对方有千军万马，我也勇往直前。"

事实上，每个人在做事的时候都要持有自我反省、自我修正的态度，并以不断的追求去实现自己美好的愿望。一个善于自我反省的人，往往能够发现自己的优点和缺点，并能够扬长避短，发挥自己的最大潜能；而一个不善于自我反省的人，则会一次又一次地犯同一些错误，不能很好地发挥自己的能力。

有一位小伙子，大学毕业后进入一家非常普通的公司工作。公司安排新员工从基层做起。其他新员工都在抱怨："为什么让我们做这些无聊的工作？""做这种平凡的工作会有什么希望呢？"这位小伙子却什么都没说，他每天都认认真真地去做每一件领导交给的工作，而且还帮助其他员工去做一些最基础、最累的工作。由于他的态度端正，做事情往往更快更好。

更难能可贵的是，小伙子是个非常有心的人，他对自己的工作有一个详细的记录，做什么事情出现问题，他都记录下来；然后，他就很虚心地去请教老员工，由于他的态度和人缘都很好，大家也非常乐于教他。经过一年的磨炼，小伙子掌握了基层的全部工作要领，很快，他就被提拔为车间主任；又过了一年，他就成了部门的经理。而与他一起进去的其他员工，却还在基层抱怨着。

　　每个人都会做一些平凡的事情，包括平凡的工作。这时候，如果只抱怨他人或环境，他就不可能认真去做这件事，也就不可能取得成功。如果一个人愿意把自己放在一个平凡的岗位上，以自我为改变的关键，不断反省自己，找到更好的方法，成功就一定等着他。教孩子学会自我反省也是这样。

　　自我反省是孩子成长的一个秘诀。一个不会自我反省的孩子永远也长不大。孩子通过反省及时修正错误，不断地调整精神信息系统接收信号的灵敏度和准确度，以确保信息系统不出现紊乱。学会自我反省的孩子，就等于掌握了自我完善和健康成长的秘方。每一定要重视培养孩子自我反省的习惯。

　　每一个人包括每一个孩子都喜欢受到表扬，而不喜欢受到批评。但是，一个人却应该学会坦然接受批评，这对于他的成长是有好处的。法国心理学家高顿教授通过一项专题研究证实，那些难以接受批评的孩子长大后，大多会对批评持"避而远之"或干脆"拒之门外"的态度。因此，父母应该让孩子在幼儿时期就学会接受批评，这不仅能够塑造孩子完整的人格，而且可以帮助孩子在其他方面取得成功。怎样让孩子学会接受批评呢？法国的一些儿童教育专家为此提出以下建议：

　　在教育孩子的过程中，我们提倡赏识教育，应该坚持以表扬为主，但是，对于孩子来说，只听到表扬是不利于他的成长的，父母应该有意识地肯定孩子好的一面，同时对孩子不良方面提出批评意见。当然，批评孩子的语气要温和，批评孩子的缺点应该中肯。父母还需要告诉孩子，在接受他人批评的时候要认真倾听，要持有平和的心态，有则改之，无则加勉。

　　父母在批评孩子的时候不要太专制，应该允许孩子作出解释。有时候，父母的批评往往是根据自己的推断进行的，事实上，孩子确有原因去做一件事情，因此，父母如果允许孩子对事情作出解释，不仅可以更全面地了解事情的真相，而且可以引导孩子进行自我反省。比如，为什么他的行为会受到别人的不认可，是不是哪里做得不好等。当然，父母应该让孩子明确的是，允许他作出解释，并不是让他推卸责任。

　　很多成功人士在介绍自己的成功经验时，都会提到自我反省能力。一个人之所以能够不断地进步，正在于他能够不断地自我反省，找到自己的缺点或者做得不好的地方，然后不断改正，从而取得一个又一个的成功。

　　小男孩的自我反省能力似乎不是很强，有时，他意识不到自己的错误；有时他做错事，家长问到头上："是不是你干的？"他会摇着头告诉家长："不是，不是，坚决不是。"当然，这与男孩的天性有关，小男孩接受事实往往比小女孩要晚。比如，一个小男孩与一个小女孩同时犯了同样的错误，在家长的引导下，小女孩会很快承认自己的错误，并为自己的行为道歉。而小男孩则不同，他们接受这个事实需要一定的时间，只有他们完全接受做错事这个事实后，才会主动承认错误。

作为家长，我们常常对勇敢、坚强的男孩说："失败了，没有关系，关键是看你对待失败的态度。"事实上，每个人，尤其是这些正处于性格形成期的孩子，在面对失败时都要持有自我反省、自我修正的态度，并以不懈的追求去实现自己美好的愿望。

一个善于自我反省的人，往往能够发现自己的优点和缺点，并能够扬长避短，发挥自己的最大潜能；而一个不善于自我反省的人，则会一次又一次地犯同一些错误，不能很好地发挥自己的能力。

　　帅帅和勋勋两个小男孩是从小一块长大的小伙伴。三年级时，他们被分到了同一个班里，两个好强的小男孩都想当"官"，但老师却给了他们俩每人一个"闲差"——帅帅是班上的体育委员，勋勋做了班上的劳动委员。

　　面对这份"闲差"，勋勋什么也没说，他每天在认认真真地做好自己本职工作的同时，还喜欢帮助别的同学，如帮同学修理桌椅板凳；值日的同学忘记擦黑板了，他主动去把黑板擦干净……因此，他深得老师和同学们的好评，不久后就被民主选举为班长。而帅帅则不同，他先是抱怨体育委员很累，后来连自己的本职工作都懒得去做了，结果可想而知，帅帅最终被贬为"平民"。

现在的男孩，对待生活和学习，持帅帅这样态度的人很多，总是抱怨自己学习不好、抱怨老师偏心、抱怨命运对他不公……但是，他们却很少反思自己：我有什么缺点？我是不是有什么做得不好的地方？

其实，每个人都有缺点、每个人都会做一些平凡的事情、每个人都会犯错误、每个人都会不如意……但是，这时候，如果只抱怨他人或环境，他就不可能认真去做这件事，也就不可能取得成功。如果一个人不断反省自己，寻找更好的方法去弥补自己的缺点和失误，成功就一定会来到。渴望成功的男孩，更需要这种自我反省并不断完善自己的能力。

事实证明，自我反省能力能够促使孩子更快地成长。他们通过反省及时修正错误，不断地调整自己的心态和做事方法，所以孩子掌握了自我反省的能力，就等于掌握了自我完善和健康成长的秘方。

每一个孩子都喜欢受到表扬，而不喜欢受到批评。但是，让孩子学会坦然接受批评，这对于他的成长大有益处。有心理学家指出，只会接受表扬的孩子，长大之后心理很容易出现问题，他们甚至连接受批评的心理承受能力都没有。因此，从小让男孩学会用正确的心态面对批评，将有利于塑造他完整的人格。

那么，当孩子做错事时，家长如何批评才能让他们更容易接受呢？

首先，家长批评孩子时，千万不能损伤孩子的自尊心。当孩子做了错事时，孩子往往会处于悔恨之中，不知所措，此时父母批评孩子，应先对孩子做得好的方面给予肯定，然后再指出做得不对的地方，要让孩子知道家长不是光盯住他的错处。

此外，批评孩子错处时，家长应只谈眼前做的错事，不翻旧账。以前的事已经批评过了就应该"结案"了，不能老是记着孩子以前不好的地方，让孩子觉得在父母面前永远无法翻身。

其次，家长要允许孩子做出解释。如果批评不符合事实，也应允许孩子作出自己的解释。如果你强硬地要求孩子改正错误，孩子从心里不服，他就会虚假地答应你，但心里感到受了很大的委屈，这对他接受你的批评没有任何益处。

另外，家长在批评孩子时，应尽可能多地增加与孩子的身体接触，这样更容易让他们接受。如家长在批评孩子时可以搂着他的肩膀说话，或拉着他的手讲道理给他听，这样就能达到恩威并用的效果。

许多男孩做错事后，家长喜欢为他们承担后果，如孩子迟到了，妈妈向老师道歉"不好意思，我起晚了"。这不仅会让男孩失去责任心，更会使他不会反省自己的错误，从而一而再、再而三地犯相同的错误。因此，明智的父母从不替孩子承担后果，而是让他自己来承担做错事的后果。

一个有点懒的小男孩，周末为了多睡一会儿，就把他的小闹钟拨慢了一个小时，因此他美美地多睡了一个小时。但是，他却忘了把它调回正常状态。

周一，快到上课的时间了，妈妈发现儿子还在睡觉，再看看他的小闹钟，妈妈马上明白了是怎么回事。但是，她没有叫醒儿子。当这个小男孩像平常一样背着小书包来到学校时，他发现同学们已经上完一节课了。结果可想而知，他被老师狠狠地批评了一通。

回到家后，心情沮丧的小男孩开始埋怨妈妈没有叫他起床，这位聪明的妈妈对儿子说："儿子，每天睡觉前你为什么不把闹钟调好？你总习惯别人提醒你做你自己的事，但别人是不可能一辈子提醒你的。你要学会自己提醒自己，做错事后自己反省自己的错误！"从此以后，这个孩子很少犯同样的错误。

孩子总是习惯别人提醒他做这做那，但事实正如那位妈妈所说：没有人一辈子提醒他。因此，只有让孩子养成不断提醒自己、不断反省自己的好习惯，他才能更好地成长。男孩做事情往往比较冲动，他想做一件事情的时候根本就不考虑后果，因此事情往往会以失败而告终。这时候，父母就要教孩子总结失败的教训。其实，总结失败的教训就是对自我行为的一种反省。

一次，妈妈带男孩去商店。男孩看到了一把非常漂亮的塑料水枪，而且还有五颜六色的塑胶子弹，他非常喜欢，就吵着要妈妈买下来。妈妈看了看那把玩具水枪后，对儿子说："这把玩具水枪华而不实，不好玩，而且很容易摔坏，我们再看看别的好不好？"

男孩不听，执意要买。妈妈想了想，对他说："我可以答应给你买，但你要承诺，买了这把水枪之后两个月之内不许买别的玩具，否则我就不给你买。"

男孩看着那支漂亮的水枪，高兴地答应了。但买了之后，孩子却发现，这支水枪并没有他想象的那样好玩，子弹一会儿就没了，而且没有力度。并且一次不小心，他把这支水枪摔到了地上，从此它再也不能发射子弹了。看着别的小朋友都玩着他们结实而耐用的玩具，男孩一点儿都不高兴。

聪明的父亲看出了小男孩的想法，对他说："孩子，别为已经做错了的选择而后悔。现在，你需要做的是吸取这次失败的经验，学会自我反省，下次你知道怎样去做就可以了。"

　　男孩听了妈妈的话，把小水枪挂到了自己房间的墙上，他要让它时刻提醒自己，不要任性、不要贪图虚荣。

　　当男孩因为自己的失误、错误而陷入痛苦与自责之中时，家长不应再盲目地批评他们了。孩子痛苦、自责，说明他已经意识到了自己的错误，这时，家长应该正确地开导他们、告诉他们，痛苦与自责并没有用，最有利的解决问题的办法是——从失败和错误中吸取教训，反省自我，并保证下一次不再犯同样的错误。

　　如果父母在批评孩子的时候有其他孩子在场，父母更应该注重维护孩子的自尊，不仅要讲究批评的方式和方法，而且对其他孩子的评价也要适当，不要过分夸张，让孩子产生不恰当的对比。父母该让孩子明白的是，对待批评，头脑应该冷静，不要过于冲动，但这并不表示应该默不作声，而是应该反省自己的行为是否有不恰当的地方。

　　总结经验教训事实上就是对自我行为的一种反省。例如，一个孩子用打架来解决与同学之间的矛盾，如果他在打架上吃了亏，他会想："上次我感到生气的时候是用打架来表达我的愤怒的，结果我被别人打了。那么下次发生这样的情况时，我该怎么办呢？我不用打架可以吗？是不是有更好的解决方法呢？"

　　当孩子直接感受到行动与结果之间有某种关系后，他们往往会先想一想再采取行动。孩子们可能会对自己的行为有一个预先的评价，看是否会出现他们预料的结果，如果结果正如他想的，那么他会继续这么做。如果结果与他想的不一样，孩子就会总结经验教训，调整自己的想法，这也是一个人做事的一种反应机制。

　　这种时候，父母最好不要把自己的价值观强加给孩子，而是要善于引导孩子进行总结。例如，父母不要这样说："我早就跟你说过了，你就是不听，现在尝到苦头了吧？""不听老人言，吃亏在眼前，说的就是你这种人呀！"这种论调只会加强孩子的逆反心理。父母应该对孩子说："怎么会出现这种结果呢，你好好想一想，如果用妈妈跟你说的方法去做，结果会怎样呢？""有时候，你需要听听他人的意见，这样就会避免一些问题。"这种语气，孩子比较愿意接受一些。

如果孩子学会了经常总结经验和教训，他就已经学会自觉地进行反省，这对他的人生会有很大的帮助。

许多孩子往往比较冲动，他想做一件事情的时候根本就不考虑后果，而且由于孩子经历比较单纯，能够预见到的后果往往与成人能够预见的不一样。这时候，父母可适当指导孩子，如果孩子无法跟成人一样思考，父母不妨让孩子尝试一下，结果肯定会出乎孩子的意料，这时，孩子就会反省自己的行为了。

著名经济学家大卫·李嘉图9岁的时候，有一次，父母带他去商店。大卫在商店的橱窗里看到了一双带皮毛的漂亮皮鞋，非常喜欢，就吵着要父母买下来。母亲同意了，但是父亲不同意，因为这是一双木头做的鞋子，不适合孩子穿。

大卫哭闹着执意要买。父亲想了想，就对大卫说："我可以答应给你买这双鞋子，但是，你要承诺，买了以后你必须穿这双鞋子，否则我就不给你买。"

大卫想着可以买自己心爱的鞋子，高兴地答应了。

谁知，鞋子买回来后，大卫才发现穿起来会"喀哒喀哒"作响，非常不舒服。如果长时间穿这双鞋子，脚会很累。现在他才知道父亲之所以不让自己买这双鞋子的原因，自己确实太虚荣了，现在穿这双鞋子简直就是受罪。这个时候，大卫深深地意识到自己的虚荣，他甚至愿意付出一切代价，只要能不穿这双鞋子。

聪明的父亲看出了大卫的想法，他对大卫说："孩子，我并不强迫你去穿这双鞋子，但是，你要学会反省自己，不要让自己陷入不良思想的陷阱。"

虽然父亲没有强迫大卫再穿这双鞋子，但是，大卫觉得应该给自己一个警示。于是，大卫把这双鞋子挂在自己房间里容易看到的地方，让它时刻提醒自己不要任性，不要贪图虚荣。

列宁8岁那年，有一次，母亲玛丽亚·亚历山大罗夫娜带着他去阿尼亚姑妈家做客。

列宁当时非常活泼好动，一不留神把姑妈家的一只花瓶打碎了。当时，谁都没有看见。后来，姑妈问孩子们："是谁打碎了花瓶？"

其他孩子都说："不是我！"

列宁因为害怕在众人面前受到惩罚，所以也跟着大家说："不是我！"

但是，列宁的母亲已经猜到花瓶是列宁打碎的，因为，小时候的列宁太好动。

怎样对待列宁隐瞒真相的过错呢？要不要当场揭穿他呢？列宁的母亲仔细思考一下，她觉得应该了解儿子犯错误后是否对自己的不诚实的行为有所认识，同时要引导孩子自我反省，并针对孩子的思想状况对儿子进行启发，培养孩子良好的自我反省能力。

于是，母亲没有当场指出花瓶是列宁打碎的。在接下来的三个月里，母亲一直保持沉默，她在等待列宁自己发现自己的错误并勇敢地承认。

果然，母亲的沉默让列宁深深地感觉到了自己的错误，他一直在做要不要告诉母亲的思想斗争。

终于有一天，临睡前，母亲走到他的跟前，慈爱地抚摸着他的头，但还是没有说话。列宁受不了心里的自我谴责，突然失声大哭起来。他大声对母亲说："我骗了阿尼亚姑妈，花瓶是我打碎的！"

看到儿子能够勇敢地承认错误，母亲欣慰地笑了。她安慰儿子说："你承认了错误就是个诚实的孩子，我会给阿尼亚姑妈写信的，姑妈一定会原谅你的。"

引导孩子自我反省就是发现孩子犯了错误后，父母不直接指出事情的真相，也不急于对孩子进行教育，而是先把这件事情放在一边进行冷处理。同时，父母要在对待孩子的态度上表现出沉默、静候的状态，让孩子通过父母的态度意识到自己行为的错误。一段时间后，再抓住一个适当的时机对孩子进行教育。

许多父母往往喜欢替孩子承担做错事的后果，这种行为是非常不对的。这不仅让孩子失去了责任心，更使他不会反省自己的错误，从而一而再、再而三地犯相同的错误。因此，明智的父母不要替孩子承担后果，而是应该让孩子自己来承担做错事的后果。

有一位妈妈发现自己的儿子出什么差错都不想想自己的问题，总是责怪别人，于是想着应该让孩子学会找找自己的责任。

有一次，儿子要在周六去参加学校的奥林匹克数学比赛。平时，儿子的数学成绩非常好，而且又善于动脑筋，这个比赛取胜的可能性太大了。

周五晚上，儿子像平常一样，放学回家后就去跟同学踢球了，然后看电视、读课外书一直到11点才睡。周六早上，每次都要睡到9点多才起床的。这天，妈妈硬着心肠不叫他，结果，儿子果然9点才睡醒。等儿子赶到学校的时候，考试已经开始了。由于儿子迟到了快一个小时，考试成绩可想而知。

儿子回家后非常沮丧，责怪妈妈没有叫他早点起床，使他在这次考试中失败了。

妈妈却对儿子说："儿子，你明明知道周六要去参赛，为什么不早睡？妈妈周六要去加班的时候，有没有要求你来叫醒我？你总习惯别人提醒你做你自己的事。但是，别人是不可能一辈子提醒你的，你要学会自己提醒自己，做错事后自己反省自己的错误！"从此以后，这个孩子做错事就会自我反省，只要他错了一次，就很少犯同样的错误。

一个人能不能自我管理是非常重要的。印度雷缪尔集团总经理，哈佛商学院的MBA，伦敦商学院、欧洲INSEAD商学院、瑞士国际管理发展学院、中国中欧国际工商学院等多所商学院的访问教授帕瑞克博士曾经说过："除非你能管理'自我'，否则你不能管理任何人或任何东西。"

帕瑞克是这样理解管理的发展历程的：管理最初关注的是"通过机器增加工作成功，提高工作质量"，接着是"通过人力增加工作成果，提高工作质量"，现在的重点则应是"如何通过工作发展自我"。

在哈佛商学院接受两年MBA教育成为标准的"哈佛产品"之后，帕瑞克回到了印度。最初的几年，他始终希望做得更多，干得更好，不断获得"进步与成功"，但同时，他变得越来越焦虑。他发现周围那些能干的、成功的商界人士，也包括他自己，都处在极大的压力之中，他们把自己局限在狭小的生活领域内，既不健康又不快乐。

帕瑞克认为，学校教育经常教我们怎样去管理他人和事物，却缺少教育我们怎样去管理自我。因此，这位博士把一半时间用于在全世界讲授自创的"自我管理"课程，他认为一个人最重要的是发现自我。

　　在帕瑞克的生活中，他经常采用集中训练来管理自己。尽管他全年都在全球到处飞行，却仍可以精力充沛、平和平静。这也许就是自我管理的好处吧。

　　自我管理在管理界非常受重视，对于孩子来说，自我管理也是非常重要的。孩子走上社会前，必须会进行自我管理。

　　目前，德国的中学已经开设了项目管理课程，而且是非常正规的课程，目的是帮助学生更好地处理自己的事情、班级的事情甚至是师生关系、人生选择，等等。也许，父母也得开始重视培养孩子的自我管理能力了。

　　随着孩子年龄的增长，能力的提高，活动范围的扩大，他会意识到需要管好自己，也就是自我管理，但是，许多孩子由于经验太少，缺乏自我约束的意识，在自我管理上往往表现得不尽如人意。许多父母都希望孩子能够出国留学，而出国留学恰恰需要孩子有较强的自我管理能力。有专家认为，中国学生的问题不是智力问题而是管理的问题。大部分学生没有自我管理的能力，一旦离开父母生活，他将无法很好地管理自己。

　　清华经管学院MBA办公室主任钱小军说："作为一个中学生的母亲，我一直从小教育我的孩子第一有爱心、第二有责任心。当然还有就是让孩子学会自我管理。我同学的孩子今年高考也考进了清华，我发现这些孩子其实都是自我管理能力非常强的孩子。因为每个人都是24小时，一样的时间，有的学生学得很轻松，但有的孩子学得很累，效果还不好。"

　　如果父母能从小培养孩子自己的事情自己做，自己的东西自己管，自己的生活自己安排的自我管理习惯，就能增强孩子行动的独立性、目的性和计划性，这对于孩子今后生活的幸福和成功无疑是有巨大的帮助的。

　　孩子的自我管理，有个从被动到主动，从低级到高级，从不自觉到自觉的发展过程。随着年龄的增长和年级的增高，孩子的自我意识水平也不断增强，孩子的自我管理能力及自我管理水平也随之提高。那么，作为家长，怎样培养孩子自我管理的好习惯呢？

　　有一个故事是这样的：

　　一个猎人，打猎时捡了几只刚出生不久的小狮子，就把它们带回家中精心喂养。这几只小狮子慢慢长大了，它们生活无忧无虑，有吃有喝，自在幸福。当然，它们都关在笼子里，猎人给他们设计的笼子也是温暖而舒适的。没想到，一不小心，一只小狮子从笼子里跑了出去，猎人到处寻找也没有找到。而其他几只呢？还在受着保护。

　　一天，那个猎人外出打猎后再也没有回来，习惯了被喂养和保护的小狮子们最后被活活饿死了。而那只当年跑出去的小狮子呢？它已经变成了一只野狮子。它独自在野外时，饿了自己找食吃；渴了自己找水喝；受了伤，它学会了用舌头舔伤口；遇到敌人，它知道怎样保护自己。正是这种独立的、不依靠别人的习惯，使它在大自然的环境里顺利地活了下来。

　　能不能在生活中管好自己，这是自我管理能力中最重要的。如果孩子无法管理自己的生活起居，我们很难想象他能够管好其他事情。

　　孩子上学以后，父母要教给孩子有关学校生活的常识，要求孩子爱护和整理书包、课本、画册、文具；学会削铅笔，使用剪刀、铅笔刀、橡皮和其他工具，并能按老师的要求制作简单的教具等。

　　许多父母都会抱怨：孩子不会整理书包，书包里乱得像"纸篓"，家长只好每天帮他整理。事实上，孩子形成这种毛病主要原因就是家长包办一切，未能培养起孩子自我管理的能力。所以，在上学前的这段时间里，家长要让孩子自己整理图书、玩具，收拾书包和生活用品，以培养孩子自我管理的能力。

　　当孩子进入小学后，父母还要注意不要替孩子做作业或者检查作业——孩子应该自己去做这些事情。一旦父母帮助孩子检查作业了，孩子不但自己不检查作业，反而觉得这是父母的事情，对学习的兴趣也会降低。

　　还要注意的一个问题是，当学习与其他方面产生矛盾时，孩子应怎样处理。比如，一个爱好课外阅读的孩子，在做作业与看书方面往往会产生矛盾。父母要引导孩子把重点放在做作业上，在作业完成的基础上，允许孩子看一些课外阅读的内容。再比如，如果孩子是一名学生干部，当他的学习和工作发生冲突时，他如何来协调这两方面的矛盾呢？在这个时候，父母就应该教育孩子想出一个既不耽误学习，又能当好学生干部的好办法来，这也是自我管理的一个重要方面。

　　在艾森豪威尔10岁时，他父母让他的两个哥哥在圣诞节前去远足，却坚决不同意他去。艾森豪威尔感到十分愤怒，他冲到屋外，捏紧拳头在苹果树上猛击。他一面哭一面打，双拳血肉模糊都没感觉到。最后，艾森豪威尔被父亲拖回家中，但是，父亲并没有呵斥他。

　　这时，母亲进来给他涂上止痛药，并扎上绷带，但是，母亲也没有安慰他。又恨又怒的艾森豪威尔倒在床上大哭了一个小时。直到他平静后，母亲才进来对他说："能控制自己情绪的人要比能拿下一座城市的人更伟大。发怒是自我毁伤，是毫无用处的，需要好好克服。"

　　母亲的告诫深深地印在了艾森豪威尔的心中。在76岁时，艾森豪威尔写道："我一直回想起那一次谈话，把它看做是我一生中最珍贵的时刻之一。"

　　遇事不如意或遭遇突发事件时，孩子往往会表现出情绪不稳定，或者是大喜大悲，或者是做事不顾后果，容易冲动。而善于自我管理的孩子就知道情绪是怎么回事，情绪的体验是什么，应该怎样去正确释放自己的情绪等。

　　比如，有些孩子喜欢骂人，说脏话。他们虽然知道骂人、说脏话是不对的，每次骂人、说脏话以后也常常后悔，但是由于已经习以为常，所以总无法控制住。针对这种情况，父母要教育孩子正确对待与他人的摩擦。许多孩子的骂人其实是对自己受到伤害的一种情感宣泄。例如：东西被他人偷走，自己被他人踩了一脚，等等。父母应教育孩子以平和的心态看待与他人之间的摩擦，让孩子学会宽容他人的过失。

　　父母可以和孩子达成一种协议，当孩子在气愤、想发泄时，父母用某种事先约定好的语言或目光暗示孩子，让孩子及时冷静地想一想，考虑如何文明地表达自己的意思，从而去掉不文明的语言习惯。

　　有一位脾气非常暴躁的男孩，他的父亲为了帮助孩子控制自己的情绪和行为，想出了一个办法。

　　这天，父亲把男孩叫到一面墙壁面前，对男孩说："孩子，爸爸知道你脾气不太好，这也不是你希望的。但是，骂人，脾气不好会影响到别人。这样吧，从今天开始，你感到自己要发火的时候，就在这面墙壁上贴个图标。"然后，父亲给了小男孩一叠图标。

　　一周后，墙壁上果然贴上了许多图标。一天晚上，父亲指着墙壁对男孩说："孩子，你看到自己的坏脾气了吗？"男孩不好意思地低下了头。父亲说："从现在开始，如果你一天不发脾气，你就从墙壁上撕下一个图标。"

第一天，男孩坚持不住还是发了火。第二天，男孩居然真的没发火。这周内，男孩居然有三天没发火。一个月后，墙壁上的图标都被撕掉了。

那天晚上，父亲又把孩子叫到了墙壁前，对男孩说："孩子，现在你已经学会了控制自己的脾气，这非常好。你看看，以前你发脾气的图标虽然被你撕下了，但是，图标的痕迹还在。这说明你每次发完脾气之后，不管是给他人还是给自己都将带来不可磨灭的伤害。"

男孩惭愧地笑了笑。从此以后，男孩很少再发脾气了。

由此可见，家长只有让孩子学会控制自己的情绪，孩子才能逐步纠正发火、骂人、说脏话的不良习惯。当然，让孩子学会控制自己的情绪，父母需要帮助孩子找到适当的宣泄方法。如：鼓励孩子把不高兴、不愉快的事件告诉父母或其他人，以缓解心中的不快；教孩子不要轻易流露自己的情绪，激动的时候应该在心中默数"一、二、三"；鼓励孩子自我隔离来达到冷静；培养孩子乐观的性格和幽默感，等等。

在北京举行的国际心理学大会上，澳大利亚专家莫尼卡·屈斯克利博士进行了测试一项儿童自制力的实验。屈斯克利博士在所有参加测试的孩子面前放了两盘巧克力，一盘多一盘少。如果孩子能够忍耐15分钟，他就可以吃到多的那盘，反之则只能得到少的那盘。结果，超过80%的孩子只忍耐了几分钟就按铃呼唤实验人员要求得到巧克力。莫尼卡·屈斯克利博士说，通过这个实验，说明大部分儿童耐不住眼前的诱惑，自制力较弱。

孩子能不能控制自己的行为是非常重要的。一个孩子如果没有自我控制能力，就会盲目行事，很难干好与自己的发展密切相关的事情。例如，一名中学生成绩很好，但由于迷上了电子游戏，便整天泡在电子游戏机室里打电子游戏，一发不可收拾，而耽误了功课，学习成绩每况愈下，最后每门功课不及格，导致被学校开除。

让孩子学会控制自己的行为，父母要帮助孩子建立"可""否"的观念，让孩子明确什么是可以做的、什么是不可以做的，事先在脑海中有一个判断是非好坏的标准，按照这个标准，孩子才能认识到自己行为是否正确，才能学会控制自我。

父母不妨通过制定家庭规则来指导家庭成员共同遵守。例如，进别人房间前要先敲门；晚上不能太晚回家；未经家人同意不能在外留宿；下棋、玩游戏要按规则决定胜负；说错话或做错事时要礼貌道歉；看电视时不要干扰别人。即使家长违规也要自觉受罚，让孩子懂得规则的严肃性。当然，父母在制定规则的时候，要跟孩子讲清楚为什么要这样，比如，未经家人同意而在外留宿会让家人担心，这样孩子会比较好接受。

如果孩子不太情愿，父母可在平等的基础上与孩子签订协议，把家长需要达到的教育目标转化为孩子的内在要求和自觉行动，这有利于孩子自我约束意识的形成和自我管理能力的提高，使孩子更好地适应竞争日益激烈的社会。总之，父母在管教孩子的过程当中，要注重把对孩子外在的约束力转化为他们内心的自我控制的能力。

现在社会上乱七八糟的东西很多，一些网站、报纸、杂志、电影、录像、图书等中都有不健康的内容，这些不健康的内容很具有诱惑性，会腐蚀青少年的心灵。父母要经常跟孩子讨论什么内容是健康的，什么内容是有毒害的，以提高孩子的鉴别能力，让孩子自觉抵制不健康的东西。

社会上有一些不法分子专门骗孩子的钱，诱惑孩子走歪门邪道，甚至拐卖孩子。比如，有的骗子诱惑孩子赌博，有的用讲故事的方法散布封建迷信或淫乱思想，有的向孩子兜售摇头丸、迷幻药等毒品，有的在孩子单独行动时，以认识孩子父母或亲友、带孩子出去玩儿等为由拐骗孩子……家长要给孩子分析这些社会现象，告诉孩子这些坏人、骗子的真实面目，教育孩子在遇到这类事时，一定动脑子想一想，绝不能跟陌生人到任何地方去；如果是认识的人也表示要回家告诉爸爸妈妈，如果有人强制干什么就大声呼救。回家以后要跟家长说清楚，还要跟老师汇报。

另外，父母要告诉孩子，对于陌生人问路或者请求帮助寻找丢失的东西之类的事情应保持警惕，不要轻易相信，这往往是犯罪分子诱骗孩子的策略。让孩子知道任何人包括警察和消防员，在未得到孩子监护人允许的情况下，都不能将他们带走。因此，对于自称是警察、消防员等人要带人时更要提高警惕。

一般来说，生活中难免会遇到水灾、火灾、地震、触电、溺水、车祸、迷路、遇上坏人等特殊事件，因此，父母从小就应该让孩子知道：着火了怎么办，迷路了怎么办等，让孩子知道火警电话"119"，盗警电话"110"，急救电话120，等等，最重要的是记住父母的手机号码。

学业与爱好的冲突

孩子提出参加课外兴趣小组，父母不但不支持，反而打击孩子的积极性，这样长此下去，势必会扼杀孩子的学习积极性。书法学习是艺术学习的一种，父母应鼓励和支持孩子在完成学习任务以后，利用业余时间学习书法、绘画、弹琴等，以培养孩子艺术欣赏和艺术创造能力，这对孩子的成长实在有利而无害。片面认为学了书法、绘画、弹琴势必影响学业，是一种错误观点。

森伟读初三了，学业相当紧张，但因为喜欢唱歌，因此总想看沉迷网络里的晚会，而MTV更让他沉醉。但有一点不好，父母在家他就不能坐在网络机前，免得挨揍。实际上森伟很有唱歌天赋，音乐老师也选他参加校合唱团，但是，只要他一哼歌曲，他妈妈就会大嚷："你乱叫什么？难听死了，做作业、看书去！"每次听到妈妈这样讲，都会使森伟如冷水浇顶，全身透凉。

有一回，森伟在家里情不自禁又边做作业边哼起歌来。妈妈听见了，猛地冲过来"啪！"给了他一耳光，并且不由分说把他存了好些年的两本歌本夺过去撕得稀烂。那次彻底伤了森伟的心，从此他在家里也变得哑口无言，很少再唱歌了。

森伟父母这样做，一定认为孩子唱歌会影响学习，已是初三，不知努力，如何进取？实际上，孩子唱歌只不过是偶尔唱唱而已，并没有因唱废学，父母没有理由让沉重的书本学习占据孩子的整个生活。另外，森伟的家长把音乐与知识学习完全割裂的做法也极不可取，且不说音乐陶冶人的情操，提高人的艺术修养，它同时也启迪人的智慧，让人在音乐中获得创作灵感。不少的科学家、哲学家、文学家都曾在音乐的海洋里受到启迪，获得灵感，像爱因斯坦、马克思、歌德等就非常看重音乐的作用。因此父母不要割断孩子和音乐世界的联系，不仅不要扼杀孩子的音乐爱好，还要帮助孩子建立对健康、自然、向上的音乐的爱好，提高孩子的音乐欣赏水平。这样，不仅不会影响孩子的学业，还对孩子的学业有积极的作用。

爱美是人的本性。一项实验表明，刚出生三个月的婴儿对彩色图片注视时间比对同样的无彩色图片注视时间长，而且对红颜色更感兴趣。可见，孩子从小就在接受美的教育影响了。家庭是美育的摇篮，家长是孩子的第一任美育教师。我国有着重视美育的优良传统，把它作为教育孩子立身处事的重要内容，认为美育具有伟大力量，"美善吾人之性情，崇大吾人之思想"。家长应该充分认识到，美育能够扩大和加深孩子对客观世界的认识，陶冶美好的情操，树立创新生活理想，提高思想品德修养，进而开发智力，发展能力，也可以促进孩子积极锻炼身体，体验"劳动创造美"，使孩子得到全面发展，成为现代社会需要的人才。

丰富多彩的自然环境，现代化的社会生活，快速发展的知识、信息，日益提高的家庭生活，以及充分的闲暇时间，广泛多样的活动空间，使家庭美育更加充实、有效。

"爱美之心，人皆有之"。爱美，追求美，创造美是孩子的需要，也是教育孩子的有力手段和最佳契机。家长要不失时机地对孩子进行审美教育，促进孩子健康成长。

"望子成龙"可以说是每个家长的心愿。但是，在我们的现实生活中，由于各种各样的原因，还是有不少差生，这使得一些家长"神童梦"破碎，思想悲观从而粗暴地对待孩子，造成孩子心灵的扭曲，造成身心和学业上的恶性循环，后果堪忧。

"上小学六年级了，每次学习还不能坚持一个小时，怎么办呢？"这是一个母亲的感叹和焦虑。

许多母亲拼命督促自己的孩子。她们往往会凭空想象一个好学生的形象，然后再拿自己的孩子与之相比较。家长脑海中常常有一个想象中的"模范孩子"，并认为到了六年级必须得这样，并以此督促自己的孩子也要这样去做。

但是，孩子毕竟是活生生的人，他们不可能什么都按照家长的意愿行事。假如有的孩子表面上服从家长，按照家长说的去做，可只是做做样子给家长看，并没有什么实质的内容，又有何用呢？还有一些乖巧的孩子，他们老老实实地把自己关在书房里，坐在书桌前，可是并不学习，而是偷偷地翻着漫画书。这样的事例并不少见。

孩子学业成绩不佳主要有以下几方面原因：

一、孩子智力因素方面存在问题。如孩子智力发展滞后，感觉器官先天缺陷或后天损伤，大脑受到伤害等。另外儿童思维大都有具体、形象的特点，若他们的抽象思维能力没能及时地发展起来，赶不上教学内容的要求，在学一些抽象性、逻辑性知识的时候就会跟不上。孩子学习差，多半是这个原因。

二、孩子非智力因素方面存在问题。如孩子的学习态度不端正，学习目的不明确，学习方法不对路，学习动机不强烈，学习习惯不合理等。若孩子年龄较小的话，性格、情绪方面对孩子的学习也有很大的影响。当孩子自制力较弱，理智感不强的时候，情绪高涨时成绩会直线上升，情绪低落时成绩则大大下降。性格外向的往往过高估计自己的学习能力，性格内向的则容易背上精神包袱。

三、老师和家长的教育方式、方法方面存在问题。如教师水平有限，上课枯燥无味，让学生厌学；家长对孩子学习上的困难或者视而不见，随便训斥孩子；或者就包办代替，不能正确地启发、帮助孩子。

四、环境方面存在问题。学校是孩子学习的主要场所。若学校学风不好，设施、设备不完善，势必对孩子学习成绩造成影响；孩子在课余时间没有好的活动场所，没有丰富的活动内容，与社会上各种不良分子接触，受到社会上一些不良因素的影响，也会使成绩下降；在家庭中，家庭的结构、条件、气氛，家庭成员的素质等，都与孩子成绩有密切关系。由于孩子成绩差的原因是复杂的、多方面的，因此家长要抓住主要原因，如帮助孩子树立好的学习目标和学习动机，教育孩子要有一个正确的学习态度，让孩子掌握正确的学习方法等。其中关键是对孩子既要理解宽容，又要严格要求。家长要积极主动地与学校老师联系，交换情况，共同磋商，找到好的方法。一般来说，孩子学业成绩差，只是其发展过程中暂时的波折，只要家长重视，并加以适当的教育，是能改变这种状况的。这时有必要进行一些心理调整。首先，需要父母做的是放弃过高的期望，制订一个切实可行的、适合孩子实际能力的目标。假如命令孩子"集中精力学习1个小时"而孩子不容易做到的话，不妨把目标压缩一下，变成10分钟或者15分钟。

成人也一样，当目标过高、与自己的距离过大时，往往没有积极性去做。而且一开始就会灰心丧气，觉得自己做不了。即使勉勉强强去做了，也不会做好。但是如果目标适中，稍加努力就会圆满完成的话，则会下决心试试看。

容易厌倦的孩子也是如此。可以先让他学习10分钟、15分钟。完成后好好表扬孩子一番。日后将时间逐渐拉长。当能完成30分钟后，1个小时也不再是高不可攀的目标了。最终目标可以很高，但暂时目标不宜过高，应该是孩子易于接受的，这样能不断地给孩子成就感和自信心。小的目标逐一实现，这种积累终将化作一座大山。

据报道，南方有一位中学生因学业不好长期受到父母的粗暴对待。一次他期末考试成绩未达到父亲规定的标准，父亲罚他双膝跪地，头顶一盆凉水，不准晃动，稍一晃动就打。孩子不堪忍受这种折磨，不久就离家出走了。

孩子学业差，家长们恨铁不成钢，着急、气恼，都是可以理解的。但粗暴对待孩子，既无益于孩子学业的进步，也加深了父母与子女的矛盾，不利于进一步的教育。家长们对学业不佳的孩子有一个正确的教育态度是很重要的。现在家长们一般以孩子考试分数作为衡量孩子学业成绩优劣的唯一标准。分数高者，家长十分高兴，给予各种奖励；分数低者，家长非打即骂，给予的则是各种处罚。但考试并不能检查学业的全部。家长不要两眼盯在分数上。只有对孩子的学业不佳有了正确的认识，家长们才能避免粗暴地对待孩子。家长只有信任孩子，对孩子满怀期望，才能调动孩子的自尊心、自信心，孩子才能具有追求进步的内部动力。家长们应该了解，学业成绩不佳的孩子对他人的态度特别敏感，稍有不慎，就会伤害他们的自尊心。

家长们可与学校老师联系，共同分析出孩子学业差的原因，并根据具体情况采取措施，帮助孩子进步。一些家长认为孩子的智力问题不是人为的，长大自然就会发展。甚至还有的家长认为孩子智力开发太早，不仅无益而且有害。这是一种错误观念。

研究表明，儿童5岁时大脑的重量已经达到成人的90%，5岁以前是智力发展最快的时期。6～7岁后，脑细胞分裂变缓慢，记忆力就会减退。因此，孩子的智力开发不能太晚，不能浪费孩子的智力。战国时期的甘罗12岁就官至上卿，南北朝时期的荀灌娘13岁领兵打仗，唐代诗人王勃6岁善文辞，李贺7岁填词做文章，骆宾王6岁写《咏鹅》，李白"五岁诵六甲，十岁观百家"，郑板桥3岁识字读诗文，鲁迅5岁开始博览群书，周恩来6岁开始读《水浒传》《三国演义》《西游记》。国外智力超常的儿童更是不计其数，莫扎特4岁开始作曲，美国控制论创始人维纳9岁上大学，11岁就写出了论文。

现代医学研究认为：天才儿童与遗传有一定的关系，但是主要不是由遗传因素决定，而是在教育的影响下儿童发挥遗传的素质去适应环境发展起来的，尤其是在儿童的早期阶段。早期教育能造就英才。俗话说："三岁看小，七岁看老"，就是从某个角度概括地总结了早期环境、早期教育对后期智力发展的影响。心理学家齐克斯博士曾研究世界上17个一流的天才人物，如富兰克林、伽利略、达·芬奇、伏尔泰等，发现他们幼年时都有很高的智商，这主要得益于早期教育。

心理学家经过研究认为：儿童有潜在的学习能力，这种潜在能力是与时间呈递减规律发展的。例如，婴儿生下来是100分，如果一开始就教育，其他一切条件也很理想，他就可能获得100分的能力。如果从5岁开始教育，最多只能得80分的能力，如果从8岁开始教育，只能获得60分的能力。儿童受教育越晚，影响学习能力越大。

当然开发孩子的潜力要讲究方法，不是硬性规定要达到什么目标。要充分调动孩子的求知欲望，使孩子在玩中学习，在学习中玩，始终保持一种轻松的心情。

美国费城人类潜能开发研究所创始人葛兰·道门说："大脑的生长、发育过程可以暂停、减慢，但是更重要的是可能加速。"在美国，曾经发现一个被关在壁柜里的9岁孩子，他只有两岁半孩子的身高体重，智商为0，是个白痴。国内外发现的狼孩子，智力都极其低下。这是由于在大脑生长发育的黄金时期，严重缺乏人类的精神营养，大脑没有得到应有的使用和锻炼而造成的。

大脑和其他器官一样，遵循用进废退的法则。若能对大脑科学的开发和锻炼，正常儿童可以变得更聪明，脑损伤等原因造成智力低下的孩子可以重新发育成长，甚至成为超常儿童。当然，开发大脑不是简单地要孩子识字、做算术。而是要针对孩子大脑发育的特点进行合理而严格的训练。儿童大脑发育在6岁时甚至完成，0～3岁是关键期，应充分利用。许多溺爱孩子的长辈往往"不知不觉"地代替孩子使用自己的大脑，妨碍了孩子大脑的发育，结果阻碍了孩子智力的正常发展。例如，很少有父母让孩子1岁时自己吃饭，爷爷奶奶恨不得一直喂到孩子上小学。其实，吃饭动作的训练就是一个很好的锻炼大脑的机会，它是视觉、反应、判断、指挥等各项大脑功能共同作用的过程。

大脑的发育靠使用，首先是靠视、听、触、嗅、味觉的信息刺激来促进其功能完善，才能使它对运动系统的控制(如肢体运动、语言和手工技巧等)能力大大增强。婴儿和大科学家一样，也是用这五种感官来学习和认识世界的，经过大脑潜能开发的3岁儿童的大脑神经发育可以达到6岁儿童的水平。

巴甫洛夫说："从婴儿降生的第三天开始教育，就迟了两天。"婴幼儿阶段是人的智力开发的最佳期，早期教育有利于开发大脑的潜能。心理学界一致认为：人脑潜能的开发主要依赖早期，语言发展的最佳期是2岁；认字最佳期是3岁；算数的最佳期是4岁。美国教授布鲁姆对脑的发育过程进行了长期的观察后认为，从0~4岁大脑发展的曲线决定了儿童智力发展的水平，如果这段时间智力迅速发展，以后就有可能得到高的智力水平。上文中提到的狼孩就是因为错过了智力发育的最佳期，所以才导致智力低下。

有人担心早期教育会损害儿童的身心健康，以为像树上的果子，早熟早烂，这是没有科学根据的。受过早期教育智力超常的著名人物寿命都不短，陆游86岁、郭沫若86岁，歌德83岁，数学家高斯78岁。现代科学研究认为，越是充分开发大脑越长寿。因此，为人父母者，不要荒废了孩子的智力，学会科学地早期开发孩子的智力。

儿童各种能力的发展有特定的时期，在适宜的年龄时期内有意识地开发相应的能力，对孩子的发展有极大的促进作用，错过了相应的发展时期，再予弥补是很困难的。可是，很多父母对这些尚不了解，使孩子的一些能力没有得到及时开发。

1935年，生态学家洛伦兹经过反复研究，发现了动物认知的重要规律，为此，他获得了诺贝尔奖。他研究发现在小鹅孵出后的一两天内，愿意追逐第一次见到的活体动物。如果它第一眼见到的是孵化它的母鹅，它就追逐母鹅；如果见到的是人，它就把人当作自己的妈妈。这个习惯会长期保持下去。实验证明，如果在小鹅孵出的一两天内，将小鹅与母鹅或人隔开，那么错过了这一两天，无论母鹅或人怎么与小鹅接触，小鹅一生也不会追逐母鹅或人。洛伦兹把小鹅的这种无需强化，在一定时期内容易形成的反应叫"即刻现象"，即发展某种能力的关键时期。

后来科学家们对其他动物的多方面能力发展的研究表明动物多方面发展都存在着这种现象。这一发现的最大意义是给人们研究人类能力发展提供了启示。人们经过多项统计研究，发现人类各种能力的发展的确也存在着"关键期"这一特性。狼孩这一事实，充分地证实了这一点。

1920年辛克莱在印度发现了两个与世隔绝，被狼养大的女孩。辛克莱把他们分别叫作卡玛拉和阿玛拉。由于多年和狼在一起生活，她们的生活习性和狼完全一样。回到人间后，辛克莱对卡玛拉悉心照料和教育，她六年才学会直立行走，两年学会站立，四年学会了六个单词，七年学会了45个单词，并学会了用手吃饭，用杯子喝水。到她17岁死去时，她仅相当于四岁儿童的智力水平。为什么对于卡玛拉来说学习竟如此艰难呢？原因是她没有在各种能力发展的关键期内得到相应的学习，错过了学习时机。

以前，很多父母没有了解到这方面的知识，也就没有按照这一理论开发孩子的能力。如今很多资料介绍了关于孩子多种能力发展的关键期，在关键期有针对性地开发孩子的能力，对孩子相应能力的具备很有意义。

下面介绍一些国内外学者具有统一结论的人的心理、能力发展的关键期。一岁左右，是幼儿开始学习直立行走和言语发生的时期。三岁左右，是幼儿独立性倾向最强烈的时期，"自我"意识开始发展，个性已初步形成。二至三岁是儿童口语发展的重要时期。四至五岁是儿童书面语言发展的重要时期。五岁左右是掌握数的概念的关键年龄。"陪读"的弊病

试看如下情景：

妈妈：宝贝儿，该看会儿书了吧，你都玩那么长时间了。

儿子：看书太累了，我不想看！

妈妈：好好，妈妈陪着你好不好？

现在家庭教育中广泛地存在着家长为孩子"陪读"的现象，家长的理由是这样可以督促孩子学习，可以及时帮助孩子解决学习中遇到的问题。但实际情况是，"陪读"在短期内可以在表面上达到这样的效果，可以帮助孩子渡过学习的难关；而就长期的效果而言，这不利于孩子的健康成长，弊多利少。

孩子刚入学的时候，对原来没有接触过的正规学习可能不能马上适应，学习中可能会遇到一些困难，这时候家长应该对他们进行帮助，并且应该督促他们建立起自觉学习的习惯，在孩子读书时父母坐在旁边也还是应该的，但随着孩子年龄的增长，父母就应该减少"陪读"的时间。因为"陪读"不但会浪费父母的大量时间，而且又会影响孩子学习能力的发展和意志力、责任感、独立性和良好学习习惯的形成。

"陪读"中父母帮助孩子解决了学习中遇到的问题，可能会在短时间内提

高他们的学习成绩，但同时也会形成他们不良的学习习惯。经验证明，有家长"陪读"的学生依赖性特别强，上课往往不太注意听讲。即使是听不懂，作业不会做也不着急，认为反正回到家里有父母帮忙。同时还会滋长他们懒于思考的坏习惯，有问题马上去找父母，用不着自己动脑筋。这些当然都是对他们以后的学习不利的。

父母应该把注意力放在培养孩子在学习中的意志力、责任心和独立性上，培养他们自觉学习的习惯。这些都是他们将来学习、生活、工作中不可缺少的。学习中的意志力是克制自己的其他欲望，自觉督促自己完成学习任务。老师家长不在身边时，意志力是保证孩子完成任务的重要因素。学习中的独立性是惯于独立思考，独立解决学习中遇到的问题，而不是总是想着寻求别人的帮助。为了培养孩子的这些良好的品质，父母应该给孩子讲明道理，鼓励他们独立地完成学习任务，应该多给孩子以精神的支持和鼓励，少给他们具体的帮助。

在这里我们想谈谈在家庭教育中培养孩子的责任感问题，我们感觉到这是许多父母在教育孩子时做得不够的。孩子缺乏社会责任感，当中也包括学习的责任感，已经成为一个普遍的问题。说得严重一点，这会给将来的社会带来危险。现在的孩子习惯于让别人给自己做什么，同时他们并没有学会给别人做点什么，他们根本就没有这个观念。在学习中，他们认为学习是家庭、学校、社会强加给他们的，不明白现在努力学习，将来用所学的知识服务于社会，造福于人类是他们的责任。父母有义务让孩子明白这些，应该经常提醒孩子担负起自己应负的责任，这可以从家庭日常的小事做起。父母应该教育孩子，作为家庭中的成员，做些简单的家务比如洒水、扫地等是应该的，他们有责任帮助自己的父母。上学以后，父母应该让孩子明白，学习不是为了别人，不是别人强加的，而是他们应尽的社会义务，他们必须担负起这种义务，是自觉地，不是在别人督促下。没有人能代表他们，他们别想着去指望别人。在这种情况下，给孩子造成一种孤立无援的感觉是正确的，他们的责任感正是在这种感觉下形成的。

有些家长片面理解早期教育，自己的孩子才三四岁，就把小学低年级的课本买来，提前教孩子读、背、写、算。他们以为教孩子认识多少字、会数多少数、会做多少道算术题等就是早期教育，以此作为衡量孩子是否聪明的标准。实际上，这是混淆了智力和知识的区别，这样是不能找到促进孩子智力发展的正确方法的。家长的用心是好的，但是，其做法却不一定有利于孩子的智力发展。这是对早期教育含义的曲解，即把知识和智力划了等号。

其实，智力不等于知识。那么究竟什么是智力呢？粗浅地说，就是注意力、观察力、联想和想象力、思维能力、记忆能力和操作能力等等心理特点，即人们不断获得新知识和解决实际问题的心理活动条件。智力的核心也就是抽象思维能力。对于这种能力，人们往往把它看得十分神秘。其实不然，通俗地说，抽象思维能力就是间接认识事物某种属性的能力。不是一眼看穿，而是运用已知判断进行推理的能力。

知识则是人类对事物及其规律的认识，是我们用来发展抽象思维能力的基础，是发展全部智力和才能的"营养料"。

耐心培养特长的要点

学习知识和发展智力是相互联系的。但是，知识和智力不完全是一回事。我们看到有的孩子学习了一些知识，但是智力并不一定得到发展或发展很好。同一年龄的孩子在一起学习，有的学得快，有的学得慢。许多人都知道木船载重下沉的深度标志着载重量，但不一定都能想出"曹冲称象"的办法。普遍的原因在于，原来已经学会的知识是死记硬背得到的，根本没有理解或者似懂非懂—这种知识在脑子里就好像储藏在仓库里的"处理品"一样，是不可能进入周转过程的积压物资。这是儿童的精神负担，而不可能转化为精神财富，即转化为智力—变成思维工具。

知识在头脑中呈现两种状态：一种是动态的，能够发展为智力，使孩子越学越聪明。一种是僵死的积压状态，即是静态的，无助于营养孩子的智力。所以，早期教育光是让孩子死记硬背一些知识，如词句、公式和课文是没有多大好处的。因为这是孤立地运用孩子的机械记忆来学习知识，即单纯地依靠语言声音的听觉形象和字形的视觉形象相结合，构成外部的联想来达到记忆。至于词句和公式的内在含义，是未曾理解或不能理解的，是僵死的东西，无助于孩子发展智力。

6岁以内的小孩子的心理特点，就是机械记忆的能力强，尤其像小和尚念经一样总是既容易记忆，又容易遗忘。人们总是认为孩子的机械记忆力很强，因而就想从他们的机械记忆力上多"榨取"一些油水。这是单纯看到孩子记忆快的一面，而没有看到忘记的一面。

从人的一生所掌握的知识量来看，幼儿期所掌握的知识是微不足道的。但是，幼儿期特别是5岁以前是智力发展最迅速最关键的好时期，是奠定人的一生智力发展的基础。因此，我们要把智力教育的重点放在促进幼儿的智力发展上，要让他们多看、多听、多想、多说、多做，而不是要让他们死记硬背那些难以理解的东西。

过早地灌输过多的知识还会带来一些不良后果。因为，如果从小就迫使孩子死记硬背，可能养成一个大的毛病：孩子进入小学之后，碰到稍微难懂一些的道理，他就死记硬背一通。这时，他可能养成一种"习惯性"的智力活动方法—死记硬背，知难而背，而不是知难而想。不懂的也不问，更不会思维，不会观察。所以我们说开发智力并不是让孩子死记硬背，而是开发和养成正确的思维方法。

开发孩子的智力，就是要全面地发展儿童的注意力、观察能力、想象能力、语言和思维能力、记忆能力以及操作活动能力。这样做，不但必要而且能收到很好的效果。如果忽视观察能力的发展，遇到事情单看热闹或对事物的联系"视若无睹"，则思维能力必然也发展不了。如果忽视孩子思维能力和语言的发展，单纯地使用记忆能力来学习文化，则势必造成儿童只会机械记忆，不会用意义记忆和理解记忆的能力。

幼儿的智力活动必须与肢体活动结合起来，以形象思维为基础发展抽象思维。比如加减法的学习，可以让孩子以吃饼干的方式来学习，等等。另外玩耍也是一种非常重要的益智活动，不可偏废。

所以说，谈发展儿童的智力，首先要明确什么是智力。知识不等于智力，明白了这一点，早期教育就可以做到有的放矢了。

教育家赞科夫说："他们年龄虽小，可是他们多么渴望对近旁的，自己周围的，还有远处的事物多知道一些啊！而我们却迫使他们几乎天天跟词和数字打交道。这种片面性和令人厌倦的单调性，自然会打消学生对学习的热情。"

有这样一位母亲，她非常关心自己女儿的成长。一次，有人在她家做客，这位母亲很认真地对这位客人讲，这孩子该学些知识了。那年她的女儿不足5周岁。她把女儿叫到身边，拿出了早已准备好的练习本，给孩子留了3页作业：第一页让孩子写满数字"0"，第二页让孩子写满数字"1"，第三页写满数字"2"。通过和这位家长深入交谈发现，她对学习，对知识看得很抽象，认为只有书本上的东西才是知识，学习知识，也就是要学习教科书上的东西，死记住书本上的东西。在许多家长中，不少人持这种认识。他们在孩子上学之前，找来一些教材、课本，不厌其烦地教孩子学呀学，向孩子不断灌输，把知识与周围的环境割裂开来。孩子上学后，他们更是让孩子把全部精力用在书本上，而不注重在生活中学习知识和把学到的知识运用到生活中去。

事实上，知识并非是凭空想象出来的东西，汉语词典解释道："知识是对事物的认识的经验总结，有时包括有关的技能。"知识和生活是紧密联系的，生活之中处处都有知识的成分。俗话说："处处留心皆学问。"我们的生活中到处都包含着各方面的知识。我们在社会交流中运用着语言文字等社会科学知识，在自然环境中有自然科学知识。让孩子学习知识，绝不能仅限于书本上现成的东西，可以时时刻刻抓住孩子身边的事物，引导孩子去理解、琢磨，使孩子形成知识和生活是不可分割的观念。

把知识与生活割裂开来，会使学生失去学习的积极性。孩子们对生活的一些现象会抱有疑问，对疑问又有一定的猜测和设想，父母或老师解答了他们的疑问，会使他们对进一步探索、学习持有更大的兴趣，并会鼓励他去深入探索、学习。比如，一个孩子发现夜空中的月亮，大小和形状每天都不一样，就问父母："是不是明年这个时候的月亮和今天的一个样？"父母向他解释了月球围绕地球运转的道理，使他了解了农历每个月的这天都和今天的月亮一样的道理。实际上，孩子通过这件事学到了一些自然知识。如果只让孩子学习书本知识，而书本知识不一定与他的生活经历有直接联系，就会使孩子感到学习枯燥乏味。

把知识与生活割裂开来，使学到的知识不能与现实联系起来，不能指导生活实践，孩子们对知识只能是死记硬背，这会使孩子变得愚笨。教育家斯卡特金有过一段精辟的论述，他说："最有效的伤害脑子和智力的办法之一，就是形式主义的死记知识。愚笨的人正是用这种办法产生出来的，他们不会理智地把自己学到的一般知识同现实联系起来，因而，往往陷入窘境。"他还说："由此造成死读书，与其说是一种怪论，不如说是摧残脑子和理性更确切、更实在。"

3岁以后孩子掌握的词汇量日渐增多，认识理解能力增强，求知欲也增强。他们不仅会细心观察周围环境，而且希望求得解答，因此常常喜欢问这问那。家长对孩子的提问，开始会感到很高兴，也很耐心地给予解答，可是家长有时也需要有自己的空间，有自己能支配的时间。而孩子却问这问那，父母有时就不耐烦，甚至怒气冲冲地把孩子从身边赶走。这种做法，常常会使孩子觉得父母不爱自己，不喜欢自己，这对孩子也是一种伤害。要知道，孩子好问，说明他有好奇心和求知欲，这是思维活跃的表现，是他获得周围事物和自然现象的各种知识的前提。家长非但不应厌烦，而且还要表示赞赏，引导他们多问几个"为什么"和"怎么办"，同时还要给予耐心的解答。

在孩子看来，社会就是一个未知的大宝库，其中装满了不懂得、想知道的事情。孩子不但爱问"这是什么"，"那是什么"，更喜欢问"为什么"。对孩子来说，探索和发现永远是有趣的事情，旺盛的求知欲望促使他们盯着父母问这问那。不论是天上地下、动物、植物，孩子对周围世界的事物产生"不可思议"和惊奇感，对激发学习兴趣是很有好处的。有了强烈的好奇心和浓厚的兴趣，就想弄清它的原委或是搞明它的缘由。只有心中满怀兴趣和疑问，才有可能想亲自查找字典和请教老师。孩子的疑问是发自内心的真正的求知欲望，家长应该认真回答孩子的问题。也许有的问题听起来是可笑甚至是无聊的，但是，这的确是孩子想知道的。对他们来说，这是最宝贵的东西。

要尊重和接纳孩子提出的问题，避免指责和禁止孩子发问，不论孩子的问题多么难以回答和令人难堪，都应以尊重和接纳的态度来正视孩子的问题，并与孩子一起找出答案。如果大人对孩子的问题不予理睬，甚至轻视、讥笑，后果是不堪设想的。这样既不能使孩子懂得问题是什么意义，又挫伤了孩子提问的学习兴趣。孩子爱提问是爱学习的表现，家长应让他发芽、长大，认真地、不厌其烦地回答孩子提出的问题，才是最好的指导方法。

孩子的发问一般都是想马上知道答案，所以家长最好是能及时满足孩子的这种愿望，及时、准确、简单明了地做答。如果不能及时回答，应对孩子讲明："爸爸现在很忙，等一会再告诉你。"当然，应明确热心地启发和回答孩子的提问，目的是为了开发孩子的智力，激发孩子的学习欲望和探索精神，因此，重要的是诱发、激励孩子的好奇心和求知欲。因此，在回答孩子的问题时，不必全部包办代替孩子的所有问题，应尽可能地引导孩子通过自己的观察和思考找出答案。

要认真地对待孩子的问题，这也是与孩子交流的一个好机会。要珍惜这种气氛，否则，有一天，孩子会与你无话可说。

孩子好学、好问、好想、好动，在孩子身上蕴藏着可贵的探索精神，做父母的要努力为他们创造条件，满足孩子的求知欲望。有时，孩子还提出一些"怪问题"，诸如"爸爸妈妈为什么要结婚"，"为什么女孩子要蹲下去小便"等等。对这些问题，父母也不能因感到厌烦而加以斥责，或者用自己胡诌八扯的话糊弄孩子，否则会为孩子思维的发展设置障碍，家长要艺术地回答孩子提出的各种问题。要达到这一点，家长首先要不断地扩大自己的视野，丰富自己的知识面。其次，在回答孩子问题时要注意知识的科学性、准确性。再次，要有耐心，有问必答。

一些家庭经常会出现这样一些场面，孩子在做作业或沉迷网络看书时，遇到了不理解的词、成语、典故或一种现象，来到父母身边向父母请教，父母面对孩子的提问，拿出一种权威的样子，对问题不加思索，脱口而出，给孩子加以解释。孩子听后点点头表示明白，父母也感到很得意。其实，十有八九解释得不准确、不全面或者说根本不对。信口开河，给孩子造成了对知识理解的错误，认识的错误，观念的错误，埋下了一颗"谬论型"定时炸弹，一旦孩子在学习或生活中使用这些知识时，必然暴露出问题来。

有人认为孩子提出的问题回答不上来，如果向孩子说自己不懂，显得在孩子面前丢了面子，没了威信，所以明知解释得不对，也要含糊其辞、敷衍了事地胡说一通。其实，我们大可不必这样。毛泽东曾经说过："能回答出学生提出的问题的一半的老师，就是好老师。"古人也曾经说过："知之为知之，不知为不知，是知也。"我们做家长、老师的，就应有一种谦虚的态度，求实的精神，那样我们培养出的下一代才能是具有真才实学的人。

儿童，特别是3～7岁的儿童，大都喜欢涂涂画画，心理学把这一年龄段称为"绘画期"。这个时期的孩子语言表达能力还不强，文字表达能力几乎是零，他们难以用语言、文字的方式叙述自己的情感。这个时期的孩子表达自己内心世界最直接、最方便的方式就是画画。在语言文字不健全的远古时代，人们就以画来抒情、记事。从内心需要来讲，古人绘画与当今儿童绘画有相似之处。可以说儿童们喜欢画画，是因为绘画是满足、表达他们内心世界的最佳方式。

当前，对儿童画画的认识和指导存在着两个错误的认识。一是一些人认为只有表达儿童欢乐、愉快的内心世界，画出祖国大好河山、世界和平等以歌颂为主题的作品，才算是好的儿童画作品。二是很多家长认为与名人名画画得很相似或者与真实的东西很相似的画才是好的儿童画。

儿童的内心世界是丰富的，孩子的高兴、悲伤、惊恐、郁闷等情绪都想表达出来，以满足自己的内心需要。儿童画画不一定是为给别人看的，只要他能准确地表达内心情感，就可以说是成功的画。那些孩子画的以"恶梦""受罚"等为主题，表现孩子受惊、愤怒的心情的画，就很有味道。一些绘画比赛评出获奖的儿童画，皆是表现儿童喜悦的心情和歌颂性的主题，限制了孩子情感的发挥，使家长们认为只有具有赞美性，符合时代精神的儿童画才是好的画，并以此为准绳，对孩子画儿童画进行误导。

心理健康才是真健康

那么，儿童青少年有哪些心理问题呢？这是父母所应了解的。

儿童青少年的心理健康问题都是以行为方式表现出来的。由于涉及心理卫生问题的检查方法和诊断标准不一致，目前对儿童青少年在心理卫生问题的分类不统一。但是，根据其行为表现的共同性，一般可归纳为以下几个方面：

一是与学习有关的问题。如学习困难，注意力不集中，过度活动，自制力极差，考试作弊，投机取巧，成绩不稳定等，一般以小学生多见。

二是与情绪有关的问题。如情绪不稳定、感觉不安、不舒服、恐惧、发抖、表情紧张、焦虑、孤僻、抑郁、疑病等。

三是品德行为问题。如与小朋友相处不好，经常发生打架、骂人、说谎、逃学、破坏行为、偷窃、违反校规等。

四是顽固性不良习惯。如吸吮手指、咬指甲、口吃、遗尿、偏食、肌肉抽搐等。

五是青春期问题。这些问题常常发生在处于青春期的少年中。如吸烟、酗酒、吸毒、少女怀孕、自杀、离家出走、家庭内暴力、犯罪等。

引起孩子心理问题的原因很多，可能是与孩子自身存在的某些躯体疾病有关，也有可能是因为亲子关系或师生关系发生矛盾产生的精神不安和情绪紧张所导致的。还有可能是与孩子学业负担过重，学习成绩受挫等因素有关。

当发现孩子有心理问题时，家长应该采取积极的态度，了解产生问题的原因。有条件的寻找心理医生解决，以便及时对孩子的心理问题进行咨询和行为指导。如果是由于亲子关系所致的心理问题，家长要寻找自身的原因，改变对孩子有害的教育方式，积极为孩子创造有利于心理健康发展的安全、愉快的家庭环境。绝不能一味地对孩子求全责备，这样反而易给孩子造成更沉重的心理压力，使孩子产生某些失败感和自卑感，由已有的行为问题发展出更多的行为问题。对孩子的感情遗弃

家长爱自己的孩子，这是天经地义的事情。因而当有些家长看到或听到孩子被其父母虐待或遗弃的新闻后，往往感到非常吃惊，甚至不敢相信会有这种事情。现实生活中，父母虐待、遗弃孩子，肯定会受到全社会的谴责。然而，如果在情感上遗弃孩子，人们就不那么重视了。有很多的家长，在孩子的成长过程中，没有把最重要的慈爱献给孩子。家长在感情上虐待、遗弃孩子的现象比比皆是。例如，有的家长经常斥责孩子说，"你真是个胆小鬼""要你这样的笨蛋有啥用""别拿你的事来烦我"。这样的斥责，就是对孩子感情上的虐待、遗弃。

感情遗弃有很多表现，其中最主要的是家长极端的个人主义。有的家长只顾追求自己的享受，置孩子于不顾，甚至还把孩子当做累赘。更多的家长只知道挣钱过日子，以为多给孩子买东西就是爱孩子，他们起早贪黑地工作，连同孩子谈话的时间都有限，更谈不上感情交流了，造成对孩子的感情虐待、遗弃。

还有的家长，高兴时拿孩子当娱乐品，烦闷时把孩子打发一边以图"心净"；不顺心时向孩子诉苦，生气时把孩子当出气筒，造成孩子一见家长脸色不好就担惊受怕，溜之大吉。家长情绪好时，大事可以化小，小事可以化无；

家长情绪不好时，就找借口打孩子、骂孩子，整个家庭的气氛都以家长的情绪起落为转移。有些人认为，虐待自己孩子的家长肯定是憎恨孩子，其实不然。一般来讲，虐待自己孩子的家长都是不能控制自己感情的人，只要他们一不顺心，就会对他们最亲近的人张口骂、抬手打。虐待孩子的家长通常是自己本人在小的时候也受过虐待，因而他从来不知道该如何抑制自己的愤怒。孩子是独立的，家长无权要求他必须顺从自己。每个人都有自己的喜怒哀乐，家长不应该也无权要求孩子跟自己的情绪保持一致。有些家长很自私，认为自己没时间管教孩子，这是对孩子漠不关心的表现，也是对孩子的遗弃。如果家长在孩子降生后思想准备不充分，不能承担自己在生活中所应承担的责任，那么，何必让孩子出生呢？

心理学家认为，受感情虐待、遗弃的孩子所承受的身心压力至少是和那些在肉体上受虐待的孩子一样，他们在逐渐长大的过程中，在脑和心理的发展方面比那些在肉体上受虐待的孩子更易衰退。感情上的虐待、遗弃就是对孩子自尊心的故意伤害，容易造成孩子的不良行为和心理，而这些正是家长们所忽视的。

《新民晚报》上曾刊登过一篇题为《小蝌蚪的悲哀》的文章。说的是一群小学生从市郊的水塘里捞了半脸盆蝌蚪，分别装在瓶罐之中。随后灾难便降临到了这些小蝌蚪身上，先是一个男孩用木棒在瓶中猛搅，直搅得蝌蚪昏死过去。那男孩大笑着走了。接着一个女孩将这些小蝌蚪戏弄一阵后，又拎起热水瓶凌空倒下。数十条小蝌蚪，身上全是白白的水泡，瞬间死去。此时，还有不足十分之一的蝌蚪，苟延残喘于瓶罐之中。可以想象，在这群孩子手中，那些幸存的小生命也不会长久。文章最后作者感慨地写道：我的心不由得一阵收缩，八九岁的孩子为什么竟会如此残忍地杀害小生命？

孩子摧残小动物的不良行为时有发生。造成这种悲剧的主要原因是孩子缺乏家庭的温暖和爱抚。攻击小动物如同攻击其同伴，是一种心理承受了压力之后而做出的一种发泄。一个在家里得不到温暖，享受不到父母之爱的孩子，会仇恨一切，会嫉妒所有幸福的人，在无力攻击他人的情况下，就会用折磨、残害小动物的方式来解除自己潜在的愤怒。作为家长，应该仔细品味其中的道理，避免感情遗弃。

一般说来、家长对孩子感情的虐待、遗弃，有三种类型：

(1)剥夺、冷漠、疏远。家长剥夺了孩子应该享有的爱，疏远孩子，冷漠地对待孩子。在正常的家庭中，孩子的每一点进步，都会令家长欣喜若狂；但在感情冷漠的家庭里，这些都被忽视了，即使家长注意到孩子的变化或进步，也是以一种冷漠甚至愤怒的态度对待。在这种环境下长大的孩子，自己的变化、进步、成长等方面都得不到应有的感情上的报偿，因而也会疏远、躲避他的家长；即使家长偶尔有亲密的表示，他也似乎没有什么反应，他已习惯于被人冷落。

(2)贬低。在有的家庭里，家长联合起来贬低孩子，总是不停地责难孩子。通常是拿孩子的成绩不当成一回事，而对孩子所犯的每一点小错误都横加指责，甚至打骂。例如，孩子在学习上得了个"良"而不是"优"，家长就要给予惩罚，大骂孩子"不争气""没出息"。这会使孩子受到极大的伤害，从此以后，就可能变得情绪低落、沉默寡言。

(3)威胁。有的家长试图控制孩子的每一点行为，就时常用威胁的方式来抑制、支配孩子的一举一动。不许孩子这样，不许孩子那样，只能这样做等。当孩子接受不了时就大声呵斥、威胁。例如，有一个孩子很孤僻，拒绝和任何人说话。原因是他母亲跟他讲："如果你和陌生人讲话，你就会死的。"在上述情境下长大的孩子，在心灵上有一副重担。这副重担耗光了他的感情，用尽了他的体力，使得他越想把事情做好，就越是做不好，形成恶性循环，后果不堪设想。

孩子不仅有物质方面的需要，诸如好的食物、睡眠、锻炼及新鲜空气等，也有感情上的需要。家长要了解孩子在感情上有哪些需要，并尽量给予满足。家长要善于控制自己，千万不可喜怒无常。同时要创造良好的家庭情绪气氛，家中常有笑声与歌声，家庭成员之间应相互尊重、相互关怀、相互爱护、和睦相处。孩子生活在这样的家庭里，感情必然得到满足，性情必然得到陶冶，健康发展也就成了自然而然的事了。

有的家长尽管也有一些教育孩子的知识和方法，但是，在运用到教育自己孩子的实践中时却又常常失败。造成家长教育孩子失败的原因是多方面的，但其中主要的是许多家长在心灵上无法和孩子沟通，不能充分地了解自己的孩子，因而造成了教育孩子失败。

有一位家长在向别人讲起自己上小学五年级的孩子时，非常苦恼地说："真是越大越和我疏远，我的操劳和担心她一点也不放在心上。她自己的事和谁都能说，就是不跟家长说。当问到在学校里的情况时，就是不讲，有时反而回敬你'反正你也不明白，说也没用'之类的话。"这种现象非常普遍。家长在与孩子的交往过程中，往往不能发现孩子正在形成和发展的性格、行为习惯等，而只满足于自己的一贯逻辑，并同时真的为孩子的不听话感到吃惊。这种结果就是由于家长忽视孩子复杂的心理活动，与孩子心灵脱节造成的。

家长与孩子在心灵上的沟通，对教育孩子具有非常重要的意义。首先，家长与孩子经常沟通，家庭成员之间的关系就肯定是和谐、亲密。在这样的家庭气氛中，必定能创造出一种积极、健康的教育孩子的良好环境。其次，家长与孩子经常沟通，有助于家长及时了解孩子的情况，并及时有效地因势利导，有针对性地做好教育孩子的工作。最后，家长经常与孩子沟通，能通过对事物的褒贬，帮助孩子正确认识人生的价值，克服其不良的思想倾向，增强健康意识，走好人生的每一步，进而达到成功。那么，家长应该怎样与孩子沟通呢？

如果家长不能与孩子在心灵上沟通，那么，即使他掌握很多教育孩子的知识和方法也是没有用的。反之，家长如果能真正放下架子，走进孩子的生活中去，去了解孩子的内心世界，那么，许多困扰家长的问题就会迎刃而解。

许多教子有方的家长都有一条经验，就是尽可能多地抽出时间和孩子待在一起，与孩子沟通。孩子也是人，也有自己的喜怒哀乐。一般来说，小学生有好问、好群、好游戏、好野外生活的共同特征。如果家长不识童心，总是以一个教育者的姿态居高临下地站在孩子面前，那就无法了解自己的孩子并与孩子沟通了。孩子好问，提的问题特别多，你却嫌烦，让他在一边自己玩；孩子好群，喜欢和小伙伴接触，你却把孩子整天关在屋子里，他会非常难过；孩子好游戏，甚至把玩看得比吃还重要，你却取消他游戏的权利，不许他玩，反而整天叫他写字、做题，甚至节假日也要加班加点，即使孩子不反抗，心中也是不高兴的；孩子好野外生活，喜欢家长常带他出去远足、郊游，你却一年四季总满足不了他的要求。长此以往，在孩子幼小的心灵上就打上了与家长不亲的烙印，同家长的关系也会逐渐疏远，家长与孩子之间好像隔起了一堵无形的墙。隔阂一旦产生，再好的教育方法也难以奏效。

相反，如果家长有一颗童心，和孩子经常在一起进行感情上的沟通，情感上就会产生共鸣。在这种情况下，孩子不仅会向家长吐露真情，而且也乐意接受家长的教育。当然，我们说家长应有一颗童心，并不是说让家长完全回到孩子的天真中去，而是说家长求得了与孩子在心理上的相通，就可以对孩子的童心施加影响，进而使孩子在告别童年时，能够迈出稳定的步子。

家长对孩子有抚养、教育的责任。孩子也应该尊重家长、听从家长的正确教诲。但是，这并不意味着孩子必须惟命是从于家长，作为家长，应改变观念，用民主的态度对待孩子。

现在有的家长作风粗暴，不通情理，委屈孩子、伤害了孩子的自尊。孩子入学后，同学校、社会的接触增多，对家庭的要求也随之多样化。孩子的这种要求，有一些是合理的，也有一些是不合理的，有的则是二者兼而有之。对于孩子合理的要求，家长应该尽量给予满足，即使一时不能满足，也要说明道理；对不合理的要求，则要一概拒绝，并说明理由；对于既有合理成分又有不合理成分的要求，则应取其合理成分满足之，对不合理的成分绝不迁就。那种对孩子的要求无论合理不合理，一概拒绝，甚至训斥、毒打孩子的做法，只能使孩子对家长反感，并进而渐渐疏远家长，甚至造成对家长的戒备心理。因此家长必须尊重孩子，理解并接受孩子的合理要求，只有这样，家长才能与孩子沟通，才能了解孩子的内心，才能更好地去指导、帮助孩子。

宽容孩子

当孩子做错事后，家长如果不是对孩子进行斥责，而是以宽大的胸怀容忍孩子的过失，那么，孩子就会从内心感到自责，并在悔恨、内疚中对自己的过错深深地反思，继而改正自己的错误。

列宁在8岁那年同母亲一起到姑妈家做客。好动的列宁不留神把花瓶打碎了，当时谁也没看见。后来，姑妈问是谁打碎的，列宁和小朋友都做了否认的回答。然而，列宁的母亲根据平日对列宁的了解，已经猜到是列宁打碎的，但她没有揭穿，而是保持沉默，等待列宁从心中萌发对自己行为的羞愧感。三个月后，列宁痛苦地告诉了妈妈事情的真相。听着列宁羞愧难过的述说，母亲安慰列宁，并宽容了他。因为母亲知道孩子在内心深处进行的这场道德斗争中，美的、诚实的品质取得了胜利。由此可见，巧用宽容，会收到良好的教育效果。

小军是个10岁的男孩子，从小在爷爷奶奶的呵护下长大，养成了内向、胆怯的性格。一天，上数学课时，走了一下神，被老师发现，让他到黑板前演算。他在众目睽睽下脸涨得通红，老师当场骂道："你真是个笨猪！"生性敏感的小军当场羞愧得无地自容。当天晚上，他做了一个噩梦，看见那个老师恶狠狠地指着他的鼻子，用手指着他的脸。以后，凡是上数学课，小军就紧张，越紧张越听不懂。偏偏又遇到这位不懂得心理学的老师，每次都毫不留情地加以训斥。最后10岁的孩子得了恐惧症，每天晚上做恶梦，最后坚决要求不上学，父母只得让他在家休学。

由于老师教育方法的失当，伤害了一颗脆弱的童心。不顾场合地对孩子恶语相加，实际上是一种对孩子的摧残，是比体罚更恶劣的精神虐待。

鲁迅先生讲过一句颇为深刻的话，对于孩子"小的时候不把他当人，大了以后，也做不了人"。要尊重孩子的自尊心。自尊心是不甘落后、相信自己不比别人差并能超过他人的一种情感体验。要保护孩子的自尊心，切忌在众人面前用命令和训斥的口吻和他们说话，对孩子采取冷漠和粗暴的方法都是错误的。

为了尊重孩子的自尊心，家长教育子女时一定要忌讳用恶言，如说孩子是"傻瓜""废物""流氓"等带侮辱性的语言。同时也要忌讳说绝对的话，如说孩子"你是狗改不了吃屎"或"你要是出息，我管你叫爹""你这孩子就这样了，不会有出息了"等。另外，不要强迫自己的孩子，如"我说不行就是不行！""闭嘴，这没有你说话的地方！"等。同时，不要对孩子进行威胁，如"你给我滚，我没有你这样的儿子""一辈子别回来"等。

要尊重孩子，对孩子的爱最重要的一点是应该体现在对孩子的尊重上。尊重孩子包括尊重孩子的感受、人格和潜能。生活中不少家长不尊重孩子的感受，强行按照自己的想法安排孩子的课外活动，结果适得其反。还有的家长对孩子呵护备至，实际上是对孩子的不尊重，这必然会妨碍孩子的健康成长。有了自信，孩子们在面对现实、适应环境的过程中才能充分发挥潜能，完善自身。相反，父母的过度保护，只能使孩子永远长不大，结果害了孩子。

把孩子当成朋友，家庭里多一些民主的气氛。家长应尊重孩子的成年意识，以平等的态度对待他们。当孩子的成年意识得到尊重时，他们就能与父母和谐相处，否则，就会感到反感，甚至出现抵触情绪。看过《傅雷家书》的朋友都会羡慕傅雷先生那种对儿子朋友式的骨肉情。为什么孩子有话不愿意告诉父母，起因就是父母一开始就没有尊重孩子。因此要学会尊重孩子，允许孩子有自己的隐私。大人跟别人通电话时，不希望孩子在一旁听，反之也是如此，孩子打电话时，你也应该回避，不要老是过问。孩子需要亲切的关怀，但是，这样的"关怀"并不适宜。家长即使有充分的理由认为必须干预，也要注意不能伤害孩子，一般情况下父母不宜过问孩子的隐私。

要像尊重成人一样尊重孩子。尊老爱幼是我们提倡的一种社会公德，实际上，不但要爱幼、而且要尊幼。幼儿也是独立的人，他也有自己相对独立的人格，需要得到别人的尊重。所以家长在平时教育孩子或与孩子一起游戏时，最好能以朋友的身份出现，与孩子建立起一种亲密无间的关系。这样容易使孩子放松，减少精神压力。

孩子虽小，也有自己的自尊心。如果他的自尊心受到了伤害，他就可能发脾气，不听话，不愿意与施教者配合，这样的事情常常发生。如果孩子的自尊心得到了满足，他就会情绪稳定，乐与教育者合作，学习东西也有积极性，平常所说的表扬法教育孩子就是利用满足孩子自尊心的原理。家长要善于发现孩子的进步，要细心观察孩子，及时鼓励孩子的进步。

尊重孩子还表现在要尊重孩子的自治权利。现代心理学提出关于少年自治的问题，认为少年应该有正常的行为上的自治，即独立地处理有关个人的问题；情绪上的自治，可以有自己的兴趣和依恋的事物；道德和评价上的自治，即可保持自己的观点等等。家长要给少年这些自治的权利，要注意循循善诱地给予适度的指导，切莫粗暴地干涉他们的行动。

在社会发生急剧变化的时期，子女成长的环境与父母的环境是迥然不同的。然而，父母往往习惯于以自己的儿童时代作为榜样，全然不知其中许多方面业已过时，老一套标准已经不再适用。子女们也认为，父母的旧传统再也不能给他们提供合适的行动指南了。因此，父母们要适应时代的变化，跟上时代的潮流。

少年的可塑性很强，家长要尽量利用他们自身的积极因素，克服他们的消极因素，尊重孩子的人格，保护他们的自尊心。只有当孩子觉得成人尊重自己的时候，他才能自发地愿意接受成人的教诲，这种教育才是成功的。

成人与孩子之间的互相承诺，也应该像社交场合一样，守信用，认真对待。它不仅是与孩子交流的一种形式，也是培养孩子健康人格的一种教育手段，它涉及到儿童良好的个性面貌的形成以及行为习惯的培养。教育孩子懂得承诺是怎么回事，平时注意有意识培养和引导，有针对性训练，可以逐渐培养孩子对自己的认识。当他们认识到自己答应了的事情必须做到时，便有了责任感。所以，家长应当重视对孩子的承诺，亲切地接纳孩子，平等地对待孩子，合理地要求孩子。当孩子对我们提出要求时，只要是合理和可行的，我们也要不折不扣地做到。反之，当孩子答应了的事情，我们也不要因为他小而不和他一般见识，而要督促他做好，让他们学会承担一份责任，养成一种良好的行为习惯。

孩子的性格是天生的？

"一母生九子，九子各不同。"人们往往以此作为孩子的性格是天生的依据，这其实是一个误解。性格的形成是有天生的成分，有遗传的因素，但主要的还是后天的环境影响和教育的结果。

那么，为什么没有两个性格完全一样的人呢？因为，没有任何两个人的先天因素和后天环境是完全相同的。双胞胎天生因素应该是一样的。但是，即使是双胞胎他们的性格也不尽相同，这正说明了性格并不是天生的。因为他们的性格中还有角色塑造的因素，特别是在中国，双胞胎有兄弟姐妹之分。一个始终扮演姐姐的角色，而另外的一个始终扮演妹妹的角色。或者一出生一个就被认定为哥哥，而另外一个就注定扮演弟弟。在生活中，父母总是按照中国的传统要求哥哥或是姐姐什么事情都要让着弟弟（妹妹），无论是自己还是父母都这样塑造她们。所以，一般来说，哥哥或是姐姐总是要沉稳一些，厚道一些。而弟弟（妹妹）往往调皮一些，活跃一些，性格自然就有所不同。

人的性格不是一成不变的，但是性格一旦形成便有着相对的稳定性。性格的初步形成始于婴儿时期，这比人们一般认为的年龄要早得多。3岁的幼儿在性格上已经有了明显的个体差异，如果没有足够的外界影响，幼儿的性格会自然而然地沿着原有的方向发展下去。性格形成的关键期是0~2岁，因此，父母一定要在孩子很小的时候甚至是一出生就要注意培养孩子的性格。那种认为"孩子还小，性格培养不必太早"的说法是不对的。

儿童性格的起源是婴儿期的生活习惯，而养成某种习惯则取决于抚养人的养育方式。每个家长都会以自己独特的方式，使婴儿在同一情景下做出符合要求的同一反应，这种并存关系经过反复出现即形成了习惯。而每一个习惯统一起来作为一种素质存在，便构成了个体的性格特点。婴儿正是在家庭环境中，由先入为主的生活习惯和固定的行为方式养成了最初的习性，并以此构成其性格组合中的最基本部分。所以，有人说："行动养成习惯，习惯形成性格，性格决定命运"。这句话是有很深的哲理的。

由此，我们可以看出，成人对孩子所采取的早期养育方式，对儿童养成各种习惯以及性格形成起着制约和导向的重要作用，这一点目前还未能引起人们足够的重视。成人们多习惯于将孩子的性格尤其是那些不良性格归咎于先天，却没有意识到恰恰是成人自己在无形当中以错误的育儿方式促成了孩子的这些性格缺陷。例如，父母和爷爷奶奶对孩子娇生惯养、过度保护就会使孩子在感情上依赖家长，不肯上幼儿园。年龄稍微大一点的表现出独立性不强，依赖别人，他们对别人的态度也常常比较敏感。而父母对孩子过于溺爱，孩子往往容易形成任性的性格特点。

性格发展的连续性决定了必须从孩子一出世就开始对其进行教育，比如，培养孩子的独立性起步于建立良好的睡眠习惯。西方家庭有让孩子单独睡一室的习惯，在中国则不同，即使有足够的空间，婴儿也要与父母同睡（同床或同室）。小则四五岁，大则十几岁。由于孩子习惯了与成人紧密相连的身体接触以及时刻共处的生活方式，所以对成人的依附性较强，自我意识与独立意识均产生得较晚，这对于孩子性格和心理的成长是不利的。

懂得了孩子的性格不是天生的，父母们就应该及早注意培养孩子的性格，特别要注意自己那些不良的培养方式给孩子性格塑造带来的不良影响。"三岁看大，七岁看老。"等到孩子的性格已经形成了之后，再后悔就来不及了，改造起来也很难。

　　妈妈发现上中学的女儿近来变了。她再也不像以前那样像个叽叽喳喳的小麻雀，一回到家就把在学校遇到的事全告诉妈妈。现在，女儿一回来，就钻进自己的房间，难得有空和妈妈在一起聊聊天，妈妈真摸不清她心里在想些什么。

　　有一次，妈妈看女儿长时间闷在屋里不出来，便找个借口进去看看。女儿正在写着什么，一听见妈妈进来，便把桌上的东西迅速收进了抽屉。而她每次离开家，总是把那个抽屉锁得牢牢的。

　　妈妈不禁心里打鼓，听说这么大年纪的女孩，是心理最不稳定的时期，莫非……妈妈不敢往下想了。于是，趁女儿不在家的时候，她想办法打开了女儿的抽屉。那里面没有什么令妈妈害怕的信或字条，只不过有一个日记本，上面写着一些让妈妈感到幼稚可笑的话。妈妈这下放心了，而女儿却感到异常愤怒，她和妈妈大吵一场，从此，她心灵之门，对妈妈关得更紧了。

　　类似这种事情，在许多家庭中不断地发生着。令人遗憾的是，至今，许多家长都不认为自己这样做是错误的。他们理直气壮地认为，我是孩子的家长，就有权干预他的一举一动，有些家长甚至经常干预孩子的内心世界。

　　随着孩子年龄的增长，他的内心世界会越来越丰富。当孩子长到一定年龄的时候，在他的心灵深处，便有了属于他自己的秘密。如果孩子不情愿向家长透露自己的想法，奉劝家长千万不要操之过急，而应该耐心地等待。如果父母流露出忿恨不满的表情，或摆出"不问出来不罢休"的架势，只会把事情弄糟，使得孩子关闭他的心扉。

　　孩子不愿对父母说心里话，很可能是因为他在成长发育过程中，为了摆脱父母对他的干扰才这样做的。因此，当孩子发生上述情况时，父母应当首先检查一下自身的管教方法是否得当，然后及时调整自己的做法。

　　孩子成长到这一阶段，他希望父母对他信任，与此同时，父母也需要获得他的信任，这样，彼此才能互相沟通。如果父母发现孩子有不情愿说出来的事，不持强行追究的态度，孩子便会感到你信任他、尊重他，而同时，父母也就会获得孩子的信任。到那时，孩子一定会主动向你敞开他的心灵之门的。

　　每个孩子都应该有他心灵深处的秘密，如果孩子连这一点都不存在，他将来也不会成为一个有独立见解和自主能力的人。做父母的必须对此有正确的认识和必要的思想准备。

　　第一、父母应当承认和尊重孩子的独立人格，爱护孩子的自尊心。孩子大了，有些事情不愿意让父母知道不足为怪，做父母的也不必要求他们还像小时候那样，什么事情都向你讲。有的父母总怕孩子瞒着自己干坏事，对孩子不放心；也有的父母认为孩子不应当对父母有隐私，父母有权利了解孩子的一切。为此甚至乱拆孩子的信件，偷看孩子的日记。殊不知这样做的结果会严重地损伤孩子的自尊心，激起他们的反感，加深家庭中的"代沟"，使他们更疏远父母，对父母更加封锁自己的心扉。

　　第二、正确的做法是尊重孩子的独立人格，用平等和蔼的态度对待他们。使他们感到父母是理解他们的、和他们是贴心的、可以信赖的朋友，因而愿意向父母敞开他们的"心灵之门"。

别让孩子不敢脆弱

一天上午，上海创造教育讲师团团长徐方程教授在家接到了一个"匿名电话"，起初他连连招呼，对方却没有应答，正要挂断之时，电话里传来一个孩子稚嫩的、吞吞吐吐的声音："嗯……老伯伯……我想……想跟您说说话……好吗？"原来竟是一个被关在家的一年级小学生，在万般寂寞无聊之时，胡乱拨通打进来的，身为教育工作者的徐教授顿时心头一震，同情之心油然而生。

以后的事情便发生了戏剧性的变化，这个独自一人被关在家里的小男孩，得到了徐教授同他亲切、平等的谈话。经过允许，在以后的几天里，每天上午10时，小男孩便会准时拨来电话，而且会很有礼貌地先问："老伯伯，今天我再跟您说说话，好不好？"于是，徐教授便每天在电话中与这个互不相识的孩子对话，回答他提出的各种问题，以满足一个孩子仅需要找人"说说话"的最低要求，即使有事离开，也再三叮嘱放假在家的女儿接电话，以保持这条"儿童心理咨询热线"不断。

徐教授女儿告诉记者，通过几次电话交谈，这个孩子的心情大为改观，原先刚打来电话时那种惶恐感已经没有了，变得非常开心，他常常在电话里"讲个故事给你听"。有一次还告诉了他的一个"小秘密"：这次考试他得了全班第一。徐教授透露，这个孩子很乖，尽管在电话里常表示"想出来玩"的强烈要求，但又十分知趣，说"爸爸妈妈不同意，是不能出来的。"

《中国少年报》的"知心姐姐"卢勤，曾接到一位可爱的小女孩打来的"知心电话"。这位小女孩用神秘的语气问道："知心姐姐，你有没有这样的感受：在家里，我像一只可怜的小蚂蚁，在学校倒像一个引人注目的大白兔……"她告诉"知心姐姐"，"我妈妈是教师，爸爸是经理。他俩一天到晚忙得很，根本没有时间理我。要交代的事，包括吃什么、做什么，都写在台历上。我觉得我好可怜呀，就像小蚂蚁一样。可在学校就不同了，无论表现好不好，老师都能看到，所以，我觉得我像个引人注目的大白兔。"

这位小女孩的话，一下子把知识渊博的"知心姐姐"带回童年："我比你强，我家里有六只蚂蚁，我是第五只"。"知心姐姐"想也没想，脱口而出。"你真是太幸福了！"小女孩非常羡慕地发出了感叹。

是的，在我们这一代的童年时代，谁家不是同"知心姐姐"一样，都拥有一群"小蚂蚁"。而现在，对于这一代独生子女来说，因为仅仅只有一只"小蚂蚁"，他们害怕孤独的心理比任何一代都强烈，渴求朋友的欲望自然比任何一代都迫切。

四川有一位小学老师，交给"知心姐姐"一篇学生写的作文，题目叫做《我恨……》，读来颇有催人泪下的感受。文章写道：

自从我家从平房搬进楼房，我便失去了自由。搬进楼房的第二天，妈妈就警告我："楼里很乱，你一个人不许出家门，也不许别人来咱家。从今天起，你活动的地方就是阳台。"

我独自一人站在阳台上，越想越生气，越想越恨。我开始恨这楼房，是它使我失去了自由。后来，我恨不得逃出这个"笼子"，再回到我那欢乐的小院子，那里有我的小伙伴，还有我的小花猫、小蛐蛐、小蚂蚱……

"知心姐姐"进一步分析说，这位小学生的妈妈一定很难理解，搬出那又小又黑的平房，住进宽敞明亮的楼房有多好，孩子怎么还"恨"呢？正像有的孩子所说："星星代表我的心，妈妈不懂我的心。"这星星便是他的伙伴，他的朋友。

湖南资兴矿务局小学四年级的一位同学给"知心姐姐"寄去一首诗，题目就是《我要做星星》，诗中写道：

　　我不愿做太阳，也不愿做月亮。
　　因为，做太阳太寂寞，
　　做月亮太孤单。
　　我要做星星，
　　因为星星有无数朋友，
　　将黑夜点缀更加美丽、漂亮。

这首诗真使我们感到意外，我们大人把孩子比喻成"小太阳"，甘心围着"太阳"转；而孩子却不愿当太阳，而要做星星，因为他需要无数朋友。

中国有"竹马之友"这样的词语。按字面解释，就是一起玩竹马的朋友。不管谁在儿时都会有一起捉迷藏的伙伴。

但是现在的孩子，很少有这样的伙伴了。过去，住在一块的孩子总是结成群玩捉迷藏之类的游戏，可是现在，楼房越盖越高，各家各户往来越来越少，街头巷尾很少能够看见做游戏孩子的身影了。

孩子们在学校与同学相会，就成了与伙伴接触的难得机会。不过，就是在学校里，方便聚在一起，称得上伙伴的，多是同班同性别的孩子。此外，学校里伙伴关系，从学校的特点来考虑，是被限制在课间休息时间以内的，彼此的交往一般是表面性的。

由此看来，现在孩子们大概可以说没有真正意义上的伙伴。孩子们当中，有的人在上补习班或技能班时可以与伙伴相会，但也难以做到与伙伴正常交往。正因为这样，独生子女的父母，更应鼓励孩子串串门，多交友，以促使孩子性格变得更为开朗、合群、乐友。

孩子同伙伴一起玩，常会发生一些小摩擦，我们年轻的父母们恐怕孩子"吃亏"，常常袒护自己的孩子，更有甚者是为怕自己的孩子"学坏"，干脆不让孩子同小伙伴往来。这实在是一种错误的教育观。经常让孩子一个人与孤独相伴，会造成孩子孤僻、抑郁性格，严重的还会形成可怕的心理疾病。因此呼唤父母朋友们，一定要关心一些孤单的孩子们，使他们拥有幸福健康的童年生活。

1991年11月1日下午，美国爱荷华大学物理系三层的一间教室里，几个教授和研究生正在进行一个有关天体物理的讨论。3点30分左右，一直参加讨论的中国留学生卢刚突然从口袋里掏出一把手枪，首先对准自己的导师葛尔滋开了一枪，葛尔滋教授应声倒下。接着卢刚不慌不忙又对准旁边的史密斯教授开了一枪，史密斯教授立即倒在血泊里。然后卢刚又把枪对准了自己的中国同学山林华，"砰砰"又是一声枪响，当教室里其他人被这突如其来的凶杀场面吓得目瞪口呆、惊慌失措之时，卢刚匆匆离开了那间教室，他跑到二层物理系办公室，一枪击毙了系主任尼柯森教授，然后走进行政大楼，向副校长柯莉瑞女士开了一枪。随后，又一声枪响，卢刚把最后一颗子弹留给了自己。

为了这次谋杀行动，显然卢刚经过了精心策划。那么杀人的动机呢？说起来几乎简单得有些难以置信。卢刚1986年赴美留学，他的学习成绩一直非常优秀，其博士资格考试的成绩据说创下了爱荷华大学的记录。但是卢刚认为葛尔滋教授在毕业论文答辩发表等问题上有意刁难他，致使他没有取得博士学位。而让卢刚不满和忌恨的是，中国同学山林华显然得到了葛尔滋教授的青睐，他比卢刚晚来一年却在卢刚之前取得了博士学位。最让卢刚嫉妒并难以容忍的是，山林华还得到了他渴望得到的竞争优秀论文荣誉奖的提名。之所以杀其他几位教授，是因为他们对卢刚的多次申述置之不理。

卢刚杀人血案，立即在美国和中国留学生中间产生了强烈的震撼。嫉妒竟然使一位优秀的留学生成为"冷血杀人犯"。不但残忍地毁灭了这么多无辜者，并使他们的家庭蒙受重创，而且也毁灭了他自己。可见嫉妒是一条多么可怕的毒蛇，它盘踞在人的心灵里，时时咬啮着人的心，使他的心胸变得日益狭窄，使他的头脑失去理智，而毒蛇的舌头一旦伸出来，就会伤人害己。

因此《爱的教育》的作者亚米契斯借"校长"之口大声喊道："不要喂嫉妒的蛇，这蛇是要吃你的头脑，坏你的心胸的。"

嫉妒之心，人皆有之，只是有大小之分。但是我们的家长往往会忽略孩子的心遭受嫉妒之蛇的伤害，影响了孩子心灵的纯洁，这是不应该的。为了孩子美好而纯洁的心灵，我们做父母的要帮助孩子摆脱嫉妒之蛇的纠缠，培养他们宽阔的胸怀。

某小学语文老师布置六年级学生写《嫉妒是什么》的作文，没想到全班53名同学都认为他们常常备受嫉妒之心的折磨。女孩会嫉妒同伴漂亮的脸蛋或衣服，男孩会嫉妒同伴在球场上大出风头，得到女孩的青睐。男孩女孩更多更普遍的是嫉妒别的同学学习成绩好，经常受到老师的表扬。他们说每次考试成绩公布后，是嫉妒"疯长"的时候。

《少年与法》报道一名叫娄英杰的学生因妒忌同桌，竟然在他的汽水中投放毒药，然后残忍地举刀朝他的喉部猛砍，同桌顿时鲜血四溅，血流如注……这是一桩惨剧，也是一桩恶性悲剧。

面对这样血淋淋的事实，我们应思考些什么？

要使孩子克服嫉妒心，父母必须予以正确引导，使孩子认识到嫉妒的危害，克服嫉妒之心。

一个姓李的孩子在作文中这样写道："我是新来的插班生，而我的同桌也是新来的插班生，但是他的成绩却优于我，老师常常夸奖他，我很不服气，慢慢地，嫉妒之魔左右了我。那天，我的同桌因为上课讲小话而受到老师的批评，我感到很高兴。回到家后，爸爸见我这么高兴，就问我怎么回事，我告诉了他，爸爸却严肃地对我说：'儿子，人不能存在妒忌之心。你不是知道诸葛亮三气周瑜的故事吗？周瑜就是因为心胸狭窄，妒忌诸葛亮的才干，最后在与诸葛亮的较量中失败而活活气死的。如果他超过你，你应该凭实力超越他。'从此，我把妒忌变成了超越与佩服，他对我也没有防范，我们互相帮助，互相鼓励，学习成绩都有了进步，我们也由'敌人'变成了朋友。"

当别人比自己强、比自己好、比自己的东西多时，孩子的嫉妒心容易萌生一种敌意。这不是小心眼，是正常的心理变化。

"妈妈，弟弟的苹果比我的大！"

"妈妈，姐姐干嘛又买新衣服了？"

"妈妈，茵茵这次去区里比赛，什么奖都没得到。"

孩子这就是在告诉你，他(她)在嫉妒同伴。那么，遇到这种情况我们又要怎样教孩子克服嫉妒心呢？

首先，培养孩子的宽阔的胸怀。当孩子跌倒后，被扶起后仍然痛哭不已，母亲便在孩子摔倒的地方重重踩几脚，说："踩死你！该死的！谁叫你摔痛我的宝宝！"孩子即刻破涕为笑。这看来是小事，许多父母都这样做。可是我们想想孩子的心理便会觉得这样做的错误。孩子摔倒本是他自己的过错，你这样做无疑是叫他转移心中的怨恨，正确的做法应该是告诉孩子："嗨！没什么！"从小培养孩子宽阔的胸怀。

在卢刚血腥枪杀他的老师和同学而使许多家庭卷入悲痛后，卢刚的家人意外地收到了来自太平洋彼岸的史密斯家人的慰问信。信中说："发生这样的事我们的确很难过，我们简直不敢相信这是事实，但是我们都在这场不幸中失去了最爱的亲人。人死不能复生，请节哀自重。"没有怨，没有恨，有的只是宽容、理解和关爱，这是一种何等博大的胸襟啊！若是卢刚黄泉下有知，他会感到何等羞愧！

卢刚的嫉妒之心正是出自他那自私猖狂狭隘的心理。他怨恨一切，怨恨导师不看重他，怨恨同学比他好，甚至怨恨作为普通工人的父母，既"不能在事业上对我加以指导"，又"没有经济实力送我出国深造"，却唯独不怨恨自己心胸狭窄，嫉妒心作祟。每一个自私的人都是由自私的孩子成长起来的，他容不得别人比自己更好的心理，就是"嫉妒"的根源所在。

其次，要让孩子学会微笑和赞美。真诚地赞美别人，特别是赞美同伴，赞美对手，这需要一种宽阔的胸怀。我很崇敬一些在比赛中败北的运动员，他们在比赛结束时，或是在领奖台上总是主动走向自己的对手微笑、握手，向对手表示衷心的祝贺。

课堂上，当某个孩子答问出色时，老师有时会号召全班同学为之鼓掌。"啪啪！"低年级的掌声总是整齐而响亮，他们的脸上也流露出可爱的、赞美的微笑。但在高年级，孩子们的掌声和笑容就要复杂得多。有的表情漠然地随意拍两下，有的懒洋洋地拍两下，眼睛里现出不屑之光，有的也许会拼命拍，但却让人感到掌声里有些变调。

可见孩子的嫉妒心随着年龄的增长而增长。因此，从小培养孩子赞美他人的习惯很重要。

有一位四年级的学生小敏和她的朋友晶晶去参加区里组织的小学生演讲比赛。去的时候两人手挽着手，有说有笑。回来时，小敏独自走回来，且脸色不大好看。妈妈知道女儿肯定未获得名次，正想去安慰她几句，猛然想起一定是晶晶获了奖，小敏正在妒忌她呢。想到这里，妈妈亲切地搂着女儿说："还记得上次吗？你俩一起去少年宫参加'六·一晚会汇演'，你的舞蹈获了奖，而晶晶的提琴独奏没有获奖。她是怎么做的？她照样高高兴兴地到我们家来，一进门就向我报喜，说你那天表演得真好。可是你今天却怎么啦？"小敏的脸上泛起了羞愧之色。妈妈便建议道："去请晶晶到我们家吃饭，让我们为她的成功庆祝，好吗？"后来小敏在饭桌上真的庆祝晶晶参赛获奖，为学校添了光彩。晶晶说："其实我觉得你讲得比我好，我真怀疑评委弄错了呢。"小敏开心地说："童童是你讲得好，我太紧张，都把爱因斯坦讲成了"爱类吃蛋"。"于是，两个人大笑一场。仿佛什么事都没有发生一样。

看来，微笑和赞美是嫉妒的最好解药。

我们的父母常犯的错误便是当着孩子夸奖他的同伴，这种"赞美他人"的结果，除了引起孩子的反感外，还会激发孩子的嫉妒心。不再把伙伴带回家，或不跟他们的朋友好。正确的做法是，引导孩子正确评价别人、赞美别人，这是开阔孩子的胸襟，激发孩子上进心的有效途径。

当孩子回来赞扬他的同伴时，他的心是健康明朗的，父母应当热情对他的评价给予鼓励，使他明白这是一种良好的品德。有道是："经常赞扬别人，从别人那里得到赞扬也特别多。"而在赞扬声中成长的孩子，总是比较自信、乐观、豁达。

任何人面对问题时，心中都希望得到成功，但同时又怀着对失败的恐惧。而凡事积极的人追求成绩的意愿远胜过对失败的恐惧，他们敢于面对问题的挑战而奋斗不懈。

缺乏主动性的孩子，除了追求成功的意愿较弱外，更糟的是，对失败的不安感过于强烈。虽然心中想着："我真想尝试看看，如果顺利成功，就可以得到父母的夸奖，那将是件令人高兴的事。"当此念头一出现，马上又想着："万一失败了一定会挨骂，反正我做的事从来没有成功过……"还没动手就已经认输，当然尝试的欲望就会萎缩起来，因而始终裹足不前。

当孩子畏缩的心理出现后，就不愿向新事物挑战，为了避免失败，将会越来越消极，这就是所谓的"多做多错，不做不错。"即使被他人强迫或催促做事时，也是心不甘情不愿的，所想的只是如何避免遭遇失败。

积极主动的孩子，为了追求成功，将尽力避免失败；而被动的孩子，避免失败的原因，只是因为不愿挨骂，二者的基本动机有差异。因此，只要被动的孩子，每次总想着："没有办法，只有姑且一试，但是不知有没有不必尝到失败滋味的方法呢？"还没做即想避免失败，所立下的目标，将会低于能力水准。

设下与本人能力差距过大的理想时，无论太高或是太低，都会从失败中产生保护自己的想法，而不会具有认真积极的意志，能力无法获得伸展，也就无从体会"成就感"的滋味了。同时，失败逐渐累积的结果，将会对失败怀有更强烈的恐惧感，因而陷入消极的循环中，仿佛一场永不停止的梦魇，困扰终生。

父母应该采取何种做法，孩子才不会对失败深怀恐惧呢？

孩子不是一生下来就可体会"挫折感"，因为幼儿尚没有判断成功与失败的能力。"挫折感"的获得，主要来自于周围人们的反应，亦即受到赞美夸奖就是"成功"，而被指责嘲笑则是"失败"。

尤其幼儿的心理都极其单纯，受到赞赏时，就会高兴得手舞足蹈，而挨骂时，就会灰心失望，难过到了极点。例如，当孩子玩折纸游戏时，若父母对他说："折得真像，真聪明啊！"孩子就会高兴得连折许多个；反之，如果对他说："折得四不像，丑死了。"或是："为什么这么简单都折不好呢？"孩子将因为被责骂和被瞧不起而产生"我不折了"的想法。

因此，父母对孩子，特别是对待那些心中已经对失败有恐惧感的孩子，应该多采取鼓励的方式。当孩子遭遇失败时，不要总对他说："你本来就很愚笨！"或是："你从来就没办好过一件事。"而应鼓励孩子："你有足够的能力，就是太不努力了，而且做法错误才会导致失败，只要下次认真小心，就可以成功了。"孩子会因为父母的鼓励而变得信心十足。

例如，父母不要对不会倒立的孩子说："你根本没有运动细胞。"或是："真笨！这么简单都学不会。"应该让孩子产生信心，可以具体地建议他："双手更用力些，再稍加练习，一定可以学会。"或是帮助孩子降低目标，就会有意想不到的效果。

当孩子遭遇失败时，父母不要将责任归咎他人。例如，孩子钢琴弹得不好，父母并不鼓励孩子认真学习，却对孩子说："都是老师教导无方。"或是："这首曲子本来就很难。"如此一来，会使孩子心中产生逃避责任的想法："弹得不好并非我的责任"，当然也就不会主动自觉地学习，更为严重的是，孩子将变得不负责任。

错误的教导方式，将影响孩子一生的行事态度。只是让孩子不断遭遇挫折，孩子将会变得消极颓废；而一再保护孩子，从不让孩子遭受挫折，孩子又会将失败的责任归咎他人，变得不负责任。因此，父母应该如何教导孩子，确实是很重要的问题。

有些孩子每当面临考试或比赛时，心中都会非常紧张，容易怯场。造成这种现象的原因，有的是由于个性生来腼腆，有的则是因为不断地遭遇失败，因而产生恐惧心理。一般而言，对于这些心理负担过重的人，到了紧要关头时，周围的人最好不要再给他压力，否则将徒增当事人心中的负担。

例如，当孩子参加高考时，父母在孩子进入考场前对他说："成败就在今天了，一定要好好考。"事实上，即使父母不提醒，孩子也知道此次考试的重要性。那些把握不大的孩子，心中已经充满了"万一失败怎么办"的不安感，再听到父母如此说，无形中负担加深，心里惶恐不安。于是，只要发挥正常实力即能通过的考试，却极有可能因为紧张过度而失败。因此，父母必须让孩子放松心情，以坦然的态度面对一切，使孩子减轻压力。

根据调查，那些对失败非常恐惧，整天战战兢兢的孩子，他们的父母都具有"罚多于赏"的特性。即使只是芝麻小事，父母不是开口责骂，就是动手即打，甚至让孩子面壁思过，严重打击了孩子的自尊心，难怪孩子会害怕失败，终日战战兢兢了。

实践表明，只要父母不加深孩子的挫折感，不过分处罚孩子，在孩子成长的过程中，帮助他树立适当的目标和信心，孩子一定能成为没有心理压力，能够积极进取的人。

　　"猪受宠时也想爬树。"这是流行在中国的一句俗语。尽管这个比喻用在谈论孩子的问题上显得不太高雅，但却能说明问题。人也是一样，当受到表扬就心情舒畅，比平时更能发挥才能。若反过来说，没有表扬、报酬就很难鼓起人们的干劲儿。所以，表扬的语言能深深地触动人们的心。